Con ánimo de ofender

(1998-2001)

Alfaguara es un sello editorial del Grupo Santillana

www. alfaguara.com

Argentina
Beazley, 3860
Buenos Aires 1437
Tel. (54 114) 912 72 20 / 912 74 30
Fax (54 114) 912 74 40

Bolivia
Avda. Arce 2333
La Paz
Tel. (591 2) 44 11 22
Fax (591 2) 44 22 08

Chile
Dr. Aníbal Ariztía 1444
Providencia
Santiago de Chile
Tel. (56 2) 236 85 60
Fax (56 2) 236 98 09

Colombia
Calle 80, nº 10-23
Santafé de Bogotá
Tel. (57 1) 635 12 00
Fax (57 1) 236 93 82

Costa Rica
La Uruca
100 m oeste de Migración y Extranjería
San José de Costa Rica
Tel. (506) 220 42 42 y 220 47 70 / 1 / 2 / 3
Fax (506) 220 13 20

Ecuador
Avda. Eloy Alfaro 2277 y 6 de Diciembre
Quito
Tel. (593 2) 44 66 56 / 26 77 49 / 25 06 64
Fax (593 2) 44 87 91 / 44 52 58

España
Torrelaguna, 60
28043 Madrid
Tel. (34 91) 744 90 60
Fax (34 91) 744 92 24

Estados Unidos
2105 N.W. 86th Avenue
Miami, F.L. 33122
Tel. (1 305) 591 95 22 / 591 22 32
Fax (1 305) 591 91 45

Guatemala
5ª Avda. 8-96
Zona 9
Guatemala C.A.
Tel. (502) 332 04 04
Fax (502) 360 36 07

México
Avda. Universidad 767
Colonia del Valle
03100 México D.F.
Tel. (52 5) 688 75 66 / 688 82 77 / 688 89 66
Fax (52 5) 604 23 04

Paraguay
Avda. Venezuela, 276
Asunción
Tel./fax (595 21) 213 294 / 214 983 / 202 942

Perú
Avda. San Felipe 731
Jesús María
Lima
Tel. (51 1) 461 02 77 / 460 05 10
Fax. (51 1) 463 39 86

Puerto Rico
Centro Distribución Amelia
Calle F 34, esquina D
Buchanan – Guaynabo
San Juan P.R. 00968
Tel. (1 787) 781 98 00
Fax (1 787) 782 61 49

República Dominicana
César Nicolás Penson 26, esquina Galván
Edificio Syran 3º
Gazcue
Santo Domingo R.D.
Tel. (1809) 682 13 82 / 221 08 70 / 689 77 49
Fax (1809) 689 10 22

Uruguay
Constitución 1889
11800 Montevideo
Tel. (598 2) 402 73 42 / 402 72 71
Fax (598 2) 401 51 86

Venezuela
Avda. Rómulos Gallegos
Edificio Zulia, 1º
Boleita Norte
Caracas
Tel. (58 212) 235 30 33
Fax (58 212) 239 79 52

ARTURO PÉREZ-REVERTE

Con ánimo de ofender

(1998-2001)

Prólogo y selección de
José Luis Martín Nogales

ALFAGUARA

ALFAGUARA

ISBN: 84-204-4310-7
Depósito legal: M. 39.643-2003
Impreso en España - Printed in Spain

© Fotografía de cubierta:
Álvaro Felgueroso
© Cubierta:
Agustín Escudero

PRIMERA EDICIÓN: NOVIEMBRE 2001
SEGUNDA EDICIÓN: DICIEMBRE 2001
TERCERA EDICIÓN: ENERO 2002
CUARTA EDICIÓN: FEBRERO 2002
QUINTA EDICIÓN: MARZO 2002
SEXTA EDICIÓN: ABRIL 2002
SÉPTIMA EDICIÓN: JULIO 2002
OCTAVA EDICIÓN: NOVIEMBRE 2002
NOVENA EDICIÓN: OCTUBRE 2003

Índice

1999

2000

Testigo del siglo

Empezó en 1991. Al principio fue de forma dispersa, pero a partir del mes de julio de 1993 aquello se hizo costumbre. Todos los domingos Arturo Pérez-Reverte publica desde entonces un artículo en las páginas del suplemento El Semanal, *la revista que distribuyen el fin de semana veinticinco periódicos regionales y que alcanza, según el último Estudio General de Medios, un índice de 4.033.000 lectores, lo que la convierte en el suplemento más leído los domingos en España.*

Han transcurrido más de diez años desde que publicó en esta revista el primer artículo, en 1991. Una década es un tiempo para muchos cambios. En ese período han nacido unos periódicos y se han cerrado otros; han gobernado unos partidos y, después, los contrarios; se han publicado tantos libros que son imposibles de abarcar; han muerto algunos escritores; ha habido demasiadas guerras en el mundo. Pero en ese largo tiempo, durante tantas semanas, no ha faltado ni una sola vez el artículo puntual de este escritor en las páginas de la revista. Y en todos ellos ha mantenido siempre el compromiso de una sinceridad sin tapujos con el lector. La respuesta ha sido la demanda, por parte de los lectores, de esa página como un hábito necesario para el debate, la réplica o la confirmación de las propias convicciones. «Somos muchos lectores y otros tantos gustos, intereses y opiniones —podía leerse en una carta al director, el 17 de mayo de 1998—, pero les ruego que no me priven de los artículos de Arturo Pérez-Reverte».

Así que este autor ha publicado casi cuatrocientos artículos literarios durante los últimos diez años. Los primeros están recogidos en el capítulo titulado «Sobre cuadros, libros y hé-

roes», *que cierra el libro* Obra breve/1, *publicado en 1993. Los siguientes, a partir de esa fecha, componen el libro* Patente de corso (1993-1998), *en el que junté una selección de los artículos aparecidos hasta entonces, prescindiendo de aquellos que, por referirse a un hecho concreto, perdían sentido fuera del contexto en el que se publicaron.*

Con este mismo criterio se edita este nuevo libro, que continúa allí donde terminaba el anterior. «Sabes que no es realmente malo que las cosas se vayan —escribía Pérez-Reverte en el último párrafo de aquel libro—; sólo ley de vida, y al cabo uno mismo termina yéndose con ellas, como debe ser. Lo triste sería no darte cuenta de que se van, hasta que un día miras atrás y compruebas que las has perdido». Los artículos de Pérez-Reverte incorporados a este nuevo libro tratan de poner orden sobre aquello que se va, sobre los sucesos cotidianos, sobre el mundo difuso, inabarcable y a veces incomprensible en el que estamos inmersos.

Uno de los rasgos que definen la literatura moderna es la permeabilidad de los géneros literarios. Biografía y novela, lirismo y narración, documento y relato, cuento y artículo de periódico han roto hace tiempo sus fronteras. Estos artículos son todos realistas: parten siempre de un hecho verídico, de la evocación de la vida de una persona real o del comentario de un suceso cierto. Pero en ellos se entremezcla la narración anecdótica, la opinión, la historia y el ensayo. El autor aporta a la realidad una mirada propia, un punto de vista personal y, sobre todo, un peculiar tratamiento lingüístico. Por eso estos artículos son testimonios certeros de la época actual y, al mismo tiempo, originales recreaciones literarias; algunos de ellos, verdaderos cuentos. Entre todos reúnen los temas más candentes y las preocupaciones más comunes de esta época, las costumbres más extendidas y los tipos que pueblan el panorama diario de las calles, de los despachos de trabajo, de los medios de comunicación.

Algunos historiadores y críticos literarios han empleado el método de rastrear a través de los textos de la literatura los modelos sociales, las relaciones humanas, los personajes que definen una época o un grupo social determinado. José-Carlos Mainer o Andrés Amorós lo han aplicado a algunos géneros literarios recientes. Sociólogos como Amando de Miguel se han basado en obras literarias para reconstruir las coordenadas de la vida y del pensamiento de una etapa histórica. La literatura de Pérez-Reverte es un material adecuado para este fin. Lo que hicieron los escritores costumbristas sobre el siglo XIX lo está haciendo él en estos artículos sobre el siglo XX. Larra es el paradigma de esa actitud de observador minucioso de la realidad y escritor certero de los comportamientos de sus coetáneos. Con él comparte Pérez-Reverte la capacidad literaria para plasmar descripciones vivas, la actitud crítica ante la mediocridad cotidiana, la rebeldía ante un mundo que no le satisface y el empleo de unos recursos lingüísticos personales que convierten estos textos en artículos literarios imperecederos, alejados de la caducidad propia del medio periodístico.

Ya señalé en un trabajo anterior que Arturo Pérez-Reverte se sitúa con estos artículos en la tradición literaria que arranca en el costumbrismo romántico: en la pasión, el sarcasmo y el sentimiento dolorido de Larra. Una tradición que continuaron los escritores de la Generación del 98, como han documentado detalladamente Pedro Gómez Aparicio y Félix Rebollo en distintas publicaciones. Unamuno, Baroja, Azorín o Valle-Inclán plasmaron en revistas y periódicos de su tiempo el devenir social y estético en el que vivieron. Sus artículos fueron, así, una contribución esencial a la historia política, moral y literaria de su época. De la recopilación de esos artículos surgieron libros imprescindibles para comprender la literatura de principios de siglo, desde España y los españoles o Del sentimiento trágico de la vida, de Unamuno, a Juan de Mairena, de Antonio Machado, Las confesiones de un pequeño filósofo, de

Azorín, y hasta el esperpento Luces de bohemia, *que Valle-Inclán publicó inicialmente en forma de folletín periodístico. Esa tradición literaria del periodismo como dinamizador de la conciencia crítica la potenció Ortega y Gasset antes de la guerra, a través de sus escritos en* El Sol, *en la revista* España, *en* El Espectador, *en* Revista de Occidente. *En las páginas de* El Sol *verían la luz por primera vez, en 1929, los artículos que componen* La rebelión de las masas. *De tal manera que el artículo vivió una de sus etapas más fructíferas en esas décadas anteriores a la guerra civil, en las que importantes revistas y periódicos fueron para los escritores del momento un lugar de debate, de polémica y de creación literaria. Esa tendencia sobrevivió después de la guerra a través del magisterio de autores como González Ruano o Eugenio d'Ors y experimentó en la década de los años setenta un nuevo resurgimiento, del que dan fe la abundancia heterogénea y la calidad de los autores que cultivan el artículo periodístico en la prensa española desde entonces hasta finales del siglo; autores actuales a los que me he referido ya en otros trabajos. En ese contexto y en esa rica tradición literaria se sitúan los artículos de este autor, convertidos en testimonios de una época bastante agitada.*

En este sentido, los artículos cumplen una función distinta al resto de su obra literaria. En esta década Pérez-Reverte ha ido consolidando una obra narrativa formada ya por trece novelas, que lo han convertido en uno de los escritores actuales más leídos, con ediciones de sus obras en más de veinte países. Títulos como El maestro de esgrima, La tabla de Flandes, El club Dumas *o* La piel del tambor *constituyen algunas de las novelas más apreciadas por los lectores en distintos países. Y la serie protagonizada por el capitán Alatriste es, sin duda, la serie novelística más emblemática de la literatura española actual. En la mayoría de sus novelas hay siempre una evocación histórica, mediante la cual recrea el autor tiempos pasados en los que todavía era posible encontrar valores que se* han perdido en el tecnificado mundo actual. Con una mezcla de presente y vestigios del pasado, Pérez-Reverte construye en esos libros su propio mundo literario. La estructura narrativa, la trama de la historia, la creación de los personajes son para este autor una forma de poner orden, de organizar el tiempo, de crear un universo personal de ficción. Ese universo es el contrapunto al paisaje mediocre de la realidad cotidiana. «He vivido en un mundo que no me ha gustado, que he detestado muchas veces», explicaba en una entrevista el 21 de octubre de 2000. Y seguía: «Yo combato el vacío que todos tenemos con la creación de ese mundo de aventuras, de viajes, de sueños, de imaginación, de tesoros, de libros perdidos que recupero y los hago otra vez vivos; y eso hace que el hecho de envejecer y de vivir sea soportable, placentero, pleno y grato. Escribiendo detesto menos el mundo, me detesto menos a mí mismo, me reconcilio con las cosas buenas porque yo creo el mundo a mi manera».

Frente a esa actitud de crear un mundo de ficción personal, los artículos literarios suponen un enfrentamiento con el mundo de la realidad. Pérez-Reverte realiza en ellos un ejercicio de comprensión. La literatura se convierte en estas páginas en un medio para entender el mundo, en una forma de explicarlo y en un vehículo para denunciar aquello que no le gusta.

El balance no es, desde luego, optimista. Pérez-Reverte ha hablado en más de una ocasión del «naufragio de este final de siglo», en el que hay muy pocas cosas a las que agarrarse. Un siglo que «termina de muy mala manera —ha explicado—: No hay grandes palabras ni causas ni banderas ni héroes». No hay consuelo. «Antes el hombre tenía palabras como patria, dignidad y cosas de esas a las que agarrarse y consolarse de la inmensa soledad de la condición humana.» Pero «el tiempo nos ha quitado la inocencia».

Pérez-Reverte no rehúye esos espacios ensombrecidos de la sociedad actual. Al revés: ése es el terreno en el que se

mueven sus artículos. Su cometido es poner de manifiesto aquellas conductas en las que prevalece la mediocridad, la hipocresía,
la falsedad, la brutalidad humana. Desenmascarar la barbarie.
No sólo en sus manifestaciones más escandalosas, sino también
en su expresión diaria: la marginación social de las ciudades,
la violencia cotidiana, la ignorancia. Incluso algunos artículos que pueden parecer más anecdóticos no son otra cosa que
una imagen simbólica de este mismo tema: la conciencia he-
rida de estar contemplando un mundo bárbaro. Cuando escribe sobre la zafiedad de algunos comportamientos, sobre el
vestir hortera o sobre ciertas costumbres cutres, esos asuntos son
expresión en estos textos de la ordinariez, la mediocridad, el
talante cazurro y el mal gusto. «Todo eso, que parece anecdóti-
co, no lo es —escribió el 10 de agosto de 1997—. Supone un
síntoma evidente de la degradación del respeto entre los españoles, del escaso aprecio que nos tenemos a nosotros y a nuestras instituciones y de la peligrosa facilidad con que confun-
dimos cordialidad y grosería». Y la grosería es, también, una
forma de barbarie.

Ese alegato está expresado en los artículos de una forma tajante y sin eufemismos. La retórica del lenguaje se
adapta a esa intención, mediante un empleo eficaz del registro idiomático más apropiado en cada caso. Hasta el insulto
y el «taco» hispano se convierten en ese contexto en la síntesis
más rotunda de la indignación, en la forma contundente de
expresar la denuncia y, a veces, simplemente en un desahogo
por la impotencia ante lo que está irremediablemente mal
hecho.

Como ha detallado en un estudio reciente Jiménez Ra-
mírez, estos artículos son un muestrario de la riqueza expresiva del lenguaje coloquial. En ellos conviven clichés lingüísticos
coloquiales con originales metáforas, comparaciones, metoni-
mias y otros procedimientos expresivos. El lenguaje se adapta,
de este modo, al tema y a la intención crítica de estos textos. El

empleo de voces de germanía, modismos, frases hechas, léxico de argot, invención de términos mediante recursos gramaticales, procedimientos de sufijación y asociaciones burlescas de todo tipo emparentan la prosa de Pérez-Reverte, en este aspecto, con el Quevedo más satírico, más burlón y más crítico con la sociedad de su tiempo. Y esa retórica no es, desde luego, improvisación; es estilo, artificio lingüístico, elaboración literaria de la realidad. De forma que la prosa de Arturo Pérez-Reverte en estos artículos es una de las más ricas, ágiles y expresivas del periodismo literario actual.

Algunos de estos recursos contribuyen a dotar a los textos de una característica fundamental: el humor. En estos artículos, los guiños al lector, desplantes, hipérboles, comparaciones disparatadas, juegos de palabras y otros procedimientos aportan desenfado, ingenio y burla al texto y añaden esa necesaria visión humorística que suaviza el drama de las situaciones que se describen. Junto a ellos, el empleo de la ironía y el sarcasmo refuerza la finalidad burlesca, satírica y ridiculizadora de unos comentarios convertidos en diatribas acusadoras de un mundo infame.

Las invectivas de estos artículos no encierran una intención moralizadora, aunque sí expresan el deseo de un mundo más habitable. Transmiten la añoranza de una sociedad en la que pudieran pervivir valores como la nobleza o la integridad. Manifiestan nostalgia de una convivencia humana basada en el respeto y la solidaridad, de unas relaciones personales construidas sobre la lealtad y la honradez, de unos comportamientos guiados por el empeño por cumplir el deber y por el afán dorsiano del trabajo bien hecho. Por eso se presentan con dignidad y admiración aquellas personas que ejemplifican esos valores: el soldado que se juega la vida en el cumplimiento del deber, quienes se enfrentan con lealtad y coraje a la hipocresía del mundo, las víctimas que la sociedad abandona como marginados y malditos, y aquellos que, a pesar de *todo, desempeñan su papel con orgullo. Todos esos personajes demuestran que en el tablero del mundo «todavía hay peones capaces de jugar el juego de la vida con dignidad y con vergüenza»; que todavía quedan héroes, escribe en una de estas páginas, «en el sentido clásico del término: con valores morales cuya observación e imitación pueden hacernos mejores y más nobles». Aunque sean los últimos héroes.*

Ese contrapunto nostálgico de una heroicidad cotidiana en un mundo hostil y mediocre aleja estos artículos de la desesperación romántica. «En pocos escritores de nuestras letras —ha escrito Julio Peñate— se compagina una visión sin contemplaciones de la naturaleza humana con la persistencia obstinada de la esperanza». Pero la salvación es personal. A los personajes de estos textos les salva el orgullo de su propia dignidad. Y eso les hace héroes solitarios: «El peón está allí de pie, en su frágil casilla. Y esa casilla se convierte de pronto en una razón para luchar, en una trinchera para resistir y abrigarse del frío que hace afuera. Ésta es mi casilla, aquí estoy, aquí lucho. Aquí muero. Las armas dependen de cada uno. Amigos fieles, una mujer a la que amas, un sueño personal, una causa, un libro».

Por eso, en el conjunto de estos artículos no hay actitudes alarmistas ni histeria melodramática. Señalaré un detalle que puede parecer ínfimo, pero que se me antoja revelador. Los textos reunidos en este libro están escritos mientras se vivía la transición de un siglo a otro, que ha coincidido, además, con el fin del milenio. Todos los finales de siglo se parecen. Los sociólogos hablan de la existencia en esas fechas de una cierta ansiedad colectiva, en la que se mezcla la nostalgia del pasado, el pesimismo del presente y la incertidumbre ante el porvenir. Y así acabó el siglo XX: con alguna histeria colectiva, con polémicas banales sobre cuál era en realidad el último año del milenio, con celebraciones frívolas y con infundados temores informáticos bastante catastrofistas. Aquel 31 de di-

ciembre de 2000, Pérez-Reverte escribió: «Tenía previsto hacer una especie de reflexión sobre cómo este siglo que acaba empezó con la esperanza de un mundo mejor, con hombres visionarios y valientes que pretendían cambiar la Historia, y cómo termina con banqueros, políticos, mercaderes y sinvergüenzas jugando al golf sobre los cementerios donde quedaron sepultadas tantas revoluciones fallidas y tantos sueños. Iba a comentar algo de eso, pero no voy a hacerlo». El artículo se titula «El rezagado» y lo que realmente escribe en ese último día del año 2000, mientras el calendario cambia de año, de siglo y de milenio, es una alegoría sobre la lucha por la vida. Una afirmación del esfuerzo, de la dignidad de la derrota, de la aceptación de la vida con sus leyes. Cuenta el empeño de un ave por seguir el aleteo ágil del grupo con el que intenta emigrar, cruzando el mar, hacia las tierras cálidas de África. El cansancio le retrasa, y hace tiempo que ha quedado rezagada, y vuela sola. «La bandada está demasiado lejos, y él ya sabe que no la alcanzará nunca. Aleteando casi a ras del agua, con las últimas fuerzas, el ave comprende que la inmensa bandada oscura volverá a pasar por ese mismo lugar hacia el norte, cuando llegue la primavera, y que la historia se repetirá año tras año, hasta el final de los tiempos. Habrá otras primaveras y otros veranos hermosos, idénticos a los que él conoció. Es la ley, se dice. Líderes y jóvenes vigorosos, arrogantes, que un día, como él ahora, aletearán desesperadamente por sus vidas. Y mientras recorre los últimos metros, resignado, exhausto, el rezagado sonríe, y recuerda.»

En esa imagen piensa el escritor cuando termina un siglo y otro acaba de empezar. En estos artículos Pérez-Reverte es testigo de ese tiempo de transición, de las batallas cotidianas, del desquiciamiento de unos, del esfuerzo heroico de otros, de la soledad de todos: como Quevedo en su época, como Larra, como Valle-Inclán. Los artículos son espejos de ese tiempo incierto y confuso, que es nuestro propio tiempo. Aunque no nos guste. *Y eso no es malo ni es bueno. Es sólo una sabia verdad de Perogrullo: «Hay cosas que son como son, y nada puede hacerse para cambiarlas».*

JOSÉ LUIS MARTÍN NOGALES

1998

Casas Viejas

Tengo un amigo que se llama Fran y tiene veinte años. Fran vive en Benalup, un pueblo de la provincia de Cádiz, y sueña con escribir. No con ser escritor, que nada tiene que ver; sino con escribir un libro. Uno concreto, que tal vez tuvo simiente cuando él sólo era un crío, en la casa donde su abuelo, entre trombosis y trombosis, le hablaba de la guerra civil y de los tiempos de la República. Le hablaba de Casas Viejas.

La generación de Fran, por supuesto, ignora qué significa el nombre de Casas Viejas. Ignora que en el año 1933 aquélla era tierra donde la gente moría de hambre junto a cortijos inmensos acotados para cazar o para la cría de reses bravas. Por eso un día los campesinos anarquistas agarraron la escopeta y la canana con postas y proclamaron el comunismo libertario en aquel rincón de Andalucía. Luego se tiznaron la cara con picón, tomaron el cuartelillo de la Guardia Civil como quien asalta la Bastilla y le pegaron un tiro al sargento. Y cuando el Gobierno de la República mandó a restablecer el orden al capitán Rojas y a más de un centenar de guardias de asalto y guardias civiles con la famosa orden *«ni heridos ni prisioneros, los tiros a la barriga»*, casi todos los sublevados se echaron al monte. Casi todos menos seis hombres y dos mujeres que en la choza de paja y toniza del Seisdedos se batieron durante trece horas a tiro limpio, hasta morir entre llamas, bombas de mano y fuego de ametralladora. Después, exasperados por la resistencia y resueltos a hacer un escarmiento, los guardias sacaron de sus casas a los sospechosos de haber participado en la rebelión; y al terminar todo, junto a la choza calcinada, los vecinos contaron catorce cadáveres.

A Fran lo obsesionan esos fantasmas, como a otros jóvenes de su edad pueden obsesionarlos un examen, un puesto de trabajo, la litrona, el sexo, Mozart o la música de bakalao. Tiene el aplomo de quien lee mucho y bien, y le resulta fácil establecer paralelismos históricos, definir familias políticas, estudiar el sucio pasteleo que siguió a la tragedia, identificar la vil casta de sinvergüenzas que en 1933 hizo posible Casas Viejas como hoy hace posibles otras infamias, con ese aceptable escritor y mediocre político llamado Manuel Azaña —a quien don José María Aznar dice ahora leer mucho— quitándose los muertos de encima, con el director general de Seguridad queriendo sobornar al capitán Rojas para que se volviera mudo, y con todo cristo usando aquello como arma contra el adversario, sin importarle a nadie una puñetera mierda el pueblo ni sus habitantes: España ruin, profesionales de la demagogia, del titular de periódico y de los trenes baratos, siempre dispuestos a calentarse las manos en cualquier hoguera donde ardan otros. No hace falta remontarse a 1933 para echarse tal gentuza a la cara.

Aunque es joven, Fran sabe todo eso. Entre otras cosas porque ha aprendido a descifrarlo en los libros; que, incluso embusteros y manipulados a veces, a la larga nunca mienten y de ellos se recicla hasta la basura. Fran sabe que la Cultura de verdad, la que se escribe con mayúscula, no es sino letra impresa, sentido común, humildad del que desea aprender, buena voluntad y memoria. Quizá por eso sueña con escribir una novela histórica en la que salga Casas Viejas. Un relato en el que pueda materializar las palabras de su abuelo, los recuerdos de todos esos ancianos de Benalup de cuyos labios escuchó el episodio, y que por su parte lo escucharon de boca de otros que a su vez lo hicieron de los protagonistas. Fran no se resigna a que los viejos del lugar sigan muriendo poco a poco y cada entierro se lleve a la tumba tantas cosas por legar: historias trágicas, hermosas, terribles, heroicas, útiles, que extinguido su recuerdo oral ningún joven podrá ya conocer nunca. Historias que nos explican cómo somos de héroes y de caínes, y por qué somos así y no de otra manera. Historias que nos avergüenzan de esta tierra nuestra, tan desgraciada y miserable, y al mismo tiempo también nos dan fuerzas para seguir alentando la esperanza de lo que todavía late en innumerables corazones.

Me cuenta Fran que a su pueblo andan queriendo cambiarle el nombre, o enriquecérselo, convirtiéndolo en Benalup-Casas Viejas. Y a él y a mí nos parece muy bien. Porque cuando ese día llegue, Fran y yo tenemos un compromiso: llenar una bota de vino, subir a la sierra y bebérnosla entera en cualquiera de los escondites donde Seisdedos y los otros pudieron haberse guarecido de la injusticia, y no quisieron.

El señor de luto

Hace un par de días subí a El Escorial con mi amigo Pepe Perona, maestro de Gramática. Nos acercamos a rezarle un padrenuestro imaginario a la tumba de don Juan de Austria, nuestra favorita, y luego estuvimos respirando Historia en el panteón donde están enterrados —salvo un gabacho— todos los monarcas españoles desde Carlos V hasta ahora, o sea, casi nadie al aparato. Partiéndonos de risa, por cierto, con unas guiris que alucinaban por la cosa de los siglos, porque ellas lo más viejo e ilustre que tienen es el kleenex con que George Washington se limpió los mocos al cruzar el Potomac, o lo que cruzara el fulano. Que al fin y al cabo, como apuntó el maestro de Gramática, unos tienen una tecnología cojonuda y otros tenemos memoria.

El caso es que luego, caminando bajo la armonía simple y perfecta de aquellos muros y aquellas torres, nos acercamos hasta la exposición del cuarto centenario de la muerte de Felipe II. Zascandileamos por ella sin prisa, disfrutando como críos entre libros venerables, cuadros, armaduras, armas, objetos religiosos, monedas, retratos y todo lo que permite aproximarse, en sus dimensiones de luz y de sombra, a una época extraordinaria; cuando España, o las Españas, o lo que esa palabra significaba entonces, era potencia mundial indiscutible y tenía a la que hoy llamamos Europa bien agarrada por las pelotas.

Para nuestro bien y nuestro mal, nunca existió en el mundo monarquía como aquélla; donde confluyeron administración y arte, técnica y letras, diplomacia, guerra y defensa, crueldad e inteligencia, espíritu humanista y oscuro dogmatismo. Con aquella España, y con el rey que mejor la representa, fuimos grandes y terribles. Por eso, moverse por las salas de *Felipe II: un monarca y su época* es acceder a las claves, a la comprensión del impresionante aparato que, durante un siglo y medio, hizo el nombre de España el más temido y respetado de la Tierra. Es dejar afuera los prejuicios y las leyendas negras y toda la mierda fabricada por la hipócrita razón de Estado de otras potencias que aspiraban a lo mismo, y visitar con calma y reflexión los mecanismos internos de aquella máquina impresionante y poderosa. Es comprender la personalidad de un rey lúcido, prudente, con inmensa capacidad de trabajo y austeridad personal por encima de toda sospecha; acercarse a un monarca cuya correspondencia muestra hondos afectos y sentido del humor, y cuya biblioteca supone admirable catálogo de la cultura, el conocimiento, el arte, la inteligencia de su época. Personaje fundamental para entender la historia del mundo y la nuestra, que al final han tenido que ser hispanistas británicos quienes saquen de la injusticia y del olvido.

Visitar la exposición de El Escorial supone mirar con la mirada de un hombre de Estado, heredero de un orbe inmenso, que tuvo que batirse contra el Islam y contra Europa al tiempo que sus aventureros consolidaban un imperio ultramarino; y casi todo lo hizo con crueldad, idealismo, eficacia y éxito, mientras otros dirigentes y reyes contemporáneos, el bearnés envidioso y chaquetero o la zorra pelirroja, sólo alcanzaron a ejercer la crueldad a secas. Un Felipe II a quien primero los enemigos calumniaron, después el franquismo contaminó con miserables tufos imperiales de sacristía, y luego un Pesoe analfabeto, ministros de Educación y de Cultura para quienes la palabra *cultura* nunca fue más allá de un diseño de Armani o una película de Almodóvar, llenaron de oprobio y de olvido.

Por eso me revienta que sean los del Pepé —los mismos que, no por casualidad, se llevan el Museo del Ejército de Madrid al Alcázar de Toledo— los promotores del asunto; arriesgándose el buen don Felipe II, una vez más, a que este país de tontos del culo siga identificando historia y memoria histórica con derecha, y asociando cultura con reacción. Pero, bueno. Mejor eso que nada. Y benditos sean quienes, Pepé o la madre que los parió, hacen tan noble esfuerzo con excelente resultado. Así que, si les place, acérquense vuestras mercedes a El Escorial, abran los ojos y miren. Comprenderán, de paso, qué ridículos se ven, en comparación, ciertos provincianismos mezquinos y paletos, con esa ruin historia de andar por casa que los caciques locales se inventan para rascar votos en el mercado de los lunes. Y verán lo lejos y lo bien que miraba aquel rey malísimo, traganiños, cruel, fanático, oscurantista, que —sorpresa, sorpresa— tenía en casa una de las más espléndidas bibliotecas del mundo.

El tren expreso

No imaginaba el arriba firmante que a estas alturas el buen don Ramón de Campoamor pudiera interesar a alguien, pero me alegro. Porque el caso es que algunos lectores y amigos —casi todos jóvenes— me piden el contexto de una cita sobre hijas y madres que hice un par de semanas atrás, al hilo de otro asunto. Temo defraudar expectativas, porque en realidad la cosa no forma parte de un poema largo de Campoamor, sino de una de sus célebres *Humoradas,* tan breve que consta sólo de dos versos: *«Las hijas de las madres que amé tanto, / me besan ya como se besa a un santo».* Lo que en el caso de don Ramón, como en el mío propio y en el del común de varones de mi generación para arriba, empieza a ser, ay, verdad dolorosa e indiscutible.

De cualquier modo, celebro que esto me dé ocasión para hablar de don Ramón de Campoamor y Campoosorio (1817-1901), poeta que tras vivir la gloria y la adoración en vida fue atacado, vilipendiado, pisoteado y despreciado después durante décadas, y lo sigue siendo hoy, por los mandarines de las bellas letras. Por supuesto, vivo no le perdonaron el éxito; pero cainismo hispano aparte, en su condena y ejecución post mortem hay otras cosas de más enjundia. Lo más suave que se dice de él, aparte de burgués, viejo y chocho, es ripioso, ramplón y filósofo barato. Y —las cosas como son— lo fue muchas veces, sin duda. Su arte para resaltar lo obvio, sus cursiladas de juzgado de guardia, sus dísticos de abanico, su facilidad para versificar sobre cualquier gilipollez, están en letra impresa y basta echarles un vistazo para hacerse cargo de la cantidad de bazofia que parió el abuelo.

Y sin embargo, bajo todo eso, Campoamor sigue siendo un gran poeta. Alguien que, cuando se llega al verso adecuado, a la reflexión idónea, al poema preciso, sigue arrancando al lector una sonrisa, un estremecimiento de placer, estupefacción, complicidad o respeto. Existe una muy recomendable antología de Víctor Montolí editada por Cátedra; y a ella pueden acudir los interesados en la vertiente selecta del asunto. En cuanto al arriba firmante, soy —aparte Quevedo, Machado, Miguel Hernández y alguna cosa suelta del gran Pepe Hierro— analfabeto en materia poética; y sobre ese particular dejo los dogmas y cánones a la nómina oficial de bobalios, sus mariachis y sus soplapollas. Así que a título exclusivamente personal diré que a don Ramón hay que entrarle a saco y sin complejos, de cabeza en la obra completa, que ignoro si conoce edición moderna, pero es fácil encontrar todavía en antiguas ediciones por las librerías de viejo. Con este asturiano de Navia, lúcido, irónico, bondadoso, que fue rey de los salones e ídolo de madres y jovencitas de finales del pasado siglo, hay que tragarse sin pestañear la morralla y buscar las perlas, en gozosa tarea de lector honrado. Y así, pasando páginas llenas de vapor de encajes y tez de nieve nunca hollada, y chorradas como la de *«Es misterioso el corazón del hombre / como una losa sepulcral sin nombre»*, o lo de *«Mi madre en casa y en el Cielo Dios»*, tropezar de pronto con la maliciosa ternura de *¡Quién supiera escribir!*, la ironía amoroso-burguesa de *Una cita en el cielo*, el poema sobre la vejez del don Juan de Byron, el magnífico diálogo de *Las dos grandezas* —*«¿Qué quieres de mí?» «¿Yo?, nada / que no me quites el sol»*— o ese *El tren expreso* largo, melodramático, tedioso a veces y lleno de ripios, pero que es necesario leer con paciencia para llegar al canto tercero, donde hasta los más escépticos se estremecen al leer: «*Mi carta, que es feliz, pues va a buscaros / cuenta os dará de la memoria mía. / Aquel fantasma soy, que por gustaros / juró estar viva a vuestro lado un día...*».

Adoré sin reservas cuando jovencito los versos de Campoamor, como los del Tenorio de Zorrilla y las rimas de Bécquer. Quizá porque una de mis abuelas, una señora rubia y elegante que cada tarde leía y hacía encaje de bolillos en un mirador imaginando la felicidad que pocas veces tuvo, solía reunir a sus nietos y nos recitaba esos poemas de memoria, pues los había leído cientos de veces en su juventud. Recuerdo cada uno de los versos en su voz educada, limpia y grave. Y recuerdo mis lágrimas, y las suyas, cuando llegaba conmovida a las últimas y fatales palabras de la carta de *El tren expreso,* que yo esperaba siempre con el alma en vilo: «*¡Adiós, adiós! Como hablo delirando, / no sé decir lo que deciros quiero. / Yo sólo sé que estoy llorando, / que sufro, que os amaba y que me muero*».

Los lobos del mar

Su sueño es jubilarse para ir de pesquera cuando les salga. Saben del mar más que muchos presuntos zorros de los océanos, de esos que van vestidos de diseño náutico y sacando pecho entre regata y regata. A éstos no les alcanza para diseño, porque no suelen ser gente de viruta; la mayoría sólo posee una modesta lanchita con fueraborda que apenas basta para gobernar allá afuera, cuando salta el lebeche o el levante coge carrerilla, o el Atlántico dice hola buenas. Los hay de todas las edades; pero el promedio sube de los cuarenta y madura hacia los cincuenta en sus dos variedades más comunes: flaco, tostado y chupaíllo, o triponcete y tranquilo, este último a menudo con bigote. Se llaman Paco, Manolo, Ginés y cosas así, muy de diario. Y pasan la semana entera, en el taller, en la oficina, en la tienda, soñando con que llegue el fin de semana para madrugar o no acostarse, coger el bocadillo o la fiambrera —ahora tuperware— y salir, pof-pof-pof, a buscárselas. Algunos no pueden aguantarse y van un rato por la tarde, entre semana, o se levantan temprano y salen a echar el volantín en la bocana, o se van al muelle o al rompeolas con la caña y el cebo; y cuando su María se despierta y prepara el desayuno de los hijos, ellos aparecen por la puerta y se beben un café antes de ir al curro tras dejar en el frigorífico un pargo y una dorada para la cena.

Detesto matar animales por afición, y eso incluye a los peces. Llevo veinte años sin disparar un arpón submarino, y sólo admito pescar aquello que uno mismo puede comer. Pero asumo que, entre los depredadores bípedos, los pescadores son una raza superior. Ignoro cómo respiran los de río y aguas dulces; pero a los de mar llevo toda la vida tratándolos. Desde zagal me han admirado estos hombres —curiosamente casi no hay mujeres en ese registro— capaces de permanecer en una escollera, tendida la caña y los ojos absortos, inmóviles durante horas, con el pretexto de un pez. De noche, cuando navego muy pegado a una costa, a un faro o a la farola de un puerto, veo sus fogatas, el resplandor de sus linternas, y a veces la brasa roja de sus cigarrillos brillando en la oscuridad; y en ocasiones, recortado en la luz de la luna o en el resplandor tenue que tienen a la espalda, el bosque de sus cañas al acecho. Pero la variedad que más me impresiona es la del que sale a la mar en un barquito de dos metros y te lo encuentras allá adentro fondeado horas y horas, balanceándose minúsculo en la marejada a las tres de la madrugada de una noche sin luna, apenas una linterna que enciende apresurado para señalar su posición cuando divisa las luces roja y verde de tu proa. A veces los oyes hablar por el canal 9, en clave para no dar pistas a posibles competidores: cómo lo llevas, fatal, no entra nada por aquí, dos raspallones, morralla, estoy donde tú sabes pero un poco más adentro, etcétera. Luego los ves llegar por la mañana con sus capturas, sin afeitar y con la piel grasienta, endiñarse un carajillo de Magno e irse cada mochuelo a su olivo, a llevarle a la Lola, o a la Pepa, o a la Maruja —que están hasta el moño de cocinar pescado— a pesquera con que apañar el caldero del domingo. Con tiempo para detenerse, como los vi el otro día, ante un lujoso megayate de tres cubiertas amarrado en la zona noble del puerto, mover la cabeza desaprobadores y comentarle al compadre: «Desde ahí no puede echarse el curricán».

Todos han pasado ratos de válgame Dios, de esos en los que juras no volver a subirte en la vida en algo que flote.

Pero allí siguen. Sacan a sus nietos a echar el volantín, pasean por los muelles a fisgonear lo que traen otros, comentan los lugares adecuados, las incidencias, miran el cielo y prevén el tiempo mejor que Maldonado el de la tele. Guardan celosamente secretos que no confiarán nunca ni a sus mejores amigos: el bajo donde engancharon dos congrios, aquella punta donde entra la boga, ese mero al que llevan semanas acechando a poniente del sitio cual. Miran hacia el mar, donde está su ensueño, más que a la tierra, a la que dedican sólo el tiempo imprescindible. Y en el fondo, aunque afirmen lo contrario, les da igual pescar que no pescar; la prueba es que, con pesca o sin ella, siguen saliendo. Quizá ni ellos mismos sepan con certeza qué es lo que buscan, ni por qué. Pero es posible que intuyan la respuesta en su propia soledad y silencio, sedal en mano y mecidos durante horas por el balanceo del bote en la marejada. Con la línea de la costa —la línea de sombra de su vida— a media milla de distancia.

Aterriza donde puedas

15.000 maletas en un día no las pierde un aeropuerto ni a propósito, con todos los empleados dedicándose concienzudamente a perderlas una tras otra. Esa cantidad no la pierde ningún aeropuerto del mundo —ni siquiera del tercer mundo— excepto el de Madrid-Barajas. Porque, digan lo que digan viajeros con muy poco sentido del humor y muy pocas ganas de aventura y de marcha, para extraviar esa cantidad de maletas de una sola tacada hay que valer. Hay que tener hábito, entrenamiento, práctica, qué sé yo. Tener juego de muñeca, afición y vocación. Para perder de golpe todos esos equipajes y que no sea un hecho aislado y a lo tonto, un suceso casual y anesdótico, sino una fase más de la reconversión del principal aeropuerto de las Españas en una perfecta casa de putas, en una curiosidad internacional sólo comparable al más difícil todavía, alehop, y al número de la trompeta y la cabra, es necesaria una larga experiencia previa, unos empleados duchos en el difícil arte de tocarse los huevos, unos pilotos y controladores con más morro que un oso hormiguero, un personal de vuelo y de tierra que siempre parezca desayunar vinagre, unos sindicatos lo bastante abyectos para presionar sólo en interés de su nómina y nunca del viajero, unos jefes despojados del menor rastro de vergüenza, una red informática con más agujeros que la ventana de un bosnio, una compañía Iberia que se haya convertido en hazmerreír de los cielos y la tierra, un organismo estatal llamado AENA que sea el colmo del caos y la ineficacia, y un Ministerio de Fomento incapaz de prever y de ordenar, donde, como siempre, desde el ministro Arias-Salgado hasta el último subsecretario, o lo que carajo sean, nadie tenga la menor culpa de nada, nadie esté dispuesto a asumir la mínima responsabilidad, y todos ignoren, contumaces, que las palabras *dimisión* y *cese* vienen con todas sus letras en el diccionario de la R.A.E.

Reconocerán ustedes conmigo que reunir todas esas condiciones en un solo aeropuerto de una sola ciudad de un solo país no está al alcance de cualquiera. Y mucho menos con el añadido de esa espléndida guinda que suponen las instalaciones en sí, con insuficientes carritos de equipaje, con largos pasillos por los que correr arrastrando —cuando aparecen— enormes maletas, con media hora de caminos, vueltas y revueltas para enlazar un vuelo con otro, con esa megafonía inaudible hasta para avisar a los pasajeros de que miren los monitores porque la megafonía no siempre es audible, con las colas absurdas e interminables, con esos túneles retráctiles que por alguna misteriosa razón apenas se usan, con los autobuses zarandeando a viajeros ateridos de frío o achicharrados de calor, amontonados y maltratados como si en vez de una línea aérea aquélla fuera la línea de autobuses Barajas-Auschwitz, y con un puente aéreo Madrid-Barcelona que, después de años de puntual y eficaz funcionamiento, se ha convertido también, supongo que por contagio, en una película de los hermanos Marx.

Algo así no existe, repito, en ningún otro sitio del mundo mundial. Y sería una lástima perder lo que con tanto sudor y lágrimas ha ido lográndose en Barajas, botón de muestra de lo que puede ser lo nuestro cuando nos ponemos a ello. El aeropuerto de Madrid ha hecho el nombre de esa ciudad famoso allende los mares y los cielos, y uno ve a los guiris amantes de las emociones fuertes bajar de sus jumbos expectantes y excitados, hacerse fotos en las colas o cuando están tirados durmiendo por el suelo, etcétera, con una actitud de alucine sólo comparable a la de quienes visitan Disneylandia. Así que propongo no sólo conservar Barajas tal y como está, con el mismo personal y las mismas atracciones, sino echarle más imaginación al putiferio y explotar a fondo la cosa. Podrían organizarse, por ejemplo, pruebas con premio, del tipo correr en menos de quince minutos desde la terminal de vuelos de la CEE a vuelos internacionales, con puntos suplementarios por cada maleta de veinte kilos llevada a pulso, concursos de Cancelaciones Técnicas y Retrasos Operativos, divertidas loterías basadas en la hora sorpresa en que sale cada avión, recorridos de jubilados con mochila por pasillos kilométricos subiendo y bajando escaleras, bonitos juegos como Busque Su Maleta o Averigua Lo Que Suena —el detector de metales que pita hasta con un empaste de muelas o un DIU—, demostraciones de cómo meter a quinientos pasajeros cabreados en un autobús y que al chófer no lo inflen a hostias, o elecciones de Miss Mala Leche entre algunas azafatas de vuelo.

El último ojal

Fue el otro día, en Gijón. Era domingo y hacía sol,
y la playa, y el paseo marítimo, estaban a tope de gente
remojándose en el agua o apoyada en la barandilla de arriba, mirando el mar. Todo apacible y muy de color local,
gente de allí en plan familiar, sin apenas guiris. Era agradable estar de codos en la balaustrada, observando la playa
y las velas de dos barquitos que cruzaban lentamente la
ensenada. Había una cría dormida sobre una toalla junto
a la orilla, y chiquillos que alborotaban entre los bañistas,
y jovencitas en púdicos bikinis y mamás y abuelas en bañador respetable que charlaban mojándose los pies. Y un
niño rubito y tenaz, un tipo duro que había hecho un castillo de arena y estaba sentado dentro, reconstruyendo impasible la muralla cada vez que el agua la lamía, desmoro-
nándola. Lo que, por cierto, no es mal entrenamiento de
vida cuando apenas se han cumplido siete años.

La pareja no me habría llamado la atención —había docenas semejantes— de no ser porque vi el gesto de
la mujer. Eran dos abueletes que habían estado un rato
a remojo. Llevaba ella un vestido de esos veraniegos para
señora mayor, estampado, con botones por delante, y una
cinta en el pelo que le recogía el cabello gris. Era regor-
deta y menuda. Él estaba en bañador, calzón de playa de
color discreto, y se abotonaba despacio, con dedos torpes,
los botones de la camisa gris de manga corta. Tenía las
piernas flacas y pálidas, de jubilado al que le queda verano
y medio, y la brisa le desordenaba el pelo blanco alrededor
de la frente salpicada, como sus manos, con las motas que

la vejez imprime en la piel de los ancianos. Los dedos del hombre no acertaban con el último ojal, y vi que la mujer le apartaba delicadamente la mano y se lo abotonaba ella, y luego, con un gesto lento y tierno, le pasaba la mano por la cabeza, como si quisiera arreglarle también un poco el pelo, peinárselo con los dedos y dejarlo un poco más guapo y presentable.

Me quedé mirándolos hasta que se alejaron camino de las escaleras, y aún vi que él se apoyaba en el hombro de ella para subir los peldaños. Y me dije: ahí los tienes, Arturín, toda la vida juntos, cincuenta años viéndose el careto cada día, y los hijos, y los nietos, y cállate y lo que yo te diga, y el fútbol, y aquella época en que él volvía tarde a casa, y el mal genio, y el verlo tanto en sus momentos de hombre que se viste por los pies como en los momentos de miseria; y en vez de despreciarlo de tanto asomársele dentro, de no aguantarlo por gruñón o por egoísta, ella aún tiene la ternura suficiente para ponerle bien el pelo después de abrocharle ese último botón en el ojal. Y a lo mejor él ha sido un tío estupendo o un canalla, y eso no tiene nada que ver, y resulta compatible con el hecho de que ella, que parió sola, que se calló por no preocuparlo cuando sintió aquel bulto en el pecho, que se ha estado levantando temprano toda la vida para tener paz en una cocina silenciosa, le siga profesando una devoción que nada tiene que ver con lo que llamamos amor; o a lo mejor resulta que el amor es eso y no lo otro, ese ejercicio de lealtad que puede consistir en repeinarlo con la mano y en decirle ponte guapo, Manolo. En que ella, que siempre fue al médico sola hasta cuando pensó que se iba a morir, entre en la consulta con él y le diga siéntate aquí, anda, estate quieto, que ahora viene el doctor. En cerrarle con disimulo la bragueta cuando él sale a pasitos cortos del servicio. En dedicarle una vida que él no siempre supo merecer.

Y ahora él depende de ella, y es ella la que lo sostiene como en realidad lo ha sostenido siempre. Y un día Manolo, o como se llame, dirá adiós muy buenas; y ella, que renunció a tantos sueños, que se impuso a sí misma un extraño deber unilateral, que no vivió nunca una vida propia que no fuera a través de él, se quedará de golpe quieta y vacía, perdida su razón de ser, con hijos y nietos que de pronto se antojan lejanos, extraños. Añorando la cadena que la ató recién cumplidos los veinte, cuando casarse, poner una casa, tener una familia, era un sueño maravilloso como el de las poesías y las películas. A lo mejor, antes de hacer mutis, él tiene tiempo, decencia y lucidez para darse cuenta de lo que ella fue en su vida. Y entonces echará una lagrimita y le dirá eso de que lamenta haberla tenido como una esclava, etcétera. Y ella, una vez más, se callará y le pondrá bien el pelo, para que agonice guapo, en vez de decirle: a buenas horas te das cuenta, hijo de la gran puta.

El sello infame

Pues resulta que recibo una carta con sus sellos pegados, y entre ellos hay uno con el careto de Fernando VII (1784-1833). Y me digo: hay que fastidiarse, colega. Con la de reyes que ha habido en este país, reyes para dar y regalar, y tiene que salir ése en mi carta, oye, el mayor hijoputa que llevó corona. El rey más cobarde, más vil y más infame que hemos tenido en esta tierra donde de monarcas chungos sabemos un rato, y a quien ni siquiera esa cara de atravesado y de borde relamido que le pintó Goya —el sordo sabía mirar adentro— hizo justicia.

He escrito alguna vez que la estupidez, la ignorancia voluntaria, la deslealtad y la mala fe en políticos y monarcas me vuelven intolerante hasta el punto de hacerme añorar, a veces, una guillotina en mitad de una plaza pública. Pero en el caso de Fernando VII esa añoranza mía roza la frustración. Porque ese individuo, que nunca vio su cabeza en un cesto como el idiota de su primo el gabacho gordito, fue un perfecto miserable y un canalla, pero nunca un estúpido. Y su vileza ante Napoleón, la negra reacción en que sumió a España tras la expulsión de los franceses, su camarilla de canónigos y mangantes, su persecución de liberales, su desprecio a la Constitución entonces más avanzada del planeta y su despotismo salvaje, no se debieron a impulsos imbéciles, sino a cálculos inteligentes, astutos y cobardes. Fernando de Borbón fue capaz de denunciar a sus cómplices en la conjuración contra Godoy, de lamerle las botas al francés que lo despojaba de un reino, de condenar a muerte a quienes le devolvieron la corona; y todo eso lo hizo sopesando minuciosamente los pros y los contras. Fue como los malvados de las viejas películas, pero peor. Fue un rey malo de cojones.

Recuerdo que hace cosa de un año estuve dándole vueltas al personaje, después de una representación de *El sí de las niñas,* de Moratín. Cuando vi a Emilio Gutiérrez Caba interpretar de forma excelente al maduro don Diego en la última escena del tercer acto —*«Eso resulta del abuso de autoridad, de la opresión que la juventud padece»*— no pude menos que pensar, como me ocurre ahora ante el sello de marras: qué mala suerte, qué desgraciado país el nuestro, siempre a punto de conseguirlo y siempre recibiendo a última hora un sartenazo que lo pone todo patas arriba, que nos arroja de nuevo al abismo. Cuando por fin nos hacemos romanos y hablamos latín y construimos acueductos, llegan los bárbaros. Cuando el Renacimiento y los siglos de oro nos pillan siendo primera potencia mundial, aparecen Lutero y Calvino, viene la Contrarreforma y todo se va a tomar por saco. Y cuando por fin nos encontramos ante la gran oportunidad del siglo de las luces y la revolución, y hay gente como Jovellanos y Moratín y Goya, llegan los franceses y nos funden los plomos, y a los lúcidos los convierten en afrancesados. Y encima, sin proponérselo, hacen de un Borbón abyecto un héroe nacional. Y aun así hay militares que leen libros y hablan de soberanía popular y de libertad, y españoles dispuestos a ponerse de acuerdo, aunque sea para degollar franchutes, y políticos capaces de sentarse en Cádiz a hacer una Constitución que es la leche. Y entonces Fernando VII vuelve a recoger una corona que no se ha ganado, y asesorado por curas fanáticos, por correveidiles y lameculos, va y se lo cepilla todo, deroga la Constitución, cierra periódicos y teatros, y ejecuta a los generales y guerrilleros que pelearon por él, menos a Mina, que se larga a Francia, y después a Riego, y al Empecinado, y a Manzanares y a Torrijos y a Mariana Pineda; y Francia e Inglaterra se llenan de exiliados, y aquí se impone la reacción más siniestra, y otra vez, como siempre, a las tinieblas cuando estábamos a pique de levantar cabeza. Y encima, cuando se muere, el tío nos deja de herencia a la chocholoco de su hija Isabelita, que trajo cola. Y de postre, las guerras carlistas.

En fin. Cuando empecé a teclear estas líneas iba a pedir que me ahorren cartas con la jeta de ese rey que maldita sea su estampa. Pero, pensándolo mejor, rectifico. Es bueno recordar que la infamia existe, que siempre acecha un vil mierdecilla dispuesto a cargárselo todo con el pretexto de la religión, la raza, la nación, la lengua o el chichi de la Bernarda. Caciques locales, mercachifles de feria, apostólicos postmodernos, reaccionarios a quienes ahora no se les cae la palabra democracia de la boca, pero siguen queriendo devolvernos al pozo de las sombras.

Gili-restaurantes

Hay gilipollas y gilipollas. Quiero decir que hay tontos del haba congénitos, de pata negra, que no lo pueden evitar por mucho empeño y buena voluntad que le echen al asunto. Individuos e individuas que si se presentaran a un concurso de gilipollas serían descalificados en el acto, por gilipollas. Gente cuya naturaleza biológica incluye la gilipollez de modo perfectamente natural, como la de otros incluye tener los ojos azules o alergia al pescado. O sea, gente de esa que llega la enfermera y le dice al padre que está fumando en el pasillo: «Enhorabuena. Ha tenido usted un gilipollas de tres kilos y seiscientos gramos».

Como ven, hablo de gilipollas que no pueden evitar serlo, hasta el punto de que algunos, de puro chorras, llegan a caer bien. Uno los ve, los oye y se dice: «Es simpático este imbécil». Sin embargo hay otra variedad más común, más de andar por casa. Más ordinaria. Hablo del gilipollas vocacional: del que se esfuerza a diario por avanzar paso a paso en el perfeccionamiento de una gilipollez a la que aspira con entusiasmo. Esos gilipollas aficionados dan lugar a un fenómeno que podríamos definir como pseudo-gilipollez o variante hortera de aquélla. Lo malo es que, a diferencia de la otra, perfectamente localizada en lugares y medios especializados de las Españas, esta última te la encuentras en la vida diaria, a la vuelta de la esquina, contaminándolo todo.

Pensaba en todo esto el otro día, cenando en un restaurante pijolandio de los que pretenden cierto nivel, Maribel, en una localidad costera. Uno de esos en cuyo vestíbulo hay una señorita muy arreglada, con falda corta y pulseras, muy peripuesta y dinámica como en las películas de ejecutivas que salen en la tele, y que nada más verte entrar dice: «Hola, ¿tenéis reserva?», tuteándote cual si hubieseis vivido ella y tú intimidades previas, hasta el punto de que te sientes en la obligación de dirigirle a tu acompañante una mirada de excusa, como diciéndole: «Te juro que no conozco de nada a esta tía». (De cualquier modo, peor sería que te estampara un par de absurdos besos en las mejillas, muá, muá, como hace ahora a las primeras de cambio toda mujer a la que te presentan. Vulgaridad notoria que, cabroncete como soy, suelo prevenir dando antes la mano a distancia y prolongando unos segundos el apretón, para que las besuconas se den con mis nudillos en el estómago al acercarse dispuestas al ósculo.)

El caso es que el restaurante era playero, con pretensiones de diseño y alta cocina moderna y unos precios que te rilas, Arturín, y menudeaba de clientes *ad hoc:* Lacoste, pantalón corto hasta la rodilla y con raya, zapatos tipo mocasín sin calcetines, teléfono móvil y toda la parafernalia, incluyendo la prójima operada y haciendo juego. Hecho un paria entre tanta elegancia, con mis viejos tejanos de pata larga y la barba de semana y media, me vi obligado a decirle al camarero «estará bien, no se preocupe» ante su extrañeza de que no catase el vino, que él había servido con mucho aparato y movimiento de corcho, en vez de dedicar yo a tan fundamental operación los diez minutos que en las otras mesas se consagraban al asunto, fruncido el ceño, moviendo la copa para aspirar el aroma, chasqueando la lengua antes de declarar «excelente» con tanta gravedad y aplomo como si los tiñalpas hubieran pasado la infancia entre viñedos de Borgoña.

El *maître,* muy serio y muy consciente de la solemnidad del momento —ilustres intelectuales de aquí afirman que comer es un acto cultural comparable a leer a Proust—, nos recomendó algunas especialidades de la casa, destacando las cigalitas, los boqueroncitos y las almejitas, y sugirió la doradita o la lubinita, esta última con unas patatitas a lo pobre o unos buñuelitos de bacaladito con salsita de frambuesita. Y no faltó, a los postres, la visita del cocinero, o vete a saber quién era el pájaro, un fulano vestido de blanco con su nombre bordado en el bolsillo, que recorría las mesas estrechando manos y dando conversación en un compadreo que a algunos clientes parecía encantarles, pero que a mí me hizo temer se nos sentara en la mesa y nos chuleara un café por el morro. Así que pedí apresuradamente la dolorosa —el *maître* se mosqueó un poco cuando le dije que hiciera el favor de traerme la cuentecita porque nos íbamos a la callecita— y me encaminé a la puerta con mucho alivio. Y todavía allí, al paso, la torda de la minifalda y las pulseras nos obsequió con un «hasta luego». Como si hubiéramos quedado para después en el bar de la esquina.

Pepe, los obispos y el Sida

Querido sobrino Pepe:

En los últimos tiempos, la Conferencia Episcopal Española, que son obispos y cosas así, anda cabreada con el asunto de las campañas de prevención del Sida que recomiendan el preservativo; porque la gomita, dicen, favorece la promiscuidad sexual. O sea, les pone las cosas fáciles a quienes son partidarios del asunto. La teoría de los pastores de almas consiste en lo siguiente: el miedo al Sida es saludable, porque mantiene castos a los jóvenes como tú, de puro acojonados ante la posibilidad de agarrar algo y que se os caiga todo a pedazos. Eliminar o atenuar ese miedo, es decir, familiarizar a tu generación con el uso del preservativo, no es por tanto prevenir, sino pervertir; porque los mozuelos, inmaduros como sois, al sentiros más impunes y seguros, practicaréis el sexo con más asiduidad y, por tanto, conculcaréis la ley de Dios sin tino y sin tasa, dejándoos llevar por la irresponsabilidad y la naturaleza muy dale-que-te-pego propia de los jóvenes de hoy. Que la verdad, Pepe, sois la leche.

Pongamos un bonito ejemplo práctico. Tu novia Mari Juli y tú, verbigracia, os tenéis unas ganas tremendas; pero también, gracias a la divina Providencia, le tenéis miedo al Sida. Que lo mismo hasta de suyo resulta intrínsecamente bueno —los caminos del Señor son sinuosos e inescrutables— porque su amenaza, a modo de infierno, nos mantiene lejos del pecado. Pero el diablo, que es muy cabroncete, Pepe, se vale de cualquier artimaña infame; e incluso esa benéfica —en términos de salud de almas— ira de Dios postmoderna, el Sida, puede ser soslayada merced a la técnica. Así que tú y Mari Juli podéis ir como si nada a la farmacia de la esquina, comprar por todo el morro una caja de seis y encamaros toda la tarde, ofendiendo el orden natural —como todo el mundo sabe, el orden natural limita el sexo al matrimonio—, en vez de orar para alejar la tentación, reservar vuestros cuerpos para honrarlos como templos, daros duchas frías o agarrar la guitarra y aprovechar la visita del papa a Cáceres, cuando vaya, para poneros a cantar con cristiana y juvenil alegría mi amiga Catalina que vive en las montañas, du-duá, du-duá. Todo eso, como debe hacer cualquier joven responsable que se respete —y la respete a ella, Pepe—, esperando con paciencia, continencia y templanza el día, sin duda próximo, en que Mari Juli termine los estudios y encuentre un trabajo de abogada o de top model, y tú ya no estés alternando el paro con la moto de mensaka sino de presidente de Argentaria, y podáis comprar una casa y un Bemeuve y una barbacoa para los domingos y una cama enorme. Y a partir de ahí, sí. Entonces por fin podréis primero casaros —a ser posible por la Iglesia—, y luego practicar una sexualidad mesurada, responsable y cristiana que tampoco precisará preservativo, pues siempre lo haréis pensando en la procreación, y nunca por torpes y bajos instintos; como inequívocamente recomienda Su Santidad Juan Pablo II. Que para eso es infalible por dogma, y de jóvenes y de sexualidad sabe un huevo.

Ya sé lo que vas a decirme, sobrino. Que la vida es corta y además a menudo es muy perra, que tú no serás siempre joven, y que una de las cosas buenas que tiene, si no la mejor, está precisamente en la bisectriz exacta del ángulo principal de tu novia. Y que en Mari Juli, en sus ojos y en su boca y en sus etcéteras, está el consuelo, y el alivio al dolor, y la esperanza, y el tener a raya la maldita soledad y el miedo y la incertidumbre de estar vivo. Sé todo eso, y además que tu naturaleza —y la suya, colega, ojo— claman por sus derechos; y que salvo que uno sea un amanuense del hágaselo usted mismo, o tenga la suerte de soñar cada noche con Salma Hayek bailando con la serpiente en *Abierto hasta el amanecer,* y se alivie en sueños —o lo que alivie a Mari Juli en la viceversa correspondiente—, unos jóvenes de vuestra edad, que además estáis locos el uno por el otro, pueden andar por la vida bastante frustrados. Y sé también que lo que te cuentan los obispos y su baranda, Pepe, nada tiene que ver con la realidad del mundo realmente real; y que más les valdría salir un día a darse una vuelta y echar un vistazo fuera de las catacumbas. Pero oye. Mi obligación, sobrino, colega, es darte consejos saludables que te alejen del vicio y colaboren en el perfecto estado de revista de tu alma.

Dicho lo cual, Pepe, si pese a todo sigues decidido a pecar, recuerda que más vale ir al infierno con el preservativo puesto.

El hombre de la rifa

Lo recordé hace unos días, por casualidad, al escuchar una antigua canción de Joaquín Sabina, *Balada de Tolito,* del tiempo en que Sabina escribía sus más bellas canciones. «*Morirse* —concluye la letra— *debe de ser dejar de caminar*». Tal vez se refería al mismo individuo que conocí hace años; pero ignoro si se llamaba o no Tolito, porque nunca supe su nombre. Solía aparecer a mediados de los ochenta, en los trenes de cercanías de la sierra de Madrid. Subía en cualquier estación, cambiando de un convoy a otro entre siete y diez de la mañana, cuando la gente va camino del trabajo y prefiere ir tranquila en el tren, leyendo un libro o el diario, en vez de pegarse hora y media de atascos al volante. Era un hombre de edad, en torno a los sesenta, con el pelo gris y una cartera de piel muy ajada, grande, llena de objetos misteriosos. Iba de vagón en vagón, y cada mañana ejecutaba el mismo ritual: primero repartía un caramelo pequeñito a la gente, gratis. Después se aclaraba la voz y con tono muy educado decía señoras y caballeros, el sorteo va a empezar, por sólo veinticinco pesetas tienen ustedes derecho a premio fabuloso y extraordinario. Y a continuación repartía unos naipes de baraja en miniatura, impresos en papel muy malo, entre quienes lo deseaban. Al cabo, reclamaba otra vez educadamente la atención, sacaba de la cartera una baraja más grande, pedía a alguien que eligiera carta, y tras identificar al agraciado le hacía solemne entrega del regalo: un torito de plástico, un folleto con poemas, un cortaúñas de propaganda, una bolsa de caramelos o un purito Farias. Después saludaba muy atento, decía muchas gracias, y se bajaba en la siguiente estación, a esperar otro tren.

Los habituales de aquella línea estábamos acostumbrados a su presencia. Había que ser muy rasca y muy cutre para no soltar cinco duros cuando te ofrecía uno de sus naipecitos de papel. Y a mí me gustaba aquel fulano; tal vez porque tenía cara de buena persona y sonreía a los niños, cuando los había, al darles el caramelo. O por su chaqueta algo estrecha y sus pantalones raídos. O por aquella cartera que apretaba contra el pecho como si contuviera un tesoro. También me gustaba su cara, siempre pulcramente afeitada, y el tono educadísimo con que anunciaba que el sorteo estaba a punto de comenzar. Pero sobre todo me conmovían sus ojos tristes; ojos de derrota que nunca miraban mucho rato los tuyos ni los de nadie, como si temieran hallar hostilidad o burla. Supe por un revisor que se ganaba así la vida desde hacía muchos años, a cinco duros la papeleta. Y que antes había viajado por toda España, buscándose la vida de feria en feria.

Yo solía interrumpir la lectura del libro que tenía en las manos para observarlo durante todo el tiempo que duraba su trabajo. No resultaba difícil imaginar de qué España y de qué tiempos procedía aquel solitario superviviente: años de caminos, ferias y estaciones, subiendo y bajando de trenes y autobuses, recorriendo andenes helados de escarcha invernal, o relucientes de lluvia, o calurosos de polvo y sol en verano. Un café, y un coñac, y un cigarro a veces entre uno y otro, en aquellos destartalados bares de andén. Y la soledad. Y la vieja cartera de piel como único patrimonio, pensiones de mala muerte, carreteras, fiestas de pueblo donde buscar un rincón tranquilo para vocear con suavidad su modesta mercancía sin que lo incordiaran los municipales. El tenue sueño de la suerte, oigan, sólo veinticinco pesetas, muchas gracias, señora. Ha resultado agraciado el as de oros.

Un día dejó de aparecer por esos trenes. Se murió o se jubiló o simplemente dejó de caminar, como decía Sabina de aquel otro personaje que a lo mejor era el mismo. Desapareció en la niebla gris de la que salía cada mañana de invierno, en los andenes del ferrocarril donde transcurría su vida. Durante algún tiempo eché en falta sus enternecedores naipes de papel, caramelos envueltos en celofán —una vez resulté agraciado con el torito de plástico— y sus educados «señoras y caballeros, el sorteo va a comenzar», dichos con una humilde dignidad que daba un valor singular a los miserables objetos que repartía. Luego lo olvidé, y más tarde dejé de viajar en esos trenes. No recuerdo qué hice con mi torito de plástico negro; lo más probable es que fuese a parar a una papelera aquella misma mañana. Hoy siento no haber conservado aquel fabuloso regalo, señoras y caballeros, resulta agraciado el tres de espadas, que conseguí una mañana de invierno en un tren de cercanías, por cinco duros.

Perros e hijos de perra

Después de que un pit bull-stadford matase a una mujer en Las Palmas, leí varios reportajes sobre perros de presa. Uno es de Francisco Peregil, joven escritor de novela negra y tal vez el último gran reportero de sucesos de este país, de esos capaces de mezclar sangre con tinta y alcohol; un fulano que merecería plomo de linotipias y teclazos de Olivettis en vez del oficio aséptico, mingafría y políticamente correcto en que algunos han convertido el periodismo, con libros de estilo que dicen La Coruña sin ele y becarios que aspiran a ser editorialistas o corresponsales en Nueva York.

El reportaje de Peregil contaba cómo criadores sin escrúpulos y apostadores clandestinos, alguno de los cuales se anuncia en revistas especializadas y monta sus negocios ante la pasividad criminal de las autoridades, organizan peleas de perros. Cuenta Peregil la crueldad del entrenamiento, las palizas y vejaciones que les inflingen para convertirlos en asesinos; cómo empiezan a probarlos contra otros perros desde que son cachorros de cuatro meses y cómo algunos mueren tras aguantar peleas de hora y media. Pero el reportaje, que era estremecedor, no me impresionó en su conjunto tanto como una frase del texto: *«El perro, si ve que su amo está a su lado, lo da todo».*

Y, bueno. Algunos de ustedes saben que la vida que en otro tiempo me tocó vivir abundó a veces en atrocidades. Quiero decir con eso que tampoco el arriba firmante es de los que ven un mondongo y dicen ay. Tal vez por eso el horror y la barbarie me parecen vinculados a la condición humana, y siempre me queda el consuelo de que el hombre, como única especie racional, es responsable de su propio exterminio; y que al fin y al cabo no tenemos sino lo que nos merecemos, o sea, un mundo de mierda para una especie humana de mierda. Pero resulta que con los animales ya no tengo las cosas tan claras. Con los niños también me pasa, pero la pena se me alivia al pensar que los pequeños cabroncetes terminarán, casi todos, haciéndose adultos tan estúpidos, irresponsables o malvados como sus papis. En cuanto a los animales, es distinto. Ellos no tienen la culpa de nada. Desde siempre han sido utilizados, comidos y maltratados por el hombre, al que muchos de ellos sirvieron con resignación, e incluso con entusiasmo y constancia. Nunca fueron verdugos, sino víctimas. Por eso su suerte sí me conmueve, y me entristece.

Respecto a los perros, nadie que no haya convivido con uno de ellos conocerá nunca, a fondo, hasta dónde llegan las palabras generosidad, compañía y lealtad. Nadie que no haya sentido en el brazo un hocico húmedo intentando interponerse entre el libro que estás leyendo y tú, en demanda de una caricia, o haya contemplado esa noble cabeza ladeada, esos ojos grandes, oscuros, fieles, mirar en espera de un gesto o una simple palabra, podrá entender del todo lo que me crepitó en las venas cuando leí aquellas líneas; eso de que en las peleas de perros, el animal, si su amo está con él, lo da todo. Cualquiera que conozca a los perros sentirá la misma furia, y el asco, y la mala sangre que yo sentí al imaginar a ese perro que sigue a su amo, al humano a quien considera un dios y por cuyo cariño es capaz de cualquier cosa, de sacrificarse y de morir sólo a cambio de una palabra de afecto o una caricia, hasta un recinto cercado de tablas y lleno de gentuza vociferante, de miserables que cambian apuestas entre copa y copa mientras sale al foso otro perro acompañado de otro amo. Y allí, en el foso, a su lado, con un puro en la boca, oye al dueño decirle: «Vamos, Jerry, no me dejes mal, ataca, Jerry, ataca, duro, chaval, no me falles, Jerry». Y Jerry, o como diablos se llame, que ha sido entrenado para eso desde que era un cachorrillo, se lanza a la pelea con el valor de los leales, y se hace matar porque su amo lo está mirando. O queda maltrecho, destrozado, inválido, y obtiene como premio ser arrastrado afuera y que lo rematen de un tiro en la cabeza, o que lo echen, todavía vivo, a un pozo con un trozo de hierro atado al cuello. O termina enloquecido, peligroso, amarrado a una cadena como guardián de una mina o un oscuro almacén o garaje.

Así que hoy quería decirles a ustedes que malditos sean quienes hacen posible que todo eso ocurra, y que mal rayo parta a los alcaldes, los policías municipales y los guardias civiles y todos los demás que lo saben y lo consienten. Y es que hay chusma infame, gentuza sin conciencia, salvajes miserables a quienes sería insultar a los perros llamar hijos de perra.

Desayuno con coñac

El parroquiano entró en el bar y pidió un coñac a palo seco, así, por el morro, aunque todavía no eran las ocho de la mañana de un día festivo. Era bajo, muy chupaíllo y moreno, con una camisa blanca limpia y recién planchada y el pelo negro, todavía abundante y con pocas canas, todavía húmedo y muy bien repeinado hacia atrás. Tal vez tuviera cincuenta y tantos años largos. En el antebrazo izquierdo llevaba un tatuaje verdoso, casi borrado por el tiempo, lavado de sol y agua del mar.

Hay fulanos que me gustan sin remedio, y aquél era uno de ellos. Ya he dicho que era muy temprano, a esa hora de Levante en que no hay viento y la luz es un disco rojizo que apenas se despega del agua. El pueblo era un lugar de pescadores, de los que tienen muelle, barcas y viejas casas con tejas y grandes ventanas enrejadas casi a ras del suelo; casas donde todavía, en las tardes calurosas de verano, señoras mayores y abuelos en camiseta se sientan a la puerta, a ver pasar la vida.

Aquél era el único bar abierto. No se trataba de una cafetería con pretensiones, sino de una buena tasca portuaria de las de siempre, con mostrador desvencijado, sillas de formica, fotos de equipos de fútbol en la pared y una Virgen del Carmen entre botellas de Fundador. Uno de esos lugares supervivientes de otros tiempos; de cuando los puertos tenían bares como Dios manda, con estibadores de manos rudas, marineros, pescadores y mujeres cansadas que fumaban y hablaban —entonces eran sólo ellas— a los hombres de tú.

El tipo flaco y repeinado había despachado el coñac sin pestañear. El resto de parroquianos eran un bolinga medio dormido y tres fulanos sin afeitar, con aspecto de haber amarrado tras una noche de mucha mar y poco beneficio. Todos tenían copas de coñac junto a las tazas de café, pese a lo temprano de la hora. Y yo me dije: ya ves, a éstos no se los imagina uno haciéndose zumo de zanahoria en la licuadora, o cociéndose infusiones de hierbas, ni saliendo al horno de la esquina en busca de croissants calientes. Eran de esos que los meapilas califican a quemarropa de alcohólicos, tan temprano y ya privando, etcétera. Como cuando en un bar de carretera ves llegar a un camionero a las seis de la mañana y calzarse un chinchón seco a pulso, cagüendiela, qué te debo Mariano, antes de ponerse al volante de nuevo, y la gente dice anda la leche. Pero es que hay oficios que no se prestan a delicatessen. Trabajos donde la vida es tan dura que si no te pegas un lingotazo que temple las tripas antes de ir al tajo, no hay cristo que aguante sin blasfemar cada tres minutos. Ni siquiera blasfemando. Como esas láguenas o reparos que se echan al cuerpo los mineros, a base de aguardiente, o los asiáticos de los pescadores, donde la leche condensada y el café no son sino un pretexto para calzarse tres dedos de coñac antes de salir de madrugada a la mar, a buscársela.

El tipo flaco y repeinado pidió otro Magno y el encargado se lo puso. Vi que encendía un cigarrillo, echando el humo mientras se llevaba la nueva copa a los labios. Tenía una cara angulosa y curtida, llena de arrugas; cara de duro de verdad. Olía a limpio, recién lavado y afeitado. Por un momento me pregunté qué hacía en la calle a tales horas y en festivo, hasta que comprendí, por su manera de apoyarse en el mostrador, de beber a sorbos el coñac y de fumarse el Ducados, que en realidad aquel tipo se había estado levantando temprano durante toda su vida, fuera festivo o no. Que lo suyo no era más que rutina, costumbre de lo más natural, y que aquellos dos coñacs que acababa de meterse en el cuerpo no eran sino la continuación de cientos, de miles de coñacs que lo habían ayudado a tenerse en pie, a afrontar cada amanecer y lo que éste deparaba.

En otro momento habría intentado invitarlo a otra copa, para darle conversación y tirarle de la lengua; pero uno tiene mili en esas cosas, y aquéllas no eran horas. El del tatuaje no era de los que dicen tres palabras seguidas antes de las siete de la tarde. Lo vi terminarse el segundo coñac sin prisas, aunque apuró de golpe el último trago, echando hacia atrás la copa y la cabeza. Luego pagó sin preguntar qué se debía ni decir nada, y lo vi irse despacio en dirección a los muelles. El sol ya estaba un poco más alto y reverberaba cegador en el agua quieta, entre los pesqueros amarrados, los montones de redes y las banderolas de los palangres. Entorné los ojos y durante un rato aún pude ver moverse por allí su silueta, en el contraluz de los reflejos, caminando hacia ninguna parte.

Remando espero

Ya son tres los lectores que coinciden en enviarme una historia —dicen que es apócrifa, pero yo me apuesto lo que quieran a que es real como la vida misma— que circula por ahí. Una historia tan estupenda y tan de aquí, o sea, de España o de lo que seamos ahora, que sería una absoluta mezquindad no compartirla con ustedes; como ya hice, no sé si recuerdan, cuando aquello de las múltiples variantes en torno a los atributos viriles. Tampoco ésta es moco de pavo, así que la transcribo sin apenas toques propios, por el morro. Casi tal cual.

En el año 96, cuenta la crónica, se celebra una competición de remo entre dos equipos: el primero compuesto por trabajadores de una empresa española, y el otro por colegas de otra empresa japonesa. Apenas se da la salida, los japoneses salen zumbando, banzai, banzai, dale que te pego al remo, y cruzan la meta una hora antes que el equipo español. Entre gran bochorno, la dirección de la empresa española ordena una investigación y obtiene el siguiente informe:

«Se ha podido establecer que la victoria de los japoneses se debe a una simple argucia táctica: mientras que en su dotación había un jefe de equipo y diez remeros, en la nuestra había un remero y diez jefes de servicio. Para el próximo año se tomarán las medidas oportunas».

En el año 97 se da de nuevo la salida, y otra vez el equipo japonés toma las de Villadiego desde el primer golpe de remo. El equipo español, pese a sus camisetas Lotto, a sus zapatillas Nike y a sus remos de carbono hidratado, que le han costado a la empresa un huevo de la cara, llega esta vez con dos horas y media —cronómetro Breitling con GPS y parabólica, sponsor de la prueba— de retraso. Vuelve a reunirse la dirección tras un chorreo espantoso de la gerencia, encargan a un departamento creado *ad hoc* la investigación, y al cabo de dos meses de pesquisas se establece que «*el equipo japonés, con táctica obviamente conservadora, mantuvo su estructura tradicional de un jefe de equipo y diez remeros; mientras que el español, con las medidas renovadoras adoptadas después del fracaso del año pasado, optó por una estructura abierta, más dinámica, y se compuso de un jefe de servicio, un asesor de gerencia, tres representantes sindicales (que exigieron hallarse a bordo), cinco jefes de sección y una UPEF (Unidad Productora de Esfuerzo Físico), o sea, un remero. Gracias a lo cual se ha podido establecer que el remero es un incompetente».*

A la luz de tan crucial informe, la empresa crea un departamento especialmente dedicado a preparar la siguiente regata. Incluso se contratan los servicios de una empresa de relaciones públicas para contactos de prensa, etcétera. Y en la competición del año 98, los del sol naciente salen zumbando, up-aro, up-aro, todavía tienen tiempo de parar a hacerse unas fotos y comer pescadito frito, y llegan a la meta tan sobrados que la embarcación española —cuyo casco y equipamiento se había encargado para esta edición al departamento de nuevas tecnologías— cruza la meta, cuando lo hace, con cuatro horas largas de retraso. La cosa ya pasa de castaño oscuro, de modo que esta vez es la quinta planta la que toma cartas en el asunto y convoca una reunión de alto nivel de la que sale una comisión investigadora que a su vez, tres meses más tarde, elabora el siguiente informe:

«*Este año el equipo nipón optó como de costumbre por un jefe de equipo y diez remeros. El español, tras una audito-*

ría externa y el asesoramiento especial del grupo alemán *Sturm und Drang*, optó por una formación más vanguardista y altamente operativa, compuesta por un jefe de servicio, tres jefes de sección con plus de productividad, dos auditores de Arthur Andersen, un solo representante sindical en régimen de pool, tres vigilantes jurados que juraron no quitarle ojo al remero, y un remero al que la empresa había amonestado después de retirarle todos los pluses e incentivos por el injustificable fracaso del año anterior».

«*En cuanto a la próxima regata* —continúa el informe— *esta comisión recomienda que el remero provenga de una contrata externa, ya que a partir de la vigésimo quinta milla marina se ha venido observando cierta dejadez en el remero de plantilla. Una dejadez preocupante, que se manifiesta en comentarios dichos entre dientes, entre remada y remada, del tipo: "Anda y que os vayan dando" o "Que venga y reme vuestra puta madre", y una actitud que incluso roza el pasotismo en la línea de meta*».

A buenas horas

Hace unos días, cuando el Alcázar de Toledo acogió por fin la biblioteca de los cardenales Lorenzana y Borbón, y el presidente de Castilla-La Mancha se montó un magnífico acto inaugural para que libros, memoria y fantasmas del pasado convivan sin problemas entre las piedras venerables del emperador Carlos, tuve ocasión de oír al ex presidente del Gobierno, Felipe González, hablando de España, y de Historia, y de nación. Cosas que resulta natural oír en boca de un ex presidente de Gobierno, y que tampoco estarían mal en boca de un presidente de Gobierno en activo, como ahora José María Aznar, o, puestos a eso, el propio señor González durante su pasada ejecutoria. Lo que ocurre es que los presidentes, cuando están en ejercicio, se tientan mucho la ropa antes de pronunciar ciertas palabras o de ahondar en ellas, por aquello de no vaya a molestarse alguien, y se las reservan para cuando se jubilan. No vaya a ser que los tomen por patriotas españolistas fanáticos. Por Dios.

Confieso que cuando oí decir al ex presidente del Gobierno que España es una nación como la copa de un pino, citando de paso a romanos, visigodos y musulmanes, me removí incómodo en el asiento. No porque yo disienta de que España sea una de las naciones más viejas del mundo, cuestión que hay que ser muy bestia y muy ignorante, o tener muy mala leche histórica, para negar por el morro. Ni tampoco porque aquélla fuese la primera vez que le oía hablar de España como nación; concepto que, en honor a la verdad, González manejó siempre públicamente con menos complejos que su sucesor Aznar; tal vez porque este último se pasa la vida contenido, retenido y estreñido, intentando inútilmente no parecer de derechas, como si aquí todos fuésemos idiotas y no conociéramos el percal.

Mi malestar al oír a González provenía de otro registro. Hay que fastidiarse, me dije. Ahora viene con la memoria y la Historia y lo chachi que es identificar cada piedra con los hitos de la larga y dolorosa construcción de este complejo lugar llamado España. Ahora viene con ésas, cuando durante trece años los cagamandurrias a quienes encomendó la educación y la cultura en los sucesivos gobiernos por él presididos, ministros que se llamaron Maravall, Solana y algún otro nombre que piadosamente he olvidado, se pusieron con entusiasmo a la tarea de desmantelar todos y cada uno de los mecanismos culturales de este país, sustituyendo el concepto tradicional de Cultura e Historia por una papilla *light* diseñada por psicólogos, amiguetes y compadres de pelotazo, donde Almodóvar y la pasarela Cibeles tuvieron —y tienen— más relieve que Nebrija o el monasterio de Yuste. Aligerando hasta la estupidez los libros de texto. Persiguiendo con saña cualquier resquicio de Humanidades. Enviando a campos de exterminio el Griego y el Latín, lenguas madres de la de Cervantes, Quevedo y Delibes. Convirtiendo a las generaciones jóvenes en huérfanos sin memoria ni conciencia nacional propia. Resumiendo los Siglos de Oro en media página de texto, pero dedicándole, eso sí, veinte a la Transición con foto de González incluida. O incurriendo en la misma canallada en que incurrieron los cuarenta años de franquismo imperial, pero al revés: o sea, mientras que aquéllos lo contaminaron todo de patrioterismo barato, éstos negaron el orgullo legítimo de los siglos vividos y la certeza de lo español como viejísima encrucijada de pueblos, lenguas y culturas. Haciendo que todo cuanto suena a pasado, a batallas, a descubrimientos, a memoria, parezca de derechas. Incapaces, tan cretinos y maniqueos como los otros, de asumir que luces y sombras son caras de una misma realidad histórica. Soslayando vergonzantes el hecho fundamental de que Hernán Cortés era extremeño, los Pinzones andaluces, Churruca vasco, Jaime I aragonés y catalán, el Cid castellano de Burgos, Abderramán III cordobés, y etcétera. Ocultando que España tuvo agarrado al mundo durante dos siglos por el pescuezo, y que Europa, cuando se hizo, se hizo precisamente contra una nación bronca, difícil, peligrosa hacia fuera y puñetera hacia dentro, que ya entonces, con un par de huevos, se llamaba España. Y que el yugo y las flechas que cierto alcalde analfabeto mandó retirar de un monumento a los Reyes Católicos construido durante el pasado siglo, ya estaba en los pendones de esos reyes en 1492, cuando la toma de Granada.

Así que a buenas horas, me dije, viene mi primo hablando de Historia. Que le pregunte a sus imbéciles sicarios lo que hicieron con ella.

Los amos del mundo

Usted no lo sabe, pero depende de ellos. Usted no los conoce ni se los cruzará en su vida, pero esos hijos de la gran puta tienen en las manos, en la agenda electrónica, en la tecla *intro* del ordenador, su futuro y el de sus hijos. Usted no sabe qué cara tienen, pero son ellos quienes lo van a mandar al paro en nombre de un tres punto siete, o un índice de probabilidad del cero coma cero cuatro. Usted no tiene nada que ver con esos fulanos porque es empleado de una ferretería o cajera de Pryca, y ellos estudiaron en Harvard e hicieron un master en Tokio, o al revés, van por las mañanas a la Bolsa de Madrid o a la de Wall Street, y dicen en inglés cosas como *long-term capital management,* y hablan de fondos de alto riesgo, de acuerdos multilaterales de inversión y de neoliberalismo económico salvaje como quien comenta el partido del domingo. Usted no los conoce ni en pintura, pero esos conductores suicidas que circulan a doscientos por hora en un furgón cargado de dinero van a atropellarlo el día menos pensado, y ni siquiera le quedará el consuelo de ir en la silla de ruedas con una recortada a volarles los huevos, porque no tienen rostro público, pese a ser reputados analistas, tiburones de las finanzas, prestigiosos expertos en el dinero de otros. Tan expertos que siempre terminan por hacerlo suyo. Porque siempre ganan ellos, cuando ganan, y nunca pierden ellos, cuando pierden.

No crean riqueza, sino que especulan. Lanzan al ruedo combinaciones fastuosas de economía financiera que nada tiene que ver con la economía productiva. Alzan castillos de naipes y los garantizan con espejismos y con humo, y los poderosos de la Tierra pierden el culo por darles coba y subirse al carro. Esto no puede fallar, dicen. Aquí nadie va a perder. El riesgo es mínimo. Los avalan premios Nobel de Economía, periodistas financieros de prestigio, grupos internacionales con siglas de reconocida solvencia. Y entonces el presidente del banco transeuropeo tal, y el presidente de la unión de bancos helvéticos, y el capitoste del banco latinoamericano, y el consorcio euroasiático y la madre que los parió a todos, se embarcan con alegría en la aventura, y meten viruta por un tubo, y luego se sientan a esperar ese pelotazo que los va a forrar aún más a todos ellos y a sus representados. Y en cuanto sale bien la primera operación ya están arriesgando más en la segunda, que el chollo es el chollo, e intereses de un tropecientos por ciento no se encuentran todos los días. Y aunque ese espejismo especulador nada tiene que ver con la economía real, con la vida de cada día de la gente en la calle, todo es euforia, y palmaditas en la espalda, y hasta entidades bancarias oficiales comprometen sus reservas de divisas. Y esto, señores, es Jauja.

Y de pronto resulta que no. De pronto resulta que el invento tenía sus fallos, y que lo de alto riesgo no era una frase sino exactamente eso: alto riesgo de verdad. Y entonces todo el tinglado se va a tomar por saco. Y esos fondos especiales, peligrosos, que cada vez tienen más peso en la economía mundial, muestran su lado negro. Y entonces, oh prodigio, mientras que los beneficios eran para los tiburones que controlaban el cotarro y para los que especulaban con dinero de otros, resulta que las pérdidas, no. Las pérdidas, el mordisco financiero, el pago de los errores de esos pijolandios que juegan con la economía internacional como si jugaran al Monopoly, recae directamente sobre las espaldas de todos nosotros. Entonces resulta que mientras el beneficio era privado, los errores son colectivos y las pérdidas hay que socializarlas, acudiendo con medidas de emergencia, con fondos de salvación para evitar efectos dominó y chichis de la Bernarda. Y esa solidaridad, imprescindible para salvar la estabilidad mundial, la paga con su pellejo, con sus ahorros y a veces con su puesto de trabajo Mariano Pérez Sánchez, de profesión empleado de comercio, y los millones de infelices Marianos que a lo largo y ancho del mundo se levantan cada día a las seis de la mañana para ganarse la vida.

Eso es lo que viene, me temo. Nadie perdonará un duro de la deuda externa de países pobres, pero nunca faltarán fondos para tapar agujeros de especuladores y canallas que juegan a la ruleta rusa en cabeza ajena. Así que podemos ir amarrándonos los machos. Ése es el panorama que los amos de la economía mundial nos deparan, con el cuento de tanto neoliberalismo económico y tanta mierda, de tanta especulación y de tanta poca vergüenza.

Tásame mucho

Pues nada. Que resulta que, sin premeditación, le echo un vistazo al Boletín Oficial del Estado, alias BOE, y me encuentro con un buen tocho de páginas donde pone *TASAS,* firmado *Juan Carlos R.,* y abajo, en letra menos importante, *José María Aznar López.* Y me digo ojo, chaval, peligro. Inmersión, aú, aú. Inmersión. Reunión de pastores, oveja muerta. A ver qué nuevo gravamen, o gabela, o exacción, o como se diga en bonito, acaban de sacarse mis primos de la manga. A ver con qué nuevo pretexto el Estado estatal va a darnos un poco más por saco en la cosa de la pasta, y cómo se las ingenian para exprimirnos todavía un pelín el gaznate. Lo mismo es una tasa nueva para financiar más bodas en Sevilla, o recursos del fiscal Fungairiño. Igual se les ha ocurrido gravar ahora el bostezo, o los salmonetes, o las señoras estupendas. O pagarle de una vez la jubilación a Julio Anguita, a ver si se dedica a escribir sus memorias —*De la quema de conventos al pacto de Estella,* sería un bonito título— e Izquierda Unida deja de parecer el teatro chino de Manolita Chen.

Pero no. Falsa alarma. Leo, y compruebo que no se trata de nuevas tasas, sino de la puesta a punto del régimen legal ya existente. Así que aprovecho para darle un repaso. Confieso que entro en materia algo asustado, porque ya el inicio es poco alentador, al precisar que las tasas se aplicarán al sujeto pasivo, o sea, a mí, *cuando los servicios no sean de solicitud voluntaria* y *cuando los bienes, servicios o actividades sean imprescindibles para la vida privada o social del solicitante.* Por lo menos, me digo intentando ver el lado positivo del asunto, lo que no es imprescindible no me lo tasan. Algo es algo.

Veamos. Hay una tasa por expedición de certificados, pasaporte y Deneí. También otra por vacunación de viajeros internacionales y otra de cinco mil pesetas por cambiarle el nombre a caballos y yeguas de pura raza. También se estipula otra por certificar compases magnéticos, o sea, que las brújulas señalen el norte y no el este, o el sureste. Eso vale mil quinientas, pero si la brújula tiene más de 100 mm. de diámetro, entonces sube a mil ochocientas, por el morro. En cuanto a las brújulas que señalan a donde les sale de los cojones, ésas, a lo que parece, quedan libres de tasas. Y es que ya ven. La Administración aprieta, pero no ahoga.

Prosigamos. Por analizar carne se cobra una tasa variable, según se usen, ojo al dato, cromatografías o fluorescencias indirectas. Eso es lógico. La duda me asalta cuando compruebo que también se cobra tasa por la instalación de *respiraderos, puertas de entrada o elementos análogos que ocupen el suelo o el subsuelo para dar luces, ventilación o acceso de personas.* De lo que deduzco que, amén de lograr el viejo sueño de la Administración de tasarnos hasta el acto de respirar, todas aquellas puertas que no estén situadas al nivel de la calle, o sea, las que se abran cuatro palmos sobre la acera, e incluso más altas si cabe, quedan exentas de tasas. No deja de ser un detalle por parte del redactor del texto, probo funcionario sin duda, al que imagino con una importante tajada de Jumilla, hips, el día que le dijo su jefe de negociado: oiga, Romerales, márquese unas tasas.

A ver qué más se sacó el funcionario de la manga. Hay tasas por los servicios de prevención y extinción de incendios, *por la recogida de algas y/o sargazos* —joder con Romerales—, por las asistencias y estancias en hospitales, y por *la desinfectación, desratización y destrucción de gérmenes no-*

civos para la salud pública prestados a domicilio o por encargo. Imagino que al llegar a este punto, Romerales ya había perdido todo respeto a lo humano y lo divino, pues acto seguido añadió como objeto de tasas *asistencias y estancias en residencias de ancianos y guarderías infantiles, visitas a museos, bibliotecas y monumentos históricos o artísticos.* Redactado lo cual, supongo, se frotó las manos con sádica sonrisa y añadió *uso de cementerios locales, conducción de cadáveres y otros servicios fúnebres, recogida, tratamiento y eliminación de residuos sólidos urbanos, servicios de alcantarillado y mondas de pozos negros.* Pero, claro, recordemos que se trataba exactamente de eso, de tasar actividades imprescindibles; y a eso debió de aplicarse el buen Romerales con ahínco. Me lo imagino mirando por la ventana y contando con los dedos, a ver, a ver, qué se me ocurre que sea imprescindible. De tasar lo prescindible pasó por completo, el muy hijo de puta.

La cuesta Moyano

Madrid es una ciudad zafia y grosera, martirizada por conductores insolidarios y ruidosos, obras interminables, guardias de tráfico y grúas municipales que nunca están donde deben estar, y por un alcalde que se maquilla con cemento, impávido, el pétreo rostro cada mañana. Un alcalde a quien mi vecino Marías, que además de perro inglés es tigre chamberilero y morador actual de la Plaza de la Villa, y como tal sufre a diario el asunto en sus carnes y sentimientos, asesta de vez en cuando indignadas catilinarias que el arriba firmante, o sea, yo, suscribo sin reservas, de alfa a omega. Sin embargo, pese a ediles sin escrúpulos y a otros elementos de la misma reata, a Madrid no han conseguido quitarle todos sus encantos, alguno de los cuales ya cité en esta página. Y entre esas pequeñas reservas apaches, bastiones que resisten más o menos victoriosamente el embate de la ordinariez, la estupidez y la codicia, y ofrecen refugio a las gentes de buena voluntad, se cuenta todavía, gracias a Dios o a quien sea, la cuesta de Claudio Moyano.

Ahora que vienen esas largas mañanas luminosas e invernales, cuando las ramas desnudas de los árboles dejan que el sol caliente los tenderetes y los puestos pintados de gris que se escalonan calle arriba, la vieja y querida cuesta Moyano, feria permanente del libro de segunda mano, es punto obligado para quienes saben pasear por ella como por una playa fascinante, donde los naufragios de miles de bibliotecas y saldos editoriales arrojan sus restos entre resacas de tinta y papel. Si el viajero que llega a Madrid es uno de esos felices contaminados por el virus singular, incurable, que se adquiere al tocar las páginas del primer libro hermoso, uno de sus itinerarios obligados se iniciará en el paseo de Recoletos, con un cortado sobre los viejos veladores de mármol del café Gijón, a esa hora en que hay pocos clientes y Alfonso el cerillero, entre bostezo y bostezo, hojea el periódico junto a sus cajetillas y décimos de lotería. Luego, tras saludar en silencio a todos los venerables fantasmas que acechan entre aquellas paredes y espejos, el viajero bajará acompañado por uno de ellos —Jardiel, Valle, Baroja o cualquier otro— hacia Cibeles y el paseo del Prado, y por la margen izquierda, sin prisas, llegará a la verja del jardín Botánico para luego, torciendo también a la izquierda, subir por Moyano deteniéndose entre los puestos de libros que allí aguardan a que un afortunado poseedor les dé calor, utilidad y vida. Y tal vez, si ese día el buen fantasma de turno le sonríe por encima del hombro, el paseante hallará, con un ligero sobresalto de placer emocionado, ese volumen nuevo o amarillento, ese título que busca, que intuye o que espera, destinado a él desde que alguien, quizá muerto hace siglos, lo imaginó y escribió en la soledad de un estudio, en una buhardilla, en el velador de un café, antes de darlo a la imprenta como quien pone un mensaje dentro de una botella capaz de recorrer el curso del tiempo.

Después, con su botín maravilloso bien apretado contra el pecho, el paseante continuará camino calle arriba, mirando otros puestos con la esperanza de que el milagro se repita. Pasará ante libreros de guardapolvo gris o chaquetón de cuello alzado que se calientan al amor de una estufa eléctrica, rostros curtidos por años de estar bajo la lluvia, el sol y el viento, como viejos marinos varados en un puerto imposible frente a la estación de Atocha. Hallará en ellos, sin que nada tenga eso que ver con la mágica mercancía que exponen, inteligencia o estupidez, mezquindad o simpatía. Cruzará ante tenderos para quienes un libro sólo es algo que compras y vendes, y también ante hombres y mujeres seguros de que su oficio es el más bello del mundo. Y junto a malhumorados gruñones que murmuran si manoseas tal o cual volumen que no tienes intención de comprar, hallará indulgentes ancianos, pacientes asesores, corteses compañeros. Y también a toda esa entrañable generación de libreros jóvenes, Boris, Paco, Antonio, Alberto y algún otro, que antes leen lo que luego venden, que heredaron de sus padres y abuelos sus viejos puestos de libros, o los compraron embarcándose en arriesgadas aventuras, y sueñan con que la cuesta Moyano vuelva a ser lo que fue, e imaginan modos de mejorar aquello, y acarician proyectos e ilusiones, y pronuncian palabras como solidaridad, renovación, esfuerzo, trabajo. Y a veces piden a los amigos, entre caña y caña de cerveza, que escriban artículos como éste.

Ángel

Se ha casado la hija de Ángel, y estuve en la boda para verlo de padrino, con una flor en la solapa, y repartiendo puros en el convite. Se ha casado con un chaval grandote, buena gente y trabajador, de esos que las suegras adoran y a quienes los suegros ofrecen tabaco. Se ha casado la hija de mi tronco el rey del trile, el ex delincuente que hablaba por la radio, que luego se hizo honrado y que ahora vive como puede con veinte mil duros al mes, trabajando en una empresa —hay que joderse— de seguridad. Se ha casado la chinorri de mi plas, el que fue ladronzuelo de mercados, boxeador sin fortuna, timador callejero, trilero y golfo de pro. El que llegó a manejar la borrega y los tapones como nadie, y a quien la aristocracia del barrio, o sea, el personal que se busca la vida, respetó siempre como hombre cabal y de palabra, de esos que no se derrotan de un amigo ni se chotean de los enemigos, por muy perros que sean.

Ángel y yo nos conocimos hace quince años. Necesitaba, por motivos profesionales, un chorizo experto en ciertas inquietantes habilidades. Él era el mejor en su registro, así que llegamos a un acuerdo entre caballeros. Luego vinieron muchas cañas y muchos bares y muchas conversaciones, y aquel programa de radio de los viernes por la noche, *La ley de la calle,* con Manolo el pasma y los otros, que duró cinco milagrosos años hasta que, cuando obtuvo el premio Ondas, se lo cargó vilmente el entonces director de RNE, un tal Diego Carcedo, honesto defensor de las libertades y demócrata de cojones.

Daba gloria ver a Ángel de padrino, con esa nariz de boxeador y esos ojos oscuros y atentos que no pierden comba y te miran fijo, como leyendo los libros de estudios que él nunca tuvo. Sus estudios fueron otros: la calle, la vida, la madera, el talego, los consortes. Por eso es como es. Duro y cabal como la madre que lo parió. El caso es que Ángel es mi tronco, mi colega, mi hermano. Hasta me dejó usarlo de modelo en *La piel del tambor* para el personaje de El Potro del Mantelete. Y el otro día me llama y me dice, oye, colega, se casa la niña, así que aquí te quiero ver, y si tengo que levantarme yo de la mesa del convite para que te sientes tú, pues me levanto. Y allí me fui, qué remedio, con una chaqueta azul marino y una corbata. Y todos los invitados eran gente honrada, amigos y familiares del novio o compañeros del actual trabajo de Ángel, pero todavía pude encontrar algún resto del pasado, algún superviviente de otro tiempo. Así que me estuve primero en la puerta de la iglesia con el Patillas y el Mellao, hablando de los viejos tiempos; y el Patillas, que ya está mayor que te cagas, me ofreció un pitillo disculpándose porque el tabaco rubio que fuma ahora es una mierda, pero es que cuando te retiras de la calle, dijo, hay que ir mirando con tiento la viruta que uno gasta. Y el Mellao, que también se bandea ahora lejos de las comisarías, me habló de cuando él y el Patillas y Ángel eran más jóvenes y se iban a la feria de Sevilla, y a los sanfermines, y en verano a Ibiza a tangar guiris y pringaos, y en una noche de juerga quemaban doscientos papeles. Y luego fuimos a la comida, y hubo mariachis y baile, y Ángel bailó un pasodoble con la madrina y luego él y yo nos fuimos a un rincón a mirar el panorama y a los invitados, y me fumé un farias hablando de otros tiempos, y le dije ojalá tengas treinta nietos cabales como tú, colega, y yo vaya a los treinta bautizos. Y entre los treinta te jodan vivo.

Fui el único del antiguo grupo de la radio que estuvo en la boda. Ángel los había invitado a todos, pero el tiempo pasa, y la gente tiene cosas que hacer, y cambia, y Manolo el madero es ahora una estrella de la tele y anda, lo justificó Ángel, con mucha ruina y muchos compromisos. Y Mayte vive en otros rollos, y Mar Racamonde estaba de reportaje. Y el resto de la banda se perdió en los vericuetos de la calle y de la vida, como Ruth, la lumi que salía de los servicios de señoras de RNE vestida con minifalda para hacer la carrera, y que vete a saber por dónde anda ahora. O como Juan, pequeñito y rubio y duro, Juan y su tándem y sus camisas limpias planchadas por su vieja, de quien no hemos vuelto a saber nada, nunca más. Y con el farias mediado y una ginebra con tónica en la mano, yo miraba a Ángel y le sonreía, y él alzaba una ceja, como siempre, con aquel aire de resignado estoicismo, y decía así es la vida, amigo. Y yo pensaba para mi forro: suerte que tienes, Arturín. El privilegio de que un tío como Ángel te invite a esta boda y te llame amigo.

Felipemanía

Se veía venir. Éste es un país tan excesivo, tan tonto del haba, tan dispuesto a apuntarse a la nueva moda mientras siga siendo eso, moda, que todo termina haciéndose aborrecible de puro sobado. De García Lorca, verbigracia, hemos terminado hasta la gola. Y tal vez recuerden que hace unos meses, un poco antes del estallido de la felipemanía incontrolada, el arriba firmante celebró en esta página la primera exposición que sobre el segundo de los Austrias acababa de inaugurarse en El Escorial. Ya iba siendo hora, decía, de que se recupere sin complejos la personalidad del rey que gobernó el mayor imperio conocido de forma eficaz y terrible, y que la sordidez y la grandeza de esa época sean conocidas por las actuales generaciones. De que Felipe II, glorificado por el franquismo y literalmente arrojado a las tinieblas por los ministros de Educación y de Cultura de los siguientes veinte años, recobre su lugar histórico natural.

Lo que no podía imaginar entonces —aunque debí hacerlo, conociendo a la panda de gilipollas que en España maman, o pretenden hacerlo, de la palabra cultura— era hasta qué punto la imagen, vida y milagros del señor de luto iban a ser, como lo han sido, ventiladas hasta el empacho. Aquella exposición de El Escorial fue el pistoletazo de salida para un sinfín de exposiciones, conferencias, conciertos, publicaciones y programas televisivos que han terminado por hacer tan aborrecible de nuevo al monarca, de puro plasta, que los españoles estamos ahora en mejores condiciones que nunca para sentir simpatía por los holandeses y los ingleses y los franceses que se pasaron la vida combatiéndolo, intentando librarse de él, o puteándolo. Tertulianos radiofónicos, columnistas todoterreno, alcaldes pedáneos, entrenadores de fútbol y espontáneos de diverso pelaje, muchos de los cuales no leyeron un libro entero en su vida, han enriquecido la materia con definitivas aportaciones, opiniones y matices. Y el cabroncete de mi librero ha destrozado mi cuenta corriente enviándome —y cobrándome— no menos de cuatrocientas treinta nuevas publicaciones y catálogos sobre el personaje, que se amontonan en pilas en el pasillo, y con las que ando tropezando a cada paso, entre blasfemias. Lo que es para hartarse, y para ciscarse en Felipe II y en la madre que lo parió, que por cierto se llamaba Isabel y era muy guapa y portuguesa. De modo que hasta Manuel Rivas, mi hermano del Finisterre, tan buena gente que nunca se mete con nadie, acaba de decir por escrito que está del blanqueo histórico del segundo Felipe hasta los mismísimos cojones. Y que el fulano le cae fatal. Y todo eso, a pesar de que Manolo tuvo un architatarabuelo —lo sé de buena tinta— que luchó en los tercios de Flandes.

En cuanto al fondo ideológico del asunto, qué les voy a contar. Porque, como dicen mis paisanos de Cartagena, una cosa es una cosa, y otra cosa es otra cosa. Una cosa es defender lo defendible, aproximarse al personaje en sus errores y sus aciertos y no asumir por el morro la leyenda negra que fabricaron los enemigos, y otra cosa es convertir de pronto a Felipe II en príncipe renacentista y mecenas de las artes y las letras, en non plus ultra del progreso y la cultura. Una cosa es hablar de su magnífica biblioteca y de la difícil tarea que recayó sobre sus hombros en la dirección del imperio más complejo y poderoso del mundo, y otra es olvidar el cerrojazo que para España supuso la Contrarreforma por él impuesta, las hogueras de la

Inquisición, la matanza de moriscos y la guerra estéril en la que España se desangró durante ochenta años para terminar hecha la piltrafa que todavía somos. Una cosa es acercarse a una imponente figura con ojos de la época, en el contexto de lo que entonces era posible y de lo que no, y otra querer convertirla en modelo de virtudes según los resbaladizos y peligrosos —si se aplican al siglo XVI— cánones actuales, y olvidar que casi todos los reyes han sido nefastos en todas las épocas, incluida ésta. Alguna vez he dicho que la memoria de España no es de izquierdas ni de derechas sino eso, memoria a palo seco, y como tal muy necesaria. Pero de nuevo se ha caído en el extremo contrario, en el punto opuesto del maldito movimiento pendular al que siempre parecemos condenados en este país desgraciado.

Ahora —cielo santo— nos anuncian el cuarto centenario de Velázquez. Así que ya puede ponerse a remojo el pintor sevillano. Porque aquí, todo cuanto se toca, a veces por defecto y casi siempre por exceso, termina convertido en mierda.

Canción de Navidad

A lo mejor ya conocen la historia. O les suena. El caso es que estaba la hormiga dale que te pego, curranta como era, acarreando granos de trigo y todo cuanto podía a su hormiguero, sudando la gota gorda porque era agosto y hacía un calor que se iba de vareta. Iba y venía la prójima de un lado para otro, con esa seriedad metódica y disciplinada que tienen las hormigas comme il faut, amontonando provisiones para el invierno. Tan atareada iba que hasta pasaba mucho de un hormigo que estaba buenísimo y le decía cosas. Adiós, reina mora, piropeaba el fulano rozándola con las antenas. Quién pudiera abrirte las seis patas a la vez. Y ella, cargada con su grano de trigo o su hojita de perejil, no se daba por enterada y seguía a lo suyo, up, aro, up, aro, obsesionada con aprovisionarse la despensa, que luego viene el invierno y pasa lo que pasa.

Cada día, la hormiga pasaba por delante de una cigarra que tenía un morro que se lo pisaba, la tía, todo el rato tumbada a la bartola debajo de una mata de romero, acompañándose con la guitarra mientras cantaba canciones de Alejandro Sanz y cosas así. Quién te va a curar el corazón partío, decía la muy canalla, choteándose de la pobre hormiga cuando ésta pasaba cerca. A veces, cuando se había fumado un canuto e iba más puesta, la cigarra llegaba incluso a increpar a la hormiga. Adiós, curranta, estajanovista, le decía la muy perra. Que no paras. Otras veces se despelotaba de risa, y le tiraba chinitas a la hormiga, más que nada por joder, y le decía echa por la sombra, sudorosa, que trabajas más que Juanjo Puigcorbé. Hay que ser gilipollas para andar de arriba abajo acarreando trigo, con la que está cayendo. Tontadelpijo.

La hormiga, claro, se ponía de una mala leche espantosa. A veces se paraba y amenazaba con el puño a la cigarra. Vete a mamársela a alguien, decía. Y respondía la cigarra: pues oye, igual voy, ya que tú no tienes tiempo. Otras pasaba de largo rechinando los dientes, o lo que tengan las hormigas en la boca. Ya vendrá el invierno, mascullaba encorvada bajo el peso de su carga. Ya vendrá el invierno, hijaputa, y te vas a enterar de lo que vale un peine. Tú canta, canta. Que el que en agosto canta, en diciembre Carpanta. Pero la cigarra se despelotaba de risa.

Total, que llegó el invierno y como se veía venir cayó una nevada de cojones. Y la hormiga se frotaba las manos en su hormiguero calentito, junto a la estufa, y contemplaba la despensa llena. Y pensaba: ahora vendrá esa chocholoco pidiendo cuartelillo, muerta de hambre y de frío. Ahora vendrá haciéndome el numerito para que me compadezca. Pero conmigo va lista. Le van a ir dando. Ésa palma en mi puerta como que hay Dios.

Y entonces, estando la hormiga en bata y zapatillas, con la tele puesta viendo *Tómbola,* suena el timbre de la puerta. Y la hormiga se levanta despacio, recreándose en la suerte. Ahí está esa guarra, piensa. Tiesa de hambre y de frío. A ver si le quedan ganas de cantar ahora. El caso es que abre la puerta, y cuál no será su sorpresa cuando se encuentra en el umbral a la cigarra vestida con un abrigo de visón que te cagas, y con un Rolls Royce esperándola en la calle.

—He venido a despedirme —anuncia la cigarra—. Porque mientras tú trabajabas, yo me ligué a un grillo del Pepé que está podrido de pasta. Pero podrido, tía.

—Venga ya —dice la hormiga, estupefacta.

—Te lo juro. Y Manolo (porque el grillo se llama Manolo y es un cielo) me ha retirado y me ha puesto un piso que alucinas, vecina. Y ahora me voy a Londres a grabar un disco.

—No jodas.

—Como te lo cuento. Y luego Manolo me lleva a un crucero por el Mediterráneo, ya sabes: Italia, Turquía, Grecia... Ya te escribiré postales de vez en cuando. Chao.

Y la cigarra se sube el cuello de visón y se larga en el Rolls Royce. Y la hormiga se queda de pasta de boniato en la puerta. Y luego cierra despacito, y se va meditabunda de vuelta a la estufa y la tele, y se sienta, y mira la despensa, y luego mira otra vez hacia la puerta. Y se acuerda del hormigo del verano, que al final se lió con otra hormiga amiga suya, una tal Matilde. Mecachis, piensa. Se me ha olvidado decirle a la cigarra que, ya que va a Grecia, pregunte si todavía vive allí un tal Esopo. Un señor mayor, que escribe. Y si se lo encuentra, que le dé recuerdos de mi parte. A él y a la madre que lo parió.

1999

Vivan los reyes (Magos)

Detesto a Papá Noel. Si un día decido convertirme en un psicópata de esos que asesinan en serie, la serie me la voy a montar a base de ex ministros y ministras de Cultura, y luego de sonrientes gorditos vestidos de rojo y con barba, y con sus renos voy a comer chuletas a la brasa durante una temporada. Aunque España va bien, como dice mi primo, y somos europeos e internacionales y le sacudimos entusiastas la chorra al presidente norteamericano cuando al hijoputa se le antoja hacer pis en Irak o en alguna otra parte, toparme con Papá Noel en una calle de Chamberí se me sigue haciendo tan cuesta arriba como uno de Arkansas bailando sevillanas. Ya sé que el fulano lleva aquí casi treinta años, es más moderno y de diseño que los magos de Oriente, y con él, dicen, los niños disfrutan más tiempo los juguetes. Pero, con todo y con eso, al gordo de la barba —sin llegar al calibre de soplapollez del Halloween de las narices, que ahora también sustituye a nuestra noche de Difuntos de toda la vida— lo sigo viendo fuera de contexto: un gringo mercenario reclutado por los grandes almacenes para duplicar ventas, que vale menos que una boñiga del camello del rey Gaspar.

Porque el arriba firmante fue un niño monárquico, de esa noche en que tres reyes llegaban de Oriente para materializar sueños. Claro que eran otros años, y otras Navidades. También yo era un niño, y los enanos ven el mundo, retienen sensaciones, olores, imágenes, de modo diferente a los adultos. Quizá por eso aquello me parece hoy tan hermoso. Recuerdo los reflejos de luz de los escaparates en el empedrado húmedo de las calles, la gente bajándose de los tranvías con abrigo y bufanda, los guardias de tráfico —con esos maravillosos cascos blancos que les quitó algún capullo— y aquellas cajas y botellas de vino que les dejaban los automovilistas. Recuerdo los villancicos en la radio, las zambombas, y las panderetas, y aquellas carracas de madera que giraban en torno a un palo. Recuerdo mis lágrimas y las de mis hermanos cuando apareció asado el pavo Federico, que habíamos engordado en casa del abuelo. Pero recuerdo, sobre todo, los escaparates de las tiendas, lugares mágicos llenos de juguetes, en cuyas lunas los niños —que no conocíamos la tele— pegábamos la nariz, soñando con poseer alguno de sus tesoros: el mecano, la pepona, la pistola de hojalata, el caballo de cartón, la caja de soldados de plomo, los juegos reunidos Geyper.

Después, con el tiempo, aprendí a interpretar otros signos que acompañaban aquello y que entonces era incapaz de comprender: la mirada del niño que observaba el escaparate a mi lado, y que luego, cuando el día de reyes yo salía a jugar con mi flamante espada del Cisne Negro, me miraba con fijeza, las manos vacías en los bolsillos del pantalón corto. La angustia de la pobre mujer que salía de la tienda contando el dinero, insuficiente para la muñeca que alguna niña esperaba. El hombre de abrigo raído, parado frente al escaparate de sueños y luces, que luego se iba cabizbajo, a casa, donde a escondidas de sus cuatro o cinco hijos fabricaba con madera, pintura y sus propias manos, el humilde juguete que su pobre sueldo no le permitía comprar... Todos aquellos seres y miradas me producen hoy remordimientos retrospectivos, porque ahora sé lo que encerraban. Pero yo entonces era un niño ignorante. Un puñetero niño con suerte.

Ahora ya no existen aquellas queridas sombras familiares que se deslizaban de noche hasta los pies de mi cama, sabiéndome dormido. Casi todas se fueron, y ya no pueden seguir protegiéndome del frío que hace afuera, ni retrasar el cáncer inevitable de la lucidez. Pero todavía, cuando llega de nuevo la noche mágica y aguardo despierto en la oscuridad, siento entrar otra vez dulcemente en mi dormitorio a todos esos entrañables fantasmas y reunirse en silencio, velándome con una sonrisa. Por eso los tres fulanos vestidos con púrpura de guardarropía y coronas de papel dorado, que a pesar de Santa Claus y del primer imbécil que lo trajo, de la modernidad, de las teleseries gringas, del ex ministro Solana, del nuevo look del Pepé y de toda la parafernalia, siguen saliendo a la calle cada cinco de enero, con tres camellos y un par de cojones, constituyen la única causa monárquica a la que de verdad me adhiero plena e incondicionalmente, con espada y daga; si hacemos excepción, por supuesto, de la reina Ana de Austria y sus herretes de diamantes. Y al guiri gordito, que le vayan dando.

Un caso de mala prensa

Pues nada. Que estaba hace cuatro días sentado en un banco al sol, y en ésas se acerca un enano al que los reyes magos debían de haberle traído un equipo de Terminator, o de Men in Black, o de lo que sea, un artilugio a base de mochila sideral y ametralladora ultrasónica. Y sospechando sin duda que yo era un alienígena infiltrado, el pequeño cabrón va y me apunta y me larga a bocajarro una ráfaga de luces de colores y sirena, pi-po, pi-po, y luego se da a la fuga, el canalla, mientras yo intento desesperadamente recuperarme de la taquicardia. Y me digo hay que ver, colega, algunos prometen ya desde criaturas. Ése, por lo menos, tiene clara su vocación. Seguro que de mayor le gustaría ser artillero serbio.

Luego me puse a meditar lo injusta que la Historia ha sido con Herodes. Naturalmente, los niños españoles de ahora, gracias a la esforzada gestión cultural de los ministros del ramo, saben perfectamente quién es el príncipe de Bel Air, pero ignoran por completo quién fue el rey de Judea, e incluso desconocen qué diablos era Judea. Además, aquellos cuatro best-seller que escribieron san Mateo y sus colegas cuando el publicano decidió cambiar las finanzas por la literatura, se han caído estrepitosamente de las listas de ventas, entre otras cosas porque con agentes literarios como monseñor Setién o Karol Wojtila —cada uno en su estilo—, cualquier escritor va de cráneo. Aunque lo asistan Wordperfect 6.0 y el Espíritu Santo.

Pero volviendo a lo de la injusticia con Herodes, nunca se ha considerado, quería yo decirles, el aspecto positivo del asunto. Porque hay niños que son la leche. Además, tanto hablar de la matanza de los inocentes y que si Herodes por aquí y por allá, pero vete tú a calcular cuántos de esos inocentes iban a seguir siéndolo durante mucho tiempo. Porque Hitler, y Radovan Karadzic y Pinochet, por citar sólo a tres hijos de la gran puta, digo yo que también habrán sido inocentes algunos meses, las criaturas, hasta que un día decidieron poner manos a la obra para aliviar el censo. Y es que nunca se sabe.

Además, hay otro punto discutible en el asunto de ese fulano, Herodes. Recuerdo que en una película italiana que vi hace años, cuyo título lamento no recordar, el hombre se quejaba de que tampoco había matado a tantos niños como se decía, y de que se había exagerado mucho lo ocurrido en Belén. Y, después de darle vueltas al asunto, no puedo menos que darle la razón. Mateo (2,16) dice que el tipo «*mandó matar a todos los niños que había en Belén y en sus términos de dos años para abajo*». Y es ahí donde surge la leyenda negra de Herodes, y donde el observador imparcial no puede menos que darle la razón al pobre hombre. Porque digo yo: ¿cuántos habitantes podía tener «*el pequeño lugar de Belén*» que citan los Evangelios? Echemos el cálculo. En tiempos de Herodes, un pequeño lugar era eso, un pueblecito, unas cuantas chozas de pastores y campesinos. Según el Espasa, en 1910 Belén tenía sólo 10.000 habitantes, de modo que, si hacemos un cálculo razonable de crecimiento de población, considerando la diáspora y lo demás pero ajustándonos a la densidad demográfica de la época, en el siglo I nos sale un Belén y alrededores habitados por no más de un millar de personas. Y eso, tirando muy a lo bestia. La cifra corresponde a un centenar corto de familias de entonces, más o menos, incluyendo abuelos y nietos con una media de diez personas por familia. Si le calculamos otra media de seis hijos a cada familia y descartamos la mitad como mujeres, nos salen dos o tres hijos varones menores de dieciocho años por cada unidad familiar. Y ahora bien: de doscientos niñatos que, tirando muy por arriba, podía haber allí, ¿cuántos eran menores de dos años? Como mucho, considerando la mortalidad infantil y las expectativas de vida de un zagal de la época, un quince o un veinte por ciento. Eso suma treinta o cuarenta, criatura más o criatura menos. Digamos que treinta y cinco. O sea: lo que se cargan Milosevic o Bill Clinton mientras desayunan, en una hora tonta de bombardeo cualquier día entre semana. Y resulta que, por sólo treinta y cinco niños de nada, Herodes I lleva veinte siglos arrastrando una mala prensa y una fama de genocida del carajo. Y encima muchos lo confunden con su hijo y le atribuyen la cabeza del Bautista, lo de Jesucristo y el —comprensible— lío de faldas aquel con la mala zorra de Salomé, que era como Salma Hayek pero en plan perverso. Y es que, como diría el pobre hombre, hay que ver. Unos cardan la lana, y otros llevan la fama.

Los cráneos de Zultepec

No todo fue oro y gloria, ni de coña. Hay un lugar en Méjico que se llama Zultepec. Allí, hace cosa de un año, los arqueólogos descubrieron, escondidos al pie de un antiguo templo, restos de cuatro conquistadores españoles y de algunos guerreros tlaxcaltecas, los indios oprimidos por los aztecas que fueron fieles aliados de Cortés y pelearon a su lado incluso en la Noche Triste y en la carnicería de Otumba. Los cráneos de los españoles habían sido tratados según el exquisito ritual del *tzomplantli*: desollados tras arrancarles el corazón; comidas algunas vísceras y empalados los cráneos para su exhibición en las gradas del templo. Así que pueden imaginarse el cuadro.

Medio escondido entre la vegetación que lo invadió durante largos años, el templo de Zultepec no es más que un montón circular de piedras negras bajo un sol implacable. Hace cuatro siglos los indios acolhuas de Tesalco, aliados de los aztecas, rendían allí culto a Ehecalt, dios del viento, y los arqueólogos —algunos españoles entre ellos— trabajan ahora en rescatar su pasado. Tesalco tiene siniestras connotaciones históricas porque en esa región, durante los primeros días de junio de 1520, cincuenta españoles y trescientos aliados tlaxcaltecas de Hernán Cortés que avanzaban, rezagados, entre Veracruz y Tenochtitlán, cayeron en una emboscada de las de sálvese quien pueda. Los que no tuvieron la potra de morir peleando en la barranca fueron arrastrados a los templos, y sacrificados para después embadurnar con su sangre los altares y los muros de los templos. Porque los aztecas también eran como para echarles de comer aparte. Poco más se supo de aquellos infelices, salvo que luego, según cuenta Hernán Cortés en su tercera carta, se encontraron los cueros de sus caballos, restos de ropas y armas, y el propio Cortés vio, escrita con carbón en la pared de un recinto que albergó a los últimos prisioneros antes del sacrificio, la frase: *«Aquí estuvo preso el sin ventura de Juan Yuste»*.

Supongo que lo políticamente correcto sería decir que donde las dan las toman, y que cuando uno va a por lana, o por oro, corre el riesgo de salir empalado. A estas alturas, el horror de la conquista de Méjico, la crueldad de unos y otros, la ambición sin tasa, la esclavitud de los indios y la tragedia que se prolonga hasta nuestros días, son de sobra conocidas. Todo eso lo sé, y lo he seguido allí mismo, en Méjico, sobre el terreno, con la compañía de los amigos y los libros. Y sin embargo, oyendo al dios del viento silbar entre las piedras de Zultepec, por mucho que la lucidez permita separar las churras de las merinas, uno no puede menos que sentir un estremecimiento singular cuando piensa en aquel Juan Yuste y sus compañeros. No porque nos apiademos de su suerte; al fin y al cabo la suerte en ese contexto histórico es una lotería en la que ganas o pierdes, una aventura desesperada en la que matas o mueres, dejas atrás la miseria y el hambre de una España ruin e ingrata, acogotada por curas, reyes y mangantes, y conquistas Méjico o Perú y te forras para toda la vida, o palmas comido por las fiebres, cubierto de hierro, rebozado en sangre y barro, asestando estocadas a la turba de indios valerosos que te cae encima, ven aquí, chaval, que te vamos a dar oro, y te arrastra hasta el altar donde espera el sacerdote con el cuchillo de sílex en alto.

Quiero decir con todo esto que, ante las gradas de aquel templo, pese a no sentirme para nada solidario con lo que el tal Juan Yuste y sus camaradas habían ido a hacer allí, no pude evitar un contradictorio sentimiento de comprensión; un guiño cómplice hacia todos esos valientes animales que a lo mejor nacieron en mi pueblo, y en el de ustedes, y que en vez de resignarse a lamer las botas del señorito de turno, languideciendo en una tierra miserable y sin futuro, decidieron jugarse el todo por el todo y embarcarse rumbo a la aventura, al oro y también a la muerte atroz que era su precio, llenando los libros de Historia de páginas terribles y —lo que no es en absoluto incompatible— también inolvidables y magníficas.

Léanse las relaciones de Cortés, o las memorias del soldado honrado que se llamó Bernal Díaz del Castillo, y comprenderán lo que quiero decir. El sin ventura Juan Yuste y todos los otros extraordinarios hijos de puta, empalados o sin empalar, se jugaban el pellejo por conquistar El Dorado. Hoy, los nietos de sus nietos vemos *Lo que necesitas es amor,* y nos vendemos por un miserable café con leche.

Mujeres en blanco y negro

Tengo un amigo al que le he hecho una faena de las gordas. Se llama Sealtiel Alatriste, y cada vez que viene a España y le preguntan cómo se llama, y él lo dice, y se fijan en su apellido, la gente contesta: «No, en serio, dígame su auténtico apellido». Nunca imaginamos Sealtiel y yo, aquella noche de farra y mariachis en la que luego nos pusimos hasta las patas de tequila donde Paquita la del Barrio, en pleno corazón de la colonia Guerrero, que la promesa que le hice de bautizar con su nombre a un personaje de novela iba a traer semejante cola. Pero ya ven. El caso es que, además de ser uno de mis mejores amigos y padrino putativo, o como se diga, de mi espadachín del siglo XVII, Sealtiel es también un prestigioso editor mejicano, amén de excelente escritor con media docena de títulos publicados, que allí suelen figurar honrosamente en las listas de más vendidos.

Ahora, sus editores españoles me han mandado *Verdad de amor,* que ya leí en su primera edición mejicana. Y al repasarla, con el placer que uno reserva a los libros bien escritos cuando además están escritos por los amigos, me he encontrado de nuevo, en la historia del barman de París, y de Chema, el cinéfilo fascinado por la famosa actriz a la que una vez vio desnudarse despacio, la presencia de un mito cinematográfico espectacular que Sealtiel y yo —la amistad está hecha de ese tipo de cosas— compartimos desde hace tiempo: María Félix. María del alma. La Doña. La hembra soberbia, dura y fría. La soldadera de lujo que, entre bolero y bolero, hizo escupir el corazón a ca-

chos al flaco Agustín Lara que escribió para ella *María Bonita.* La mujer de rompe y rasga por antonomasia.

Puestos a consumir productos fabricados, por Hollywood o por quien sea, uno no puede menos que añorar
ciertos espléndidos envases. En un mundo hecho ahora de
telecolorín, donde el non plus ultra de la fascinación femenina lo encarna Sandra Bullock —hay que joderse—,
los viejos granaderos de la Guardia que todavía somos capaces de recordar en blanco y negro formamos una especie
de cofradía silenciosa, que se reconoce y se entiende por
guiños y miradas y títulos de antiguas películas dichos a
medias. Y que sólo a veces, cuando estamos seguros de que
todos los televisores de mierda están apagados, y de que el
tabernero lava los vasos en un rincón, y de que las Silkes, y
las Winonas, y las Silverstones y todas las otras mantequitas blandas y pijoniñas de teleserie, chochitos desnatados y
otras soseras se han ido a dormir o corretean por la cubierta inclinada del *Titanic* a punto de ahogarse entre grititos
y besos a Leonardo di Caprio, sólo entonces, digo, descor-
chamos la botella y le hacemos un hueco en la mesa a la
Mujer con mayúscula, a la Mujer de verdad, querido Wat-
son, en la que se dan cita todas las mujeres del mundo.
La que toca, cura, besa, mata, y en cuyas caderas no se pone el sol. La hembra cruel y magnífica, que pisa fuerte. La
femme fatale por la que antes los hombres se liaban a plomazos, o se batían en duelo tras cruzarse la cara con un
guante, o empalmaban navajas en reyertas de humo y vino
y se acuchillaban sin piedad, haciendo posibles boleros, tangos, corridos, coplas, películas inolvidables que todavía nos
estremecen en su inigualable celuloide rancio.

Ya no hay señoras de ese calibre, y se nota. El perro
mundo se resiente de ello. Ava Gardner ya no baila de noche en ninguna playa de Acapulco, ni Kim Novak se va de
picnic, ni Sofía Loren se quita las medias mientras aúlla

Mastroianni, ni Marlene Dietrich es Shanghai Lily, ni Rita Hayworth tiembla ante Orson Welles al ponerse un cigarrillo en la boca, ni María Félix cabalga con Jorge Negrete junto al Peñón de las Ánimas, ni a Greta Garbo le roba las joyas John Barrymore en ningún maldito gran hotel del mundo. Por eso cuando, como ocurre con Sealtiel, uno encuentra el guiño de un camarada de secta, el gesto masónico de quien sabe y calla o apenas insinúa lo insinuable, esboza siempre una sonrisa cómplice y solidaria. Qué sabrán estos cagamandurrias, hermano, lo que eran hembras como Dios manda, en blanco y negro, con el adecuado fondo de chascar de pipas y crujir de palomitas. Qué sabrán lo que era María Félix en *Enamorada*, aquella niña bien yéndose a la guerra de soldadera, caminando orgullosa, con la mano apoyada en la silla de montar de Pedro Armendáriz. Qué sabrán estos tiñalpas lo que era, lo que es, una jaca de bandera.

Esas zorritas

Pues resulta que no. Resulta que si el padre de Mariloli, que tiene doce años, llega a casa y tiene el día tonto
y la viola, y luego sigue haciéndolo repetidamente durante
los próximos meses y años, y la muy zorra no opone resistencia que no se doblegue con algunas amenazas y bofetadas, resulta que la cosa no es grave. O sea, que no es delito
como para llevarse las manos a la cabeza, y siempre habrá
un juez comprensivo y ecuánime, por ejemplo en la Audiencia de Barcelona, o en la de Ciudad Real, o en donde
sea, que ponga las cosas en su sitio. Eso ha ocurrido en un
par de casos recientes: el penúltimo, el de un fulano al que
la dura Lex sed Lex, duralex, tras probarse que durante ocho
años abusó sexualmente de sus dos hijas, rebajó la condena de catorce brejes de talego pedida por el fiscal a sólo
cuatro años de cárcel. Lo que significa que el virtuoso cabeza de familia se verá en la calle poco antes o después de
cumplir uno, siempre y cuando se lo monte como es debido, ponga el culo donde deba ponerlo, le haga la pelota a
los boqueras del trullo, y luego salgan los de tratamiento
diciendo: no, si parece buen chaval. Si un día raro lo tiene
cualquiera.
Y es que según el código penal, o como se llame eso
que tenemos vigente, y de cuya reforma aquí sólo se habla
en serio cuando a un político lo encaloman por chorizo,
resulta que la ley, en casos de violación, admite la posibilidad atenuante de que la menor haya dado su consen-
timiento, cuando la violada tiene más de doce años. O sea
que basta que la torda tenga trece primaveras para que el

señor juez, de cuyo criterio personal sigue dependiendo la interpretación de los matices de la ley, decida que no ha habido violencia o intimidación in estricto sensu o como carajo se diga, y absuelva al individuo. O como en el caso del fulano que citaba antes, que hizo doblete, le coloque cuatro años por la primera hija y veinte mil duros de multa por la segunda. Dos al precio de una.

Dicho de otra forma: que son todas unas putas y que no se puede ir por la casa de esa forma, provocando al padre que ve tranquilamente el fútbol. No se puede, con lo desarrolladas que ahora están las niñas de trece años, y las modas modernas, y las teleseries y toda la parafernalia, pretender que un padre de familia, que tiene sus necesidades como todo hijo de vecino, no se alivie de vez en cuando. Y si las muy lagartas no quieren, que lo digan. Pero no con la boca pequeña, o sea, no, papi, porfa, ni con ambigüedades que rápidamente disipan un par de bofetadas, sino oponiendo verdadera resistencia: agarrando un cuchillo de cocina —pero sólo para intimidar, porque si lo matan, van listas—, o arrojándose si es preciso por la ventana desde el cuarto piso, llevando en los virginales labios el antes morir que pecar, según el incuestionable ejemplo de santa María Goretti. Todo ello, a ser posible, ante testigos. Pero claro, eso es lo difícil. Lo fácil para esas pequeñas guarras es poner mala cara y protestar de boquilla, y enseguida consentir mientras el padre te quita las bragas; y luego decir es que yo no quería, es que me da miedo, es que me tiene atemorizada desde niña. Es que ustedes no conocen a ese hijoputa. Por suerte aún hay jueces capaces de desafiar lo políticamente correcto y poner las cosas y los atenuantes en su sitio. Jueces que, gracias al Cielo, todavía conservan el sentido patriarcal de la sociedad y la familia —la Biblia proporciona incluso ilustres referencias, como el caso de Lot, al que sus dos viborillas emborracharon, y zaca—

y son capaces de interpretar la ley como debe interpretarse: «A ver, niña, ¿te resististe?... ¿Pataleaste durante cuánto tiempo, reloj en mano?... ¿Hubo testigos del pataleo?... ¿Por qué sólo aguantaste seis bofetadas, y no más?... ¿Probaste a hacer un hatillo y escapar de casa?... Porque al fin y al cabo, con trece años y con esas tetas ya puede una buscarse la vida, ¿no?... Veo que callas, pequeña Salomé. Pues te comunico que, según el código de Hamurabi, quien calla, otorga».

Confieso que tengo verdadera curiosidad por saber en qué para el juicio de ese otro individuo, a quien a primeros de mes detuvieron en Segovia por violar, según parece desprenderse de la denuncia de la madre y del parte médico, a su hija de veintidós meses. Me juego un huevo de pato a que la pequeña zorra —algunas ya apuntan maneras desde la cuna— tampoco opuso demasiada resistencia.

Y ahora, disculpen. Tengo que ir a vomitar.

Matata mingui

Nadie sabe de verdad lo que es África hasta que no ha vivido —si es que vive para contarlo— una *matata mingui,* que es como se dice jaleo del carajo en lingala, o sea, en una de las lenguas locales que hablan allí. Cuando eso ocurre, lo que sale en la tele no sirve ni remotamente para hacerse idea. Cuando de verdad se monta un pifostio africano, o sea, una merienda de negros de color, y mis primos se ponen hasta arriba de cerveza, o de *banga,* o de lo que tengan a mano, y luego echan mano de la escopeta y del machete —les encantan esos machetes grandes y afilados que sirven para chapear la selva y para amputar al prójimo—, esas escenas que vemos de niños agonizando de hambre con los buitres preguntando quién da la vez son un paraíso de buenas maneras comparado con la que se lía. Aquello es, para que se hagan idea, como si cinco mil hooligans ingleses desesperados de la vida confundieran un bar de Benidorm con una carnicería, y cada uno estuviera dispuesto a cortarse su propio filete.

Les juro por mis muertos más frescos que he tenido miedo muchas veces a lo largo de mi puta vida, sobre todo cuando me ganaba el pan a tanto el fiambre para el telediario; pero en pocas ocasiones conocí tan de cerca el canguelo como cuando en África tuve enfrente a unos cuantos fulanos dando traspiés con el casco al revés, el blanco de los ojos amarillo, una botella de cerveza en una mano y un Kalashnikov en la otra, preguntándome qué se te ha perdido por aquí, blanco cabrón. Allí, la kale borroka que se montan los jarrais de doce años con lanzagranadas —en África también se lleva mucho eso de las tribus, y las chiquilladas, y lo de ellos y nosotros— es la leche. Todavía siento sudores fríos cuando recuerdo algunos ratos: aquel fulano con un viejo subfusil Sten y unas Ray-Ban puestas, que tenían la etiqueta del precio todavía pegada en mitad del cristal, cuando dijo que me quitara los zapatos y me volviera de espaldas, por ejemplo; o el grupo de mozambiqueños fumados hasta el tuétano, discutiendo entre ellos en portugués cómo iban a machetearnos a mi cámara Paco Custodio y a mí, reservándose vivo a Nacho, el técnico de sonido, porque era jovencito, y tenía los ojos azules y el culito tierno. En África, resumiendo, aprendí un par de cosas. Entre ellas, que allí la vida humana no vale una mierda, y que las mujeres, monjas incluidas, cuando las violan diez o quince tíos uno detrás de otro, primero gritan y luego se resignan.

Y hoy resulta que, con toda esa información previa que con mucho gusto quisiera no tener, leo en un periódico que de nuevo hay pajarraca en África, y que en mitad de ese zipizape sigue habiendo, como siempre hubo, un puñado de curas y de monjas con dos cojones que siguen a pie de obra, y que se niegan a ser evacuados, y que desaparecen, y vuelven a aparecer, y desaparecen de nuevo en las zonas más peligrosas de la movida, haciendo aquello para lo que fueron allí: ayudar a otros seres humanos aunque sepan que eso no va a cambiar nada; dejarse la salud, la piel y la vida por aquello en lo que creen, sea una fe o sea una idea. Y leo esas informaciones y no puedo evitar ponerles rostros de gente a la que conocí, que a lo mejor en algún caso es la misma. Curas y monjas que a veces ni lo parecen, con los pelos largos, y las barbas, y las camisetas de heavy metal, que se la juegan un día sí y otro también en sus misiones y en sus hospitales, ayudando a nacer, ayudando a vivir, ayudando a morir a su gente, a sus hermanos, sin abandonarlos ni cuando amenaza el más horrible final. Ayudando, en resumen, al hombre a salvarse no en el hipotético reino de los cielos —que eso viene luego— sino aquí, en el jodido valle de lágrimas, en la tierra. Cogiendo en sus manos otras manos escuálidas o ensangrentadas, inclinando la cabeza para murmurar unas palabras de consuelo; o si se tercia, después y por ese orden, una oración.

Por eso, cuando a veces leo o escucho las mezquinas gilipolleces de monseñor Setién, monseñor Carles, el arzobispo de las Chimbambas, o el papa Wojtila y su enfermiza obsesión por que no forniquemos ni abortemos, siempre me digo: tranquilo, Arturín, no te cabrees, no blasfemes, piensa en los otros. Piensa en todos los que viste erguidos y serenos en mitad de la sangre y la locura. Piensa en los curas y monjas que siguen dispuestos a dejarse hacer pedazos, ellos y ellas, por dar testimonio de que también son posibles la dignidad y la vergüenza bajo el signo de la cruz.

El último del siglo

Pues lo siento, pero no trago. Lamento muchísimo ir de aguafiestas, pero me niego a sumarme al folklore milenarista que se nos viene encima. Ya pueden cantar misa poniéndose de acuerdo los grandes almacenes, y las cadenas hoteleras, y las agencias de viajes, y las televisiones y los periódicos, pero no me sale literalmente de los cojones celebrar en la Nochevieja de 1999 la despedida del siglo XX y el advenimiento del XXI. Entre otras cosas, porque eso es mentira.

Se diría, pardiez, que todo el mundo se ha vuelto idiota. Uno comprende que en estos tiempos de consumo y jarana la gente ande loca por una conmemoración, un centenario o la celebración de un nuevo siglo. El deseo es comprensible, a falta de cosas mejores que celebrar. También me hago cargo de que los vendedores de motos pintadas de verde, o sea, los que viven de la memez ajena, necesitan argumentos para vender más cosas, y fabricar tartas de cumpleaños y cumplesiglos, y organizar eventos por cuya comisión se embolsen una pasta. Y si se festeja el nuevo siglo un año antes, y luego resulta que no, Manolo, que no está claro, que vamos a celebrarlo también este año por si las moscas, ocurre que te facturan dos minutas con el pretexto de una. Todo eso lo entiendo, porque de bobos y de tenderos sin escrúpulos está el mundo lleno. Lo que no me cabe en el coco es la estupidez colectiva, ni el silencio, ignoro si cómplice o desalentado, de quienes saben de qué va el asunto. A lo mejor es que les consta que la estupidez siempre gana, y se dicen para qué vamos a dar la brasa, colega.

Total, aquí no quedará nadie para celebrar el siguiente milenio. Déjalos que ganen un año y que disfruten.

Y en realidad todo es tan sencillo como irse a cualquier biblioteca, propia o ajena, y abrir un par de libros (del latín *liber, libri:* conjunto de muchas hojas de papel ordinariamente impresas donde se explican cosas). Porque resulta que todo está allí, y que este absurdo empeño de convertir en fin del siglo el último día de 1999 no tiene otro fundamento que la cretinez sin fronteras y el encefalograma plano universal, convertidos en norma gracias a la puta tele y a su colonización por parte del país más poderoso y analfabeto de la Tierra.

El tercer milenio, según esos libros al alcance de cualquiera, no empieza el 1 de enero del año 2000, sino doce meses después, o sea, el 1 de enero del año 2001. El diccionario Espasa, en la página 911 del tomo 5, cita los años terminados en 00 como *final* de siglo, no como *comienzo* de siglo. Y hasta un desastre para las matemáticas como lo soy yo puede, si quiere, echar cuentas: del mismo modo que la decena termina en el 10, y lo incluye, y el 11 corresponde a la segunda decena, la centena termina en el 100, y lo incluye, y el 101 corresponde a la segunda centena. Y del mismo modo, un millar, o un milenio, termina en 1000, y lo incluye, y el 1001, el 2001 y los equivalentes corresponden ya al siguiente millar, o milenio; y así es, por períodos completos de 10, 100 y 1000, como se cuenta en cronología. Además, el diccionario de la RAE define el siglo como *espacio de cien años,* no de noventa y nueve. Y el calendario occidental, por el que se rige nuestro cotarro, empezó a contar con el año 1 del siglo I de Jesucristo, y no con el año 0; entre otras cosas porque ese año 0 no existe en cronología, aunque sí en astronomía. Fue un monje llamado Dionisio Exiguo quien propuso contar los años *ab incarnatione Domini,* a partir de la encarnación de Cristo,

que calculaba un 25 de marzo. Y de ese modo, el año 754
del calendario juliano, que era el romano reformado por
Julio César, se convirtió en año 1 —que no año 0— del
nuevo calendario cristiano. Posteriormente, la fecha en que
debía comenzar el año se trasladó al 25 de diciembre, para
terminar en el 1 de enero. Después vino Kepler y dijo que
el amigo Dionisio erró en 5 años; pero la convención ya estaba establecida, y así quedó. En cuanto a la histeria milenarista medieval del año 999, nunca tuvo fundamento
cronológico ni astronómico serio, sino que fue un movimiento supersticioso-religioso de incultura y terror frente
a la cifra redonda del año 1000.

Ahora, superstición y religión pesan menos, gracias
a Dios, pero la histeria sigue. Y pese a todo, no les quepa a
ustedes la menor duda de que la próxima noche de San
Silvestre todo el mundo despedirá el siglo con champaña y
matasuegras, yupi, yupi, brindando por el asunto un año
antes de tiempo. Y es que han pasado mil años —o nove-
cientos noventa y nueve—, pero seguimos igual de memos.

Pajínas kulturales

Tengo delante la fotografía de un periódico, en la que hay un cadáver desnudo de tamaño natural, modelado en gelatina, con nueces, melocotón en almíbar y fruta dentro. La cosa ha aparecido en las páginas de cultura de varios diarios de tirada nacional; porque, según el pie de foto, no se trata de un pastel, ojo, sino de una obra de arte. Para rubricarlo, el artista, de nacionalidad mejicana, aparece junto a su obra también desnudo y con un delantal de cocina, cubierto el rostro con un pasamontañas modelo subcomandante Marcos y un micrófono autónomo como aquellos que puso en circulación Madonna. Sostiene en la mano un cuchillo, y se dedica a trinchar el fiambre de pastel, sirviendo raciones en platos de plástico a una multitud de imbéciles que se agolpan alrededor, todos con su plato en la mano, sonrientes y con cara de estar encantados de encontrarse allí, ansiosos por participar en el suculento ritual antropofágico. Hay fotógrafos, faltaría más, y jóvenes con pinta de intelectuales precoces de esos que cuando piden la palabra hablan dos horas y te cuentan su vida, y damas de aspecto teóricamente respetable con collares de perlas, y damiselas tiernas, y marujonas con un pretendido toque snob, y la peña habitual en este tipo de eventos. Y se empujan unos a otros junto a las axilas peludas del artista, levantando los platos en alto, impacientes por no perderse el bocado inolvidable, el momento histórico. En realidad, dicen sus expresiones felices, uno frecuenta presentaciones de libros y exposiciones y conciertos y cosas así para que un fulano en pelotas y con pasamontañas te haga comprender

que el arte es comestible. Para que te toque en suerte el co-
jón de gelatina con frutas y cómertelo extasiado en un plato de plástico. Para vivir orgasmos culturales como éste.

No había ningún ministro cerca —por esas fechas
se celebraba el congreso del Pepé— pero no me cabe la
menor duda de que, de haber tenido un ratito, alguno se
habría dejado caer por allí, apuntándose al bombardeo de
turno ante las cámaras de la tele y los fotógrafos, con su
plato en la mano y la boca manchada de nata, diciendo está riquísimo y es cojonudo esto de desacralizar el arte, darle un toque informal, comérselo, etc. Cuanto más analfabetos son los políticos —en España esas dos palabras casi
siempre son sinónimos— más les gusta salir en las páginas
de cultura de los periódicos. Páginas en las que, por otra
parte, cabe cualquier cosa. Porque ahora, señoras y señores,
todo es cultura. Lejos ya de aquella arcaica división entre
sociedad, cultura y espectáculos de la prensa de antaño, la
eficaz gestión realizada durante décadas por iletrados de
diseño da variopintos frutos, y ese concepto fascista, apo-
lilladísimo, de la cultura en términos clásicos —las nueve
musas, ya saben, y toda la parafernalia— ha perdido su razón de ser. El que no trague es un reaccionario y un cabrón; y buena parte de los jefes de sección y los redactores
jefes y los directores de los diarios y los informativos de la
radio y la tele, incluido *El Semanal,* lo van entendiendo
como se debe. Ahora el mejicano del pasamontañas y un
desfile de moda con Naomi Campbell en la pasarela Cibeles, y la última receta de bacalao al pil-pil de Arguiñano, y
el vino de la ribera del Duero, y hasta el último hijo de
Rociíto son, ¿por qué no?, cultura oficial. Tan respetable, o más, que los frescos de Piero della Francesca, un
concierto de Albéniz o la última novela de Miguel Delibes. Y el otro día vi, en un diario de gran tirada, lo que me
faltaba por ver: una corrida de toros en las páginas de cul-

tura. Con Jezulín. De ahí a que pronto se incluya el fútbol
—incuestionable cultura de masas— sólo media el canto
de un duro.

La palabra cultura sigue en boca de los de siempre.
Y los de siempre, pocamierdas iletrados que lo mismo valen para Industria que para Exteriores o Educación y Cultura, o para secretarios generales de la OTAN, marcan el
tono. Y el tono lo registra, con admirable sintonía, toda la
cuerda de oportunistas, y retrasados mentales, y caraduras
que viven del morro. Y el entorno, y los medios, y la madre que los parió a todos, por no verse descolgados de la
moda, por no quedar fuera de lo políticamente correcto en
relación con la cultura o con lo que sea, aplauden y jalean
el asunto con la fe exaltada del converso. El resultado está
a la vista: una multitud de analfabetos de diseño, de sinvergüenzas y de tontosdelculo aplaudiendo, como en aquel
viejo cuento, el admirable traje nuevo del rey desnudo.

Pijolandios de diseño

La verdad es que tienen razón. Cuando hace unas semanas escribí aquello de las mujeres de bandera, de las jacas de rompe y rasga por las que un hombre, antes, era capaz de buscarse la ruina, empalmar la chaira y comerse veinte años en El Puerto de Santa María, me lamentaba de que uno ya no se tropiece con hembras así en el celuloide. En vez de señoras de tronío —decía— como María Félix, Ava Gardner o Kim Novak, ahora sólo hay pijoniñas de teleserie y chochitos desnatados. Y como se venía de venir, que dice mi amigo Ángel Ejarque, algunas damas se me han tirado a la yugular. Unas se han ciscado directamente en mis muertos, y otras coinciden en decir que bueno, que vale, que de acuerdo. Que es verdad que el ganado flojea mucho de trapío, y que ahora a cualquier quinceañera anoréxica, con menos gracia que un chiste de Chiquito de la Calzada contado por Iñaki Anasagasti, la convierte Hollywood en sex-symbol por el morro. Eso me lo concede la mayor parte de mis amables comunicantes. Pero algunas argumentan que tampoco los tordos son como para ponerse a tirar cohetes. Y que a ver qué pasa con los gachós.

Eso, las cosas como son, es poner el dedo en la llaga. Porque, como decía, si Sandra Bullock o Winona Ryder son el non plus ultra de la tentación carnal y entonces apaga y vámonos, a ver dónde carajo —me preguntan estas señoras— están los tíos de antaño. A ver dónde, quitando a Harrison Ford, encuentra una ahora un Humphrey Bogart, un Clark Gable, un Kirk Douglas, un Sean Connery, un Gary Cooper o un Burt Lancaster. A ver dónde se echa una al cuerpo, en blanco y negro o en color, con palomitas o sin ellas, a un jambo como Dios manda, un fulano de esos de los de antes, machote, duro, con casta, que hacían que te temblaran las piernas cuando los veías en la pantalla decir adiós, muñeca. Ahora a lo máximo que se puede aspirar es a sucedáneos tipo Kevin Costner o Mel Gibson, que no están mal pero que ya no son lo mismo. Se trata de duros de pastel con fecha de caducidad, guapitos de cara tipo Paul Newman y Robert Redford, de los que por cierto ya no se acuerda ni su padre. Morralla coyuntural que es pan para hoy, y hambre para mañana. Y es que, como dice una amiga mía, con Robert Redford se jodió el invento.

Por eso digo que tienen razón. Háganme un ramillete, si no, con los tiñalpas que ahora las histerizan. Keanu Reeves, Brad Pitt, Tom Cruise y los otros pijolandios de diseño que pegan taquillazos en el cine serán todo lo yogurcitos que ustedes quieran, pero no hay color. Y Leonardo di Caprio, que sí, de acuerdo, sale en *Titanic* tan guapo que a las prójimas les produce escalofríos, y con razón, no es más que un mantequillas blandas al que la cámara —porque las cámaras de cine son muy suyas— ama con locura. Es un magnífico actor, como también lo es Johnny Depp, y ellos dos y algunos otros llenan la pantalla de un modo que apabulla. Pero aunque uno los vea en camiseta y con pistola, a puñetazos, haciendo de camioneros, o de policías, o de terroristas, o de mineros, o de capitanes de submarino alemán, salta a la vista que todos son duritos de jujana. Luego te los encuentras en el *Diez Minutos,* en la playa con los michelines fofos, o con esas pedorras que algunos se echan de novias, o al natural en chándal y con una gorra puesta del revés, y dices hay que joderse, colega. Ninguno tiene ni media hostia.

Así que no tengo más remedio que estar de acuerdo con el Comité de Erizas en Pie de Guerra. Ya no hay jacas como aquéllas, pero tampoco maromos de toma pan y moja. Quizá los que tenemos ahora son simples reflejos a la medida de una sociedad descafeinada, desnicotinizada y mierdecilla a la que ya no imprimen carácter, sino que emanan de ella. O a lo mejor, o también, es que la proximidad que nos proporcionan la tele, y las revistas, y todo el tinglado de ahora, les quita encanto. Lo mismo pasa con ellas. Porque es muy posible que aquellos fulanos que sólo por su manera de moverse o encender un cigarrillo acojonaban, aquellas jacas gloriosas que daba miedo mirarlas y te cortaban la respiración con un susurro, basaran su misterio y su fuerza en un alejamiento que ahora el exceso de información hace imposible. Hoy los conocemos demasiado bien. Los fabricamos nosotros mismos, con nuestra propia levedad y estupidez —también la estupidez puede ser democrática—. Y los grandes mitos, como los sueños y los dioses, sólo sobreviven en la distancia.

Sobre hombres y damas

Llevo desde la semana pasada dándole vueltas a la cabeza con el asunto de los hombres como Dios manda; de los tíos que, como decía mi abuela, se visten por los pies. El caso, no sé si recuerdan, era que el Comité de Erizas en Pie de Guerra se lamentaba, y con razón, de que salvo Harrison Ford ya no quedan en el cine tíos de verdad, y que a las niñas yogurcitos frescos, y a las otras que ya no lo son tanto, les hace el asunto agua de limón la presencia de fulanos insustanciales, duritos de pastel que andan en la pantalla marcando paquete, pero que en cuanto miras o te acercas, se convierten en cagarrutillas de diseño. Y en la calle y en la vida real ocurre tres cuartos de lo mismo.

Conozco a una señora rubia, guapa, con cuarenta y dos espléndidos tacos y capaz de llevar unos tejanos como no los lleva ninguna guapita de teleserie, que ha pasado la vida tomándose cafés en los bares; entre otras cosas porque un café de bar y un cigarrillo son, dice, una de las pocas cosas que merecen la pena en esta vida perra. La dama en cuestión, que es lo bastante inteligente como para que cualquier varón adulto se sienta una auténtica piltrafa a los cinco minutos de conversación con ella, tiene auténtica predilección por los bares cutres, de esos con calendarios de garaje con fulana, y fotos de equipos de fútbol, y mostrador de zinc y mesas de formica, y albañiles comiendo judías con fideos a mediodía, sobre manteles de papel con vino y gaseosa. Cada día, cuando sale del taller de encuadernación del viejo Madrid donde le pone tapas de piel y guardas de papel veneciano a la *Poética* de Aristóteles o a la *Vida* de Benvenuto Cellini, ella evita cuidadosamente los bares elegantes del barrio y callejea en busca de una tasca chusmosa y auténtica. Y allí, entre el emigrante negrata que vende baratijas, el borrachín de la casa de enfrente y los empleados del taller de chapa y pintura que hacen descanso para una cerveza, enciende un cigarrillo, a su aire y sin dirigirle a nadie la palabra, y se siente la mujer más a gusto de la tierra.

Me acordaba de eso el otro día, en un bar de gasolinera y polígono industrial, con fútbol en el televisor, camareros con tatuaje en el dorso de la mano, fulanos en mono de mecánico y camioneros calzándose un coñac. Uno de esos bares que te gustan a ti, le dije luego. Y ella respondió algo que viene muy al hilo de esta historia: «Ya sólo ves hombres que parecen hombres en sitios como ése». Lo dijo y encendió otro cigarrillo y, por supuesto, se bebió otro café. Y después me contó que lleva años frecuentando bares de ésos, bares proletarios como ella dice, con tíos que vienen de currar de verdad, oliendo a sudor bajo el mono azul o la camiseta, fulanos de manos encallecidas y ásperas, uñas negras de grasa, coñac y anís y tabaco y fútbol y conversaciones en voz alta, y machismo elemental. Tan elemental, matiza ella, que no molesta. Al contrario. Entras, dice, y notas cómo se callan de pronto todas las conversaciones, pero nunca te sientes insegura ni incómoda. Ni una grosería, ni un mal gesto, ni te molesta nadie. Al contrario, todos son siempre de una cortesía extrema, con esa amabilidad ingenua y ruda, algo torpe, que todavía se encuentra, a menudo, en ese tipo de hombres cuando creen hallarse delante de una señora. Si en tal momento alguien quisiera molestarme, estoy segura de que más de uno intervendría para defenderme. Se esfuerzan por ser buenos chicos; y eso, en los tiempos que corren, resulta enternecedor.

Luego, para marcar la diferencia, mi amiga me cuenta sus visitas a otros lugares, a bares y restaurantes de más presunto nivel social, donde ejecutivos engominados y soplagaitas de diseño, todos con camisas y corbatas impecables, un teléfono móvil en el bolsillo y el aire de estar solventando vitales operaciones financieras internacionales, le clavan los ojos desde que aparece en la puerta y ponen ojitos, y posturitas, y se dan pisto de cazadores irresistibles, dedicándole sonrisas que son muchísimo más insultantes que el piropo rudo de un camionero. Si tuviera un problema allí, comenta, iba lista: se los ve crueles, blandos y cobardes. Encima se creen Keanu Reeves o Tom Cruise. E incluso nunca falta un imbécil que se acerca sin que nadie lo llame y dice oye, te conozco de algo, o pretende invitarla a una copa, o se queda dando la barrila. Hasta que ella se vuelve despacio, lo mira a los ojos, y con ese desprecio helado y sabio que sólo una mujer es capaz de manifestar, le dice, con palabras o sin ellas: vete a babear a tu madre, so gilipollas.

3.000 años no es nada

He tardado un poco en reaccionar, porque todavía estoy patedefuá. Me froto los ojos, me echo agua fría en el careto, y sigo atónito. No sé si recuerdan ustedes que, hace unas semanas, tres tenores del nacionalismo auténtico y periférico, único homologado, pidieron la abolición del Ministerio de Cultura, basándose en la afirmación, literal como la letra misma, de que *España no tiene una cultura*. Eso lo dijeron asín, o sea, sin temblarles el pulso ni la voz ni nada. Y luego se hicieron una foto.

Unos se lo han tomado a coña marinera, limitándose a situar la cosa en el contexto de la provocación de cada día, o de la mala fe insolidaria y borde que todo el mundo conoce con nombres y apellidos, y a sonreír diciendo: hay que ser capullos. Otros, los tertulianos radiofónicos y analistas de plantilla, han considerado el asunto con mucha seriedad, analizando si procede o no procede; porque aquí cualquier gilipollez plantea debate nacional. Otros, en fin, más impulsivos, se han ciscado en la puta madre de los imbéciles que andan por ahí sembrando mierda y cizaña. Las opiniones son libres, y cada quien es cada cual.

En cuanto al arriba firmante, pues eso. De pasta de boniato me hallo todavía ante el descubrimiento, algo tardío, de que la nación, o el país, o lo que carajo sea esto —a ver si alguna vez se pronuncia el presidente del Gobierno al respecto— que sostuvo el esplendor de las letras latinas cuando ya decaían en Roma, que hizo renacer la cultura en Sevilla cuando todo en Europa era barbarie, que transmitió a Occidente la ciencia de Oriente, que navegó y exploró el mundo e imprimió su huella en las de tantos otros pueblos, ahora resulta que no, que no tiene una cultura propiamente dicha. Que las cuevas de Altamira, la lengua que se habla en La Habana, la Bicha de Balazote, la imprenta en Méjico, la catedral de Burgos, *El entierro del conde de Orgaz,* los almogávares hablando catalán y castellano en Bizancio, el *Guernica* —que lo pintó un maketo malagueño de mierda—, la Biblioteca Nacional, la Escuela de Traductores de Toledo, el acueducto de Segovia, *La rendición de Breda,* la mezquita de Córdoba, las misiones de California y la Universidad de Salamanca, por ejemplo, resulta que fueron inventos franquistas. Que Séneca, andaluz y preceptor de un emperador romano, o Isidoro de Sevilla, que nació en una ciudad llamada Nueva Cartago y escribió en latín, y Averroes, y Gonzalo de Berceo, y Avicena, y Ramón Llull, y Nebrija, y los 4.000 nombres catalanes, aragoneses, gallegos, vascos, valencianos, navarros, asturianos, cántabros, leoneses, andaluces, extremeños, etcétera, que figuran en la *Bibliotheca Hispana* y que Nicolás Antonio tardó treinta y cinco años en recopilar y poner juntos hace ya tres siglos, no fueron más que morralla, un revuelto de ajetes sin ton ni son, flatus vocis de una ficción inexplicablemente mantenida durante tres mil años. Que Dalí, Valle-Inclán, Unamuno o Baroja eran unos españolistas, unos vendidos y unos cabrones. Y que los únicos que siempre lo han tenido claro, los únicos con verdadera conciencia nacional y con cultura diferenciada en todo esto, han sido *Canigó* y las otras obras maestras universales de la literatura catalana, Gaudí, los castros celtas, Castelao, el frontón de Anoeta y el pensamiento intelectual profundo, decisivo para Occidente, de don Sabino Arana. Tócate los cojones.

Algunos creemos, desde luego, que la cultura no puede estar en manos de ministros analfabetos y/o incompetentes que desde hace décadas y legislaturas se vienen dejando romper el ojete con una sonrisa, no vayan a llamarlos, por Dios, intransigentes y fascistas. Pero una cosa es detestarlos por sus obras o por la ausencia de ellas, y otra desguazar lo que queda en beneficio de cuatro sinvergüenzas; de cuatro golfos apandadores que pretenden ahora vender la moto —y no les quepa duda de que la venderán— de que la combinación de las palabras cultura y nación aplicadas al conjunto de España constituye un concepto reaccionario, perverso, que como tal debe ser fusilado al amanecer. Porque ya no se trata de que a una cuerda de paletos neonazis, Astérix iluminados o tenderos sin escrúpulos les importe un carajo Séneca o el Código de las Siete Partidas. Lo que pretenden ahora es que nadie, ni siquiera el resto de españoles —o de lo que seamos— los conozca. Que se nieguen, se desacrediten y se olviden, para extender el mantel y repartirse la merienda sobre su requiescat in pace.

Temblad, llanitos

Qué miedo. El ministro don Abel Matutes ha decidido que a Gibraltar le vamos a poner los pavos a la sombra. Cuando hace unas semanas Peter Caruana le jugó a don Abel la del chino, dejándolo con el culo al aire, el palacio de Santa Cruz clamó venganza, cielos, venganza. La venganza de don Mendo. Así que nuestra diplomacia quiere apretar las tuercas a ese nido de piratas que se chotea del señor Matutes y de sus antecesores desde que Franco era cabo. Incluso desde antes. El Gobierno de las Españas, que cuando se enfada es terrible, ha decidido chivarse a la CEE de lo malos y lo tramposos que son los de La Roca. Porque ésa es otra: la palabra Peñón tiene connotaciones poco de centro, y Roca, traducción del inglés *rock* —como rock and roll—, es más políticamente correcto, más moderno, y así no piensan que Matutes y su ministerio son de derechas, por Dios.

Mis amigos gibraltareños, Silvia la morenaza guapa del bar, y el gran Eddie Campello, y el rubio Parodi, y los otros de allí, incluyendo los que iban y venían al moro en las Phantom con el helicóptero de mi compadre Javier Collado en la chepa, deben de estar acojonados. Imagino el diálogo: oye, qué preocupación, colega, que el ministro Matutes dice que nos va a poner a marcar el paso, pisha. A ver si la CEE, que no tiene otra cosa que hacer, se toma en serio esa lista de las treinta mil normativas que incumplimos y las cincuenta sociedades fantasma, o a lo mejor es al revés, shosho; y la OTAN nos bombardea, y nos viste a los monos de cascos azules. Ohú. Qué pánico.

Incluso yo mismo estoy preocupado. Igual un día paso por allí con el curricán en el agua, y me sale una patrullera llanita a decirme oiga usté. Y yo, sabiéndome respaldado por un Gobierno bravo y con casta, me subo a la cruceta y les digo iros a hacer puñetas y esto para la reina, y ellos se ponen flamencos y me piden los papeles, y yo me abalanzo a la radio y digo mayday, mayday, a mí la Legión, y el ministro Matutes en persona manda a la corbeta *Vencedora,* que para eso están las corbetas, a defender mi derecho a echar el curricán donde me salga de los cojones. Pero entonces lord Flanagan y su puta madre piden en el Parlamento que manden la HMS *Surprise* y toda la flota de Su Majestad, y liamos la de Trafalgar en postmoderno. Así que ojo. Cuando se tienen jabatos como el ministro Matutes, estas cosas se sabe cómo empiezan, pero no cómo acaban.

Uno, en su modestia, recomendaría a Exteriores que, si de verdad quiere fastidiar a Caruana y su panda de golfos, en vez de registrarles los coches a los turistas y montar numeritos con los picoletos de la aduana y seguir haciendo públicamente el payaso, les diera un toque a los intereses británicos que, en suelo español y con la complicidad y el compadreo de empresarios españoles, controlan la Costa del Sol con urbanizaciones de lujo, campos de golf, puertos deportivos y demás: auténtico sistema neocolonial con oficina en Gibraltar y la vivienda y todas las ventajas y todo el lujazo en España, donde invierten su pasta, y tienen sus casas, y pasan el fin de semana los ministros y gobernantes gibraltareños, por el morro. Ésos sí que son intereses británicos de verdad, vulnerables porque donde está el dinero es donde duele. Apretar las tuercas ahí, y no a los infelices que cruzan la verja, sí que fastidiaría a mis primos del Peñón, y a los de Londres. Pero en ese puchero no sólo mojan ingleses, así que cuidadín. Cada cosa es cada cosa.

En cuanto a los intereses generales, a los que el ministro se refería para justificar las colas en la frontera y la pérdida de empleo de los trabajadores españoles, alguien debería recordar que los sucesivos gobiernos de España se han venido pasando los intereses de los habitantes de la zona por el forro de los huevos, convirtiendo La Línea y el campo de Gibraltar, después de mucha mojarra y mucho cinismo, en un lugar de abandono y miseria donde la gente ha tenido que montárselo como Dios o el contrabando le han dado a entender. Y que ahora la colonia británica, el turismo que genera, su actividad comercial y su picaresca pirata y desprovista de vergüenza, son el único recurso económico solvente. Los españoles de allí no tienen otro remedio que vivir de Gibraltar, haciéndoles de camareros y de albañiles y de tenderos a los llanitos y a los ingleses. Así que van listos, si son el ministro Matutes y su Gobierno los que ahora se comprometen a darles de comer. Como decía el chiste: Virgencita, Virgencita, que me quede como estoy.

Una historia vulgar

Pues sí. Es una historia más de esta España que va bien, donde los políticos y los empresarios, suponiendo que haya mucha diferencia de unos a otros, se frotan las manos y dicen que nunca nos hemos visto como ahora, con tanto florecimiento económico y tanta pujanza y tanto negocio. La que voy a contarles es peripecia laboral gris, de andar por casa. Ni siquiera es dramática, o espectacular. En este país miserable hay historias laborales atroces, indignantes, despiadadas, y ésta es normalita. Pero acabo de oír a un ministro diciendo que nunca hemos estado como ahora, y que somos el pasmo de Europa, etcétera. Y me han dado ganas de contarles a ustedes la historia de Aurora.

Aurora, que es gallega de Galicia, acabó el COU y aprobó el acceso a la universidad; pero en su casa hacía falta viruta, así que cambió los sueños por un trabajo en una cadena de supermercados. Su situación laboral —37.000 al mes y sin contrato— incluía doce horas diarias. A los dos años fue fija y estuvo trabajando sin mayores problemas durante doce años más. O sea, catorce trabajando de cajera, dale que te pego y cliente tras cliente, y los errores con cargo al propio bolsillo. Y al terminar la jornada, limpieza del local fuera de horario y sin cobrar. En fin. Una vida laboral como otra cualquiera. En España.

Luego, hace como tres o cuatro años, vino la crisis y las cosas se enrarecieron. Los encargados empezaron a apretar, llegaron los nervios y los miedos, las amenazas en el horizonte. Cuando hay malos vientos, los pelotas y los trepas se mueven que da gusto, como si olieran la escabechina antes que nadie. De ese modo, cuando llega el degüello los encuentra a todos bien situados, de confidentes del jefe y cosas así. Y como ocurre siempre, a quienes la cosa cogió desprevenidos, cuando empezaron los problemas, fue a los que no se dedicaban más que a trabajar, en la ingenua creencia de que la gente debe ser valorada por la calidad de su trabajo, no por los chistes que le cuenta al jefe de servicio ni por decirle a la encargada qué bien te sienta hoy la blusa, Mariloli.

En fin. Pasaron los días y vino la huelga general aquella, no sé si se acuerdan; y el delegado sindical, que como buena parte de los delegados sindicales no ha trabajado en su puta vida, y si lo hizo ya se le ha olvidado, dijo a los compañeros (y compañeras) que de trabajar, nada de nada. Aquí solidarios como una piña, y maricón el que no baile. Así que aguantad, compañeros (y compañeras), porque si hay represalias de la empresa, aquí está el comité para defender hasta la última gota de sangre la dignidad proletaria, en esta empresa y en las que haga falta. Así que Aurora se lo creyó y no fue ese día a trabajar. Y luego, cuando al día siguiente la encargada llamó al personal uno por uno con un bloc en la mano, y la gente se acojonó, y entraba llorando con aquello de yo no quería, me obligaron, el delegado sindical, por supuesto, estaba tan ocupado defendiendo los intereses de la mayoría de los compañeros (y compañeras) en la máquina de café, que Aurora y quienes no habían querido trabajar el día de la huelga y se reafirmaron en su derecho a no hacerlo, fueron debidamente marcados por la empresa para los restos. Luego —consecuencia clásica— vino otro encargado con modales de Terminator carnicero, y empezó la caña: presiones de todo tipo, más limpiezas fuera de horarios sin cobrar horas extras, etcétera. Cuando Aurora abortó, lo único que le preguntaron fue cuánto tiempo pensaba tomarse de baja. Al final, a ella y a otra compañera, las dos casadas y con hijos, les cambiaron la jornada continua de mañana o tarde que llevaban desde hacía diez años, a horarios de 9 a 14 y de 18 a 21.30, con limpieza extra y por el morro fuera de horas de trabajo. Total. Que Aurora fue a juicio —el comité sindical, por supuesto, guardó una exquisita neutralidad en el asunto—, el juez dio un plazo para que la empresa le devolviese el horario anterior, y la empresa se pasó toda la sentencia por los huevos. Y Aurora, harta, asustada, después de catorce años de cajera, se fue a la calle con cuarenta y cinco días de indemnización por año trabajado. Y colorín colorado, esta vida laboral ha terminado.

Así las cosas, no me extraña que la España que algunos se están montando —o lo que quede de ella cuando terminen de montársela— vaya de puta madre. Como dice mi amigo Octavio Pernas Sueiras, que también es de allí arriba: «*Mexan por un, e hay que decir que chove*».

El viaducto y el alcalde

Me gusta el Viaducto de Madrid. O más bien me gustaba. En otro tiempo vivía a diez minutos de él, y mis veintipocos años amanecieron más de una vez fumándose un Ducados, que era lo que fumaba entonces, de codos en la barandilla de ese paso elevado, meditando sobre el pasado reciente y el futuro más o menos inminente. Me gustaba tener los tejados y las casas del viejo Madrid al alcance de la mano, y las Vistillas a tiro de piedra. Y al otro lado, más allá de la Cuesta de la Vega y el Manzanares, la mancha oscura de la Casa de Campo templaba mis nostalgias, pues solía imaginar que era agua en vez de árboles, y que me hallaba ante un puerto de mar y no en mitad de las Españas.

Nunca vi suicidarse a nadie, al menos allí. Una noche se detuvo cerca una mujer. En una novela o una película supongo que el testigo, o sea, yo, habría ido hasta ella para darle conversación y disuadirla de algo. Pero siempre fui partidario de que cada cual resuelva sus propios asuntos, así que me estuve quieto donde estaba, observando, hasta que la señora, que a lo mejor había salido sólo a dar un paseo, siguió camino rumbo a sus cosas y ni se tiró, ni nada. Recuerdo que me miró un momento igual que yo la miraba a ella, y a lo mejor hasta se dijo mira, ese chico debe de estar pensando en tirarse abajo. El caso es que esa vez fue la que más cerca estuve, o lo estuvo mi imaginación, de comprobar la utilidad siniestra del viaducto madrileño.

Pero el otro día pasé por allí, dándome con una desagradable sorpresa en forma de enormes y horrendos paneles de metacrilato atornillados a la acera, que dejan las barandillas al otro lado. Unos chismes presuntamente protectores colocados por el ayuntamiento, que impiden no sólo que la gente se tire viaducto abajo, sino también que los transeúntes puedan detenerse a fumar un cigarrillo, o a mirar el paisaje. Unos paneles que pronto se verán, como ocurre siempre, decorados con pintadas y grafitis y eso que ciertos soplapollas de diseño llaman arte urbano. Unos paneles, imagino, por los que alguien, como ocurre siempre en estos casos, habrá trincado una pasta.

No sé cómo serán los alcaldes de los respectivos pueblos de todos ustedes. Sobre el de Madrid, mi amigo y vecino el inglés de la espalda negra y el corazón tan blanco, que es presidente del CFAM (Club de Fans de Álvarez del Manzano), ya los ha ilustrado en otras ocasiones con shakespeariana y certera prosa, de modo que poco tengo que añadir al respecto. Salvo, tal vez, que observando su gestión, sus obras públicas, su pésimo gusto, los rincones turbios de su entorno y las inexplicables —o más bien repugnantemente explicables— cosas que pasan en esta Villa y Corte de la que pese a todo sigue siendo alcalde, uno comprende que Madrid sea la inhabitable y vergonzosa mierda de ciudad que es. Con ese tío me pasa lo que con el secretario general de la OTAN: por no gustarme no me gusta ni la cara que tiene. Pero, después de todo, sigue ahí porque hay gente que lo vota. Y a fin de cuentas, ya saben, cada uno tiene la capital, y el alcalde, y el secretario de la OTAN y el viaducto que se merece.

Porque a eso iba. Uno, en última instancia, que tiene intención de jubilarse en el mar y a quien a largo plazo Madrid le importa un testículo de pato, puede pasar mucho de que un alcalde al que todo desmán se le consiente —y eso lo tiene acostumbrado a sodomizar urbanística y reiteradamente a sus vecinos con absoluta impunidad y pingües beneficios, como mínimo políticos— se calle como una puta cuando sus compadres del Pepé, con el silencio cómplice del Pesoe, se llevan al Alcázar de Toledo el centenario museo del Ejército de Madrid, o tenga media ciudad en sospechoso estado de obras permanente, o ponga macetones horrorosos, y chirimbolos publicitarios de juzgado de guardia, y paneles de metacrilato donde le plazca y lo dejen. Pero en cuanto al viaducto y los presuntos suicidas y todo eso, alto ahí. Aparte las cuestiones estéticas y la barandilla y el paisaje y toda la parafernalia, e incluso aparte la gilipollez de suicidarse mientras no cumplas ochenta o andes listo de papeles, lo que resulta intolerable es tanta tutela hipócrita y meapilas y tanto rollo macabeo municipal. Así que, en lo que a mí se refiere, mi primo puede meterse el metacrilato donde le cabe. Reivindico el derecho a tirarme por el viaducto, o por donde me salga de los huevos. Porque ya es el colmo que después de convertir la vida de los madrileños en un calvario, este alcalde —o lo que sea— pretenda encima impedirnos escapar de ella.

El nieto del fusilado

Compuso y cantó *María la portuguesa,* y eso vale
más que todas las novelas que pueda llegar a escribir uno.
A su abuelo, que era militar y andaluz, lo fusilaron los nacionales, y su abuela, que tenía un par de huevos, lo enseñó desde chinorri a ser rojo y a no achantarse. Lo llevaba
de la mano y le hablaba del abuelo; de la guerra y de la
república. Supo lo que era pasarlas canutas, y así aprendió
a ser rojo de verdad, sin pasteleos ni pepinillos en vinagre.
Por eso cuando era jovencito cantaba coplas o lo que fuera
con la policía en la puerta, la oreja atenta. Y por eso cuando quienes antes le hacían palmas, los señoritos del Pesoe
que luego se tiraron al barro con la Expo y con los cien
años de honradez descubrieron los trajes de Armani, y el
Vega Sicilia, y el trinque con la mano tonta, no le perdonaron que siguiera cantando lo que había cantado toda la
vida. Nos ha jodido aquí el pepito grillo, decían. Y se volvió un testigo molesto, una presencia incómoda. Una voz
que les recordaba su claudicación y su poca vergüenza.

A mí me gusta Carlos Cano. Me gusta ese tío, aunque no sé si llamarlo exactamente amigo. No sé si los cafés y
las cervezas que me he tomado con él bastarán para conocerlo a fondo o no, pero lo que conozco me parece bien.
Me gusta esa voz de hombre de verdad que tiene cuando
canta, el tono cansado y lento con que dice las letras de las
coplas. Me gusta que se acuerde como yo me acuerdo de
Emilio el Moro, y que le haga homenajes. Me gusta cómo
se presentó el día que nos conocimos, y el modo en que me
habló de su corazón recién remendado en el guiri, del traba-

jo y de la vida. Y sobre todo tengo con él una deuda de la
que apenas le he hablado nunca; pero yo las deudas, hable o
no de ellas, no las olvido nunca. Ni las buenas ni las malas.
Y una de sus canciones, *Habaneras de Sevilla,* tiene mucho
que ver con el arranque de una novela mía, tal vez porque
un día, durante un largo viaje, escuché su voz cantando:
Aún recuerdo el piano / de aquella niña / que había en Sevilla,
y ya no pude desprenderme durante el resto del viaje, ni en
los días siguientes, de la sensación agridulce, melancólica,
que aquella bellísima canción me había dejado. La Carlo-
ta Bruner de *La piel del tambor* tiene mucho que ver con ese
momento, con esa canción decadente y nostálgica que, aunque la letra fue escrita por otro —Antonio Burgos—, es para mí lo que es, precisamente gracias a la voz del hombre al
que hoy me refiero. Imposible imaginarla en otro.

Hace unos meses, Carlos y el arriba firmante se tomaron unas cervezas en Madrid, y él me contó el proyecto
que tenía entre manos: la copla. Pero no la copla de peineta y sangría y turistas, contaminada, como tantas otras
cosas de la memoria de España, por la apropiación indebi-
da del franquismo que la hizo a menudo grotesca y falsa.
Él quería recobrar la copla de verdad, la del café de la
Puñalá de mis bisabuelos, la de sangre y vino y navajazo, y
también la de tragedia y de campo y de Guardia Civil ca-
minera con almas de charol y calaveras de plomo, y de gi-
tanas bien pagás, y para tus manos tumbagas, y niñas de
Puerta Oscura y vaquerillos enamorados a los que abandonan mujeres cegadas por el brillo de los dineros. La copla de peones sudorosos y de señoritos hijos de puta, y de
hombres cabales que el domingo se ponían su traje negro
de pana. De jornaleros hambrientos, desesperados, que
un día se levantaron para liarse a tiros en Casas Viejas.

Ahora esas canciones están grabadas y listas. El otro
día me telefoneó, y fui al estudio de Madrid donde termi-

naba de ajustar su trabajo. Estuve allí con él, donde el control, escuchando, conmovido a veces. Eran las hermosas canciones de siempre, devueltas a su contexto. *María de la O, Chiclanera, Los mimbrales, Ojos verdes...* Sin folklore de guardarropía, clásicas y actualizadas al mismo tiempo, incluso con algún guiño de humor —*Tani*— en ciertos arreglos. En cualquier caso, bellísimas. Al terminar me volví a él y le dije: «Es como devolverle a la copla su dignidad». Sonrió y me puso una mano en el hombro.

Este domingo 11 de abril, Carlos estrena ese disco, o ese CD, o como carajo se diga ahora, en el teatro Romea de Murcia. Va a cantar esas coplas todas juntas en público por primera vez, y yo no sé si podré estar allí para escucharlo, como le prometí una vez. Por eso escribo hoy esta página. Porque le di mi palabra, y porque escribirla es como si estuviera.

El último cartucho

Ya sé que va a ser jodido, amigo mío. Sé que presentarse a una entrevista de trabajo, a competir con otros más jóvenes y preparados, cuando tienes medio siglo de almanaque y canas en la cabeza, no será el momento más feliz de tu vida. Probablemente los fulanos de quienes depende tu destino sean niñatos de diseño, de esos que se creen que siempre van a ser jóvenes, y listos, e incombustibles, y desprecian a la gente sin adivinar que un día ellos mismos estarán con el cuello en el tajo. Tu experiencia les importa una mierda, eso ya lo sabes. Quieren jóvenes de veinte años sin cargas familiares, que hablen inglés y que parezca que no van a envejecer ni a morirse nunca.

Por eso te asusta pensar en lo de mañana. Miras a tu mujer, que plancha tu mejor camisa, y sientes que el miedo te agarrota el estómago. El día que dejó los estudios para casarse y seguirte en lo bueno y en lo malo, no imaginaste que ibas a terminar pagándole así. Mañana te pondrás esa camisa que ella plancha. Te la pondrás con una corbata y saldrás una vez más a probar suerte, con poca esperanza. Y es que tiene huevos. Has trabajado toda tu vida como una mala bestia, y verte en el paro a los cincuenta y cuatro, con hijos y con mujer a los que darles de comer, es como caer de pronto en el fondo de un pozo oscuro. Sé todo eso porque tu hijo, que es amigo mío, escribe de vez en cuando. O tal vez no es tu hijo quien escribe, sino que es otro hijo hablando de otro padre; pero en realidad se trata siempre de la misma historia. Y tu hijo me cuenta que la última vez estuviste un mes con la cabeza gacha, los ojos enrojecidos de haber llorado, sentado en el sofá como ausente, con la cara entre las manos, sin atreverte ni a salir a la calle de pura vergüenza.

Te preocupa sobre todo lo que piensen tus hijos. Una mujer comprende, conoce y perdona. Los hijos, sin embargo, son crueles porque son jóvenes y todavía no saben lo que siempre se termina por saber. Los ves mirarte en silencio y crees que te desprecian por los años y por el fracaso. Por no salir nunca en el telediario. Por ser la estampa de la impotencia, la confirmación de que esta vida y este país son una piltrafa. Así que supongo que los hijos son lo peor. La mujer luego, al acostaros, te aprieta una mano antes de dormirse. Sabe cómo has peleado siempre, conoce lo que vales. Quizá sea la única que de veras lo sabe. Con ella la humillación es compartida. Es soportable.

Y sin embargo, amigo, deberías leer la carta que me escribe tu hijo. Deberías comprobar con qué ternura y respeto habla de ti. Cómo sufre al saberse demasiado joven para serte útil, al no encontrar las palabras o los gestos adecuados. Porque ya sabes cómo es: torpe, desmañado, con esos pelos largos y siempre con la puñetera música a todo trapo. Con esas broncas que tenéis, y esa forma de vida suya tan diferente a la de tus tiempos, que te parece la de un marciano. Lo que no sabes es que cuando te ve derrotado en el sofá con la cabeza entre las manos, le quema la boca y le laten las venas porque desearía tener labia, ser capaz de ir hasta ti, tocarte, decirte lo que de veras piensa. Y lo que de veras piensa es que tengas ánimo, viejo, que no eres tan viejo, maldita sea, aunque él mismo te lo diga a veces. Que él no es tan crío ni tan bobo como parece, que sabe fijarse en las cosas que ve, y que te ha visto trabajar, e intentarlo una y otra vez, y querer a su madre y a él y a sus hermanos. Y sabe que eres el mejor, rediós, que eres la mejor persona, el hombre más decente y trabajador que ha conocido en su puta vida. Que eres su padre y lo serás siempre, tengas curro o no lo tengas. Que las mejores lecciones de su vida se las diste siempre no con lo que decías, haz esto o no hagas lo otro, sino con lo que él te vio hacer. Y que cuando, tarde o temprano, tenga que cerrarte los ojos —y ojalá te los cierre él— sin duda podrá decir en voz alta: «Era un buen padre y era un hombre honrado».

Así que, como dicen mis paisanos de Cartagena, no te disminuyas, amigo. Mañana te pones esa camisa planchada por tu mujer y te vas a la entrevista de trabajo con la cabeza muy alta. Y si no le gustas al niñato de turno, pues él se lo pierde y que le vayan dando. Y si fracasas otra vez, síguelo intentando mientras puedas. Y cuando ya no puedas más —que casi siempre se puede—, pues bueno, pues hasta ahí llegaste, compañero. No hay nada deshonroso en el soldado que enciende un pitillo y levanta las manos, si antes ha peleado bien a la vista de los suyos. Si antes ha disparado su último cartucho.

El Gramola

He tardado casi cuarenta años en desvelar el enigma, pero al fin lo conseguí. Ocurrió el otro día, cuando amarré en Cartagena con lebeche suave y buena mar, y me fui con Paco el Piloto a beber unas cañas para hablar de barcos, y de la vida. Y estando sentados frente al puerto, en la terraza del bar Valencia, empezamos a charlar de los viejos tiempos, y de cuando yo era un crío que curioseaba entre los barcos amarrados y los tinglados y grúas de los muelles. Y salieron personajes de entonces, resaca de la vida que cualquier puerto hacía numerosa en aquellos tiempos. Tipos pintorescos, graciosos, singulares, que permanecen anclados en mi infancia. Unos porque los conocí, y otros porque oí hablar de ellos. Muchos eran infelices, pobre gente objeto de las burlas de las tertulias y los bares del puerto y la calle Mayor. Se llamaban Popeye, Antoñico, el Curiana, o aquellos legendarios Pichi, el Negro del Muelle, el Jaqueta —que toreaba a los automóviles con periódicos y saludaba luego a un tendido imaginario—, y don Ginés, que durante la guerra mundial se había creído Hitler, y pasó el resto de su vida escuchando a los guasones locales preguntarle, muy serios, qué tal iban las cosas por el Tercer Reich. También estaba aquel cochero de la funeraria al que los chiquillos le decían, en choteo: «¿Nos das una vuelta?», y él contestaba: «Cuando se muera tu madre la voy a llevar por todos los baches».

El Piloto los había conocido a todos, y yo recordaba a la mayor parte. Incluido el Ratón, que pescaba gatos con un anzuelo y una sardina y luego se los guisaba con arroz. Eran otros tiempos: finales de los años cincuenta, y los niños mirábamos a tales personajes con una mezcla de temor y admiración. Éramos crueles como puede serlo la naturaleza de un crío acicateada por la maldad o la falta de caridad de los adultos. Algunos eran objeto de nuestras burlas; y ahora no puedo evitar, al recordarlo, una incómoda sensación. Supongo que el nombre es remordimiento. Y ese remordimiento es hoy más intenso por el recuerdo del Gramola.

Federico Trillo, que ahora manda huevos, o mis amigos Elías Madrid Corredera y Miguel Cebrián Pazos lo recordarán bien, pues nos lo encontrábamos vendiendo lotería a la salida de los Maristas. El Gramola lucía despareja dentadura y gafas muy gruesas. Tenía muy poca vista, y se veía obligado a acercarse mucho los décimos a los ojos para verles el número. Su voz cascada, chirriante, sonaba por las esquinas anunciando el siguiente sorteo. Los graciosos de los bares —un cartagenero sentado a la puerta de un bar muerde hasta con la boca cerrada— nos decían a los niños, por lo bajini, que le preguntáramos por la Vieja. Nosotros no sabíamos quién era aquella vieja, pero nos fascinaba el efecto de mencionarla. Bastaba con acercarnos y decir: «Gramola, ¿y la Vieja?», y de pronto el pobre hombre se volvía un basilisco, nos buscaba con sus ojos miopes y blandía las tiras de décimos fulminándonos con aquella maldición suya que nosotros, asustados y emocionados, esperábamos a quemarropa: «Ojalá le salga a tu padre un cáncer negro en la punta del pijo».

Nunca supe quién era aquella Vieja, y en esa ignorancia permanecí hasta que, entre caña y caña, Paco el Piloto sacó a relucir al Gramola. Yo le comenté lo de la Vieja, y el Piloto me miró con sus veteranos ojos azules descoloridos de sol, mar y viento. Me miró un rato callado y luego dijo que la Vieja no era sino una pobre mujer que había sustituido a la verdadera madre del Gramola, que en su juventud, decían, había sido puta. La llamaban la Valenciana, añadió. Y el Gramola, que era un hombre pacífico y un infeliz, se ponía fuera de sí cada vez que le recordaban su presunto origen.

Luego el Piloto se encogió de hombros y pidió otra caña, y yo me quedé dándole vueltas a aquello. Pensando: hay que ver, y qué perra es la vida. Uno la vive, y camina mientras lo hace, y nunca sabe con exactitud cuántos cadáveres va dejando atrás en el camino. Gente a la que matas por descuido, por indiferencia, por estupidez. Por simple ignorancia. Y a veces, muy de vez en cuando, uno de esos fantasmas aparece de pronto en la espuma de un vaso de cerveza, y te das cuenta de que es demasiado tarde para volver atrás y remediar lo que ya no tiene remedio. Demasiado tarde para correr a la esquina de la calle Mayor, balbucear «Gramola, lo siento», o qué sé yo. Para comprarle, tal vez, hasta el último de aquellos humildes, entrañables, décimos de lotería.

Los padres de la patria

Pues eso. Que en un libro recientemente aparecido, *Manda Huevos,* alguien ha tenido la escalofriante idea de reunir las frases notorias de esa chusma infame que en España responde al nombre colectivo de clase política. El libro, construido a base de anécdotas y personajes, empieza a leerse con un gesto divertido y una sonrisa en los labios, pero luego la sonrisa se transforma en mueca de angustia. Cielo santo, se dice uno. En manos de quiénes estamos.

Hay ingenio, por supuesto. En este país la mala leche no siempre va pareja con la estupidez, y algunas citas de Alfonso Guerra son ya espléndidamente históricas, como aquellas definiciones de Adolfo Suárez —*«tahúr del Mississippi con chaleco floreado»*— o de Margaret Thatcher —*«en vez de desodorante se echa Tres en Uno»*—. Sin embargo, no es precisamente el ingenio lo que abunda. Lo que salta a la cara es una desabrida colección de ordinarieces y de ignorancia extrema. Una radiografía estremecedora de los incultos demagogos que mangonean este desgraciado lugar llamado España: mulas de varas, navajeros de taberna, guarros de bellota que no sólo no se avergüenzan de su pobreza intelectual y su manifiesta incapacidad de articular sujeto, verbo y predicado, sino que encima nos regalan finezas ideológicas como la atribuida al ex presidente cántabro Juan Hormaechea: *«Me encantan los animales, y si son hembras y con dos patas, mejor».* O lo de un tal Armando Querol, a quien no tengo el gusto: *«A los socialistas les vamos a cortar las orejas y el rabo para que dejen de joder».*

Dirán mi madre, y el obispo de mi diócesis, y mi primo el notario de Pamplona, que a buenas horas me pongo estrecho y finolis en esta página. Así que antes de que mi progenitora me tire de las orejas, y el obispo diga vade retro, y el notario escriba indignadas cartas para que me quiten de *El Semanal* y me echen a la puta calle, me adelantaré apuntando que yo no pido que me vote nadie, ni vivo del morro, ni de un partido; y voy por la vida de francotirador cabroncete, no de padre de la patria. Así que me reservo el derecho a escribir como me salga de los cojones. Derecho del que, sin embargo, carece toda esa tropa que bebe Vega Sicilia a costa del contribuyente. Toda esa pandilla a menudo analfabeta, que hasta cuando paga la cuenta del restaurante con la Visa Oro firma con faltas de ortografía. Impresentables que sólo podrían hacer carrera política en un país como éste. Tiñalpas capaces de hacer que cualquier ciudadano normal se ruborice cuando se ponen de pie ante su escaño asegurando representar a alguien, prueban el micro diciendo: «¿Me se oye, me se escucha?», y a continuación balbucean torpes discursos sin el menor conocimiento de la sintaxis, sin la menor preparación cultural, con una ignorancia flagrante de la Historia, y la memoria, y la realidad del país en el que trampean y medran. Discursos de los que brilla por su ausencia el más elemental vislumbre de talla política, y que suelen consistir en la sistemática descalificación del contrario, bajo el principio del tú eres aún más golfo que yo. Ni siquiera esos tontos del culo saben insultar como Dios manda, o al menos como insultaban los parlamentarios decimonónicos y del primer tercio de este siglo; que siendo muchos igual de golfos y zoquetes, procuraban aparentar argumentos y estilo para no hacer el ridículo. Pero ahora el personal se lo traga todo, y da igual, y los diarios no titulan con ideas, ni las exigen, pues nadie las tiene, sino con la última gilipollez o la última calumnia. En vez de programas y soluciones, la clase política se pasa las noches rumiando el insulto o la supuesta agudeza que va a soltar al día siguiente. Y así, de ser un simple argumento o refuerzo táctico, el insulto ha pasado a convertirse en argumento central, y único, de todo discurso político. Porque en este país —o como queramos llamar a esta piltrafa de sitio—, los programas de gobierno y los argumentos políticos hace tiempo que fueron sustituidos por reyertas tabernarias y peleas de gañanes, donde se hace difícil sentir simpatía por uno o por otro, pues casi todos se mueven en idéntico nivel de bajeza y de bazofia.

Y no se trata ya de que aprendan Historia, o Retórica, o modales. A buena parte de ellos habría que empezar por enseñarles a leer y a escribir. Y a deletrear. Por ejemplo, la Uve con la e y con la r: *Ver.* Que es la primera sílaba, señoras y caballeros, señorías, de la palabra *ver-güen-za*.

La peineta de Maimónides

Pues no. Lo siento, pero no trago. Cuando tiene usted, caballero, la osadía de hablar de la cultura española como *«el castellano aderezado con unas gotas de gracejo andaluz»* e insinúa que el resto ha funcionado cada cual por su cuenta, me temo que olvida o ignora demasiado. Aquí, tiene usted razón, se ha hablado y se ha escrito además, efectivamente, en gallego, en vasco y en catalán. Pero pongo en su conocimiento —sorpresa, sorpresa— que también, y a veces mucho más, en antiguo aragonés, en leonés y en asturiano. Y también en hebreo, y en griego, y en latín, y en árabe. Así que cuando algunos hablamos de Cultura con mayúscula, y de España como lugar donde se manifestó esa cultura, nos referimos a eso. Verbigracia: que aparte y además de las muy respetables lenguas autonómicas, en hebreo escribieron, por ejemplo, el filósofo Maimónides y el poeta medieval Ben Gabirol. Y en árabe se expresaron otros españoles llamados Averroes, o Avempace. Y aquí se escribió en latín hasta el siglo pasado; lengua en la que trabajaron Ramón Llull, que era mallorquín, y san Isidoro, que era de Cartagena, y Luis Vives, que era valenciano. Y el Zohar, que es el más importante tratado sobre la Cábala hebraica, lo escribió, cosas de la vida, un rabino de León.

Hay más. La primera versión de la historia de Tristán, por ejemplo, y las novelas del ciclo artúrico medieval, fueron vertidas al castellano a través de traducciones al leonés. Y en Aragón, a Juan Fernández de Heredia, que fue maestre del Hospital —hoy orden de Malta—, se le adeuda la primera traducción a una lengua occidental, latín incluido, de Tucídides y de Plutarco. Y permítame recordarle que la introducción de la poesía renacentista y el metro italiano en España se debe a dos amigos íntimos, toledano el uno y barcelonés el otro, llamados Garcilaso de la Vega y Juan Boscán. Y que muchos autores españoles fueron y siguen siendo bilingües, empezando por Alfonso X el Sabio, que escribió su prosa en castellano y su poesía en gallego. Y que en la Cancillería aragonesa se parló aragonés y catalán hasta que en el siglo XV el aragonés se fue castellanizando. Y, ya que hablamos de esto, permítame decirle que el leonés y el aragonés, aunque dejaron de utilizarse a partir de esa época salvo en algunas manifestaciones de poesía dialectal, tuvieron un enorme peso cultural en la Edad Media. Más, por ejemplo, que el vasco, o vascuence, que no produjo manifestaciones literarias de importancia —corríjame si me equivoco— hasta muy entrado el siglo XVI.

Así que haga el favor de no tocarme los cojones con la peineta andaluza y con el victimismo cultural periférico excluido y excluyente. El hecho de que todo eso haya sido escrito en lenguas que no son el castellano no quita un ápice a que se produjera en un contexto cultural español, donde nunca hubo cámaras estancas, sino interacción e influencias mutuas muy importantes y enriquecedoras. Aquí no hay —como usted parece afirmar confundiendo lengua, cultura y política— culturas independientes, sino imbricadas en un espacio al que llamamos, porque de algún modo hay que llamarlo y así lo hacían ya los romanos, España. Y eso lo entiendo en el sentido noble del término: la plaza pública, el ágora que es la única y generosa patria. Un lugar amplio, mestizo, donde se mezclan sangres y no se excluye a nadie, y donde todos son bien recibidos. Y donde Esteban de Garibai y Pedro de Axular, aunque no lo escribieran todo en castellano, son tan españoles, culturalmente hablando, como Unamuno o Baroja son —y lo son del todo— vascos hasta la médula.

En toda esa variedad de manifestaciones, todas muy respetables aunque unas más decisivas cualitativa o cuantitativamente que otras —en materia cultural no siempre es posible aplicar cuotas ni baremos políticamente correctos—, el azar y la Historia decidieron que hubiese una lengua común, una calle por donde todo el mundo, hable lo que hable y sienta lo que sienta, pueda transitar a la vez, y entenderse, y comunicarse. Y esa lengua pudo tal vez ser el batúa o el tarteso, pero resultó ser el castellano. Que por cierto es una lengua muy hermosa y práctica, feliz mestizaje de todas las otras, que ahora hablan cientos de millones de seres humanos, y de la que han nacido varias claves de la cultura universal, libertades incluidas. Lo avala el hecho de que aquel cura fanático y vasco, citado no recuerdo si por Unamuno o Baroja, predicara en el sermón: «*No habléis castellano, que es la lengua del demonio y de los liberales*».

La viejecita de San Telmo

Cuando estoy en Buenos Aires me gusta pasar alguna mañana en el rastro de San Telmo, entre los tenderetes de objetos viejos y las tiendas de anticuarios. Siempre hay músicos que milonguean entre corros de gente, y una señora que pasea con boa y sombrero, vestida como aquellas Margot a las que, según cantaba mi padre al afeitarse, uno solía encontrar de madrugada, solas y marchitas, saliendo de un cabaret. En una de las bocacalles que dan a la plaza suele apostarse un anciano de pelo teñido, que se viste como Carlos Gardel, pone una cinta con *La cumparsita* y la canta con voz cascada, seca, que en otro tiempo debió de ser grave y sonora, imitando el gesto chulesco, bacán, de aquellos guapos de Boca y Palermo con cuchillo en la sisa del chaleco, cuyas andanzas nos cuentan Borges y Bioy Casares. El abuelete canta mirando lejos, muy digno, ensimismado en otros tiempos en que era joven y gallardo, y tal vez arrancaba con sus canciones suspiros de hermosas mujeres. Siempre me acerco a soltarle unos pesos; y él, sin dejar de cantar, impasible el rostro, se toca el ala del sombrero. Cada vez pienso que no estará allí la siguiente, pero siempre vuelvo a encontrarlo, año tras año. El fantasma de Carlos Gardel, me digo. O tal vez un Gardel que hubiera sobrevivido a la caída de aquel avión y ahora vagase por Buenos Aires de incógnito, sombra de sí mismo.

Me gusta mucho la plaza de San Telmo, con sus bares y sus restaurantes en los balcones de los pisos, y las tiendas donde se amontona el barroco recuerdo de un pasado opulento. El paseo por allí resulta muy agradable, si uno consigue olvidar los rebaños de gringos rubios, ruidosos, que mascan chicle, graznan en anglosajón y deambulan en torpes grupos haciéndose fotos sin saber en dónde están y maldito lo que les importa. A veces compro libros viejos, o curioseo entre los tenderetes revisando mazos de antiguas postales, fotos de Perón, llamadores de bronce, mohosas Kodak de los años veinte, destrozados juguetes de hojalata, muñecas de pelo natural. En sitios así, cuando tiendes la oreja y miras del modo adecuado, y afinas las yemas de los dedos al acariciar los antiguos objetos, puedes captar el rumor del tiempo transcurrido. Entonces cada calle, cada rostro, cada rincón, cobran sentido. Y uno conoce, y comprende. Y ama.

Después del ritual de costumbre, fui a sentarme en uno de los bares de la plaza. Y estando allí se acercó una señora mayor: iba moviéndose de mesa en mesa con extrema cortesía y una sonrisa educadísima. Cuando llegó a mí comprobé que vendía un humilde libro escrito por ella. Miré el título: *Aires de tango.* Un guiri estúpido que ocupaba la mesa de al lado la había rechazado con malos modos, así que eso me hizo exagerar el interés, e incluso intenté volcarle con el codo la cerveza al guiri cuando me incliné hacia la señora, sin conseguirlo. Se llamaba Rosa Rius de Dugour, me dijo. Era profesora de música, viuda, tenía ochenta y tantos años y vendía aquel librito para ganarse unos pesos. La sonrisa pareció rejuvenecerla cuando me contó que en su juventud había formado pareja artística con el marido: la Orquesta Típica Dugour. *Aires de tango* era un homenaje a los tangos que cantaron juntos. Había letras suyas y de su difunto esposo en el librito, me contó mientras yo lo hojeaba. «*Ya no existe aquel farol / alumbrando a querosén...*» leí en el mal papel. El precio eran ocho pesos: mil pesetas, más o menos. Le di un billete de diez.

La señora tenía unos ojos inteligentes y dulces, y de pronto pensé que debía de haber sido muy guapa y que todavía lo era.

«¿Dónde va a ir el libro?», preguntó, sacando una libretita y un lápiz. Luego me dijo que siempre apuntaba el lugar a donde iban sus compradores extranjeros. La hacía feliz, añadió, saber que sus modestos libritos iban a conocer mundo. Apenas dudé. «A San Petersburgo», dije improvisando. «Primero a Madrid, y luego a San Petersburgo.» Abrió mucho los ojos y le temblaba la mano, emocionada, cuando lo anotó en su libretita: «San Petersburgo —repitió, evocadora—... ¡Otra vez se llama así!».

Después se alejó entre la gente, con su bolso lleno de libros apretado contra el pecho, y yo me quedé con mi ejemplar dedicado entre las manos. Al lado, el gringo de la cerveza seguía mirando la calle con la mirada inteligente de un buey paciendo en Texas. Intenté tirarle otra vez con el codo la cerveza, disimuladamente, pero fallé por segunda vez, y me miró un poco mosqueado. Se le veía incómodo entre tanta cosa vieja. Sin duda echaba de menos un televisor y una hamburguesa.

Leo y el teniente Castillo

Leo me ha dado un disgusto. Leo es tranquilo, de modales impecables. Las clientas maduras y las que no lo son tanto suelen mirarlo de reojo, y le sonríen al dejar propina. Leo vino la otra noche a traerme una Bombay con hielo y un poco de tónica, y luego se demoró un poco junto a mí, bajo la cúpula del bar de mi hotel de Buenos Aires. Siempre charlamos un poco: le regalo libros y él se niega a cobrarme el último café. Tal vez la próxima vez que usted venga yo no siga aquí, dijo. Después se encogió de hombros. Quizá intente otra cosa, añadió. Otro trabajo. No quiero ser camarero toda la vida. Respondí que nada tiene de malo ser camarero cuando eres un buen camarero. Sonrió. A mi edad todavía puedo intentar algo mejor y equivocarme, dijo. Nunca le había preguntado su edad, y esta vez lo hice. Veinticuatro años. Le deseé buena suerte, tripliqué la propina habitual y le di la mano. El bar no será el mismo, dije.

Bares y camareros. Resulta curioso, pensaba al despedirme de Leo, hasta qué punto uno asocia los unos con los otros, al extremo de que nada es lo mismo cuando faltan. En la vida nómada que llevé durante años, cuando los bares se convertían en refugio, oficina y vivienda, eran los camareros quienes terminaban decidiéndome a adoptar éste o aquél. O quizás eran ellos, los camareros, quienes decidían adoptarme a mí. No conocí nunca a un camarero profesional que no estableciera sutiles lazos y barreras con unos clientes y otros, o que no practicase un silencioso juego crítico con la fauna variopinta que desfila al otro lado de la barra; sacando conclusiones que sólo se confían a unos pocos iniciados tras larga y rigurosa selección. A veces, con una simple palabra dicha en voz baja, con la imperturbabilidad de un croupier flemático.

De cualquier modo, ni los lugares ni los recuerdos serían los mismos sin ellos. Sin Mustafá, el bar del Holiday Inn de Sarajevo sólo habría sido un bar más de una ciudad en guerra más; y dudo encontrar nunca a otro capaz de quitarle el polvo a una botella, después de que una bomba estalle encima del hotel llenándolo todo de tierra y escombros, para servir una copa con la misma elegancia y sangre fría que él. Sin Silvia, mi bar favorito de contrabandistas de Gibraltar sería más aburrido que un chiste contado por Abel Matutes. Sin Pepe Bárcena, el camarero poeta contagiado del virus de la literatura, el café Gijón sería infinitamente menos literario de lo que todavía es. Sin Claudio, el tiro que pegó Pancho Villa en el techo de la cantina de la Ópera el día que entró a caballo y borracho, pasaría inadvertido para quien entra a beber un tequila en el corazón de Méjico D.F. Incluso bares o cafés que ya no existen, como el Fuyma de Callao o el Mastia de Cartagena, quedaron en mi memoria vinculados a camareros como Antonio, alto, bigotudo, solemne con su chaqueta blanca y su pajarita, que convertía el acto de servir un café en algo trascendente por lo que valía la pena pagar, y disfrutarlo.

En Beirut, en Luanda, en Sevilla, siempre deseé tenerlos de mi parte. Quería leer en sus ojos su aprobación, y escuchar sus confidencias. Intuía que tras su calma profesional, tras su mirada atenta a los deseos y caprichos de los clientes, latía a veces una especial lucidez; un conocimiento profundo de los hombres y de la vida. Recuerdo al teniente Castillo —no era su nombre auténtico, por supuesto, sino un apodo que yo le puse—, camarero de cierto club náutico mediterráneo, que albergaba un profundo rencor social hacia sus clientes: un odio republicano, profundo, brutal, absolutamente revolucionario, que sólo dejaba traslucir en nuestras conversaciones en voz baja, acodados en la barra. Para el teniente Castillo, el lugar natural donde había que conducir a todos aquellos propietarios de yates y a todas aquellas damas del pijerío local era el paredón del cementerio, al amanecer, ante los faros de un camión y con un piquete de buenos máuser apuntando. Luego lo veía servir un coñac, una cocacola, y mirar a sus clientes en silencio, con ojos de guillotinador; como si estuviera contando para sus adentros el tiempo que le quedaba a cada uno. Disfruta, mala zorra —debía de pensar—, que te quedan tres meses. Un día desapareció, y supongo que lo echaron, porque la verdad es que al final se le notaba mucho. Lo imagino en alguna parte, con su pitillo humeante en la boca, afilando un machete en una piedra mientras cuenta impaciente los días del calendario. Espero que, llegado el momento, todavía me reconozca.

El pequeño serbio

Pues eso. Que estaba el otro día sentado en una terraza de la plaza de San Francisco de Cádiz, mirando la vida. Y en la mesa contigua había un matrimonio joven con dos zagales, dos enanos rubios de entre siete y nueve años, el mapa desplegado, y la cámara de fotos. Y yo, que tenía más hambre que un caracol en la vela de un barco, desayunaba un mollete untado de aceite; y entre mordisco y mordisco al pan caliente miraba la plaza, y las palomas revoloteando frente a la puerta de la iglesia. También miraba a los dos niños, a quienes sus papis acababan de comprar dos tirachinas de esos que antes los críos fabricábamos en plan artesanal, con un trozo de madera en V, tiras de neumáticos, un retal de cuero y un palmo de alambre, y que ahora se venden en las tiendas y en las jugueterías, y valen una pasta. Que por cierto tiene tela, tanta capullez sobre los juguetes bélicos y las armas y las navajas de Albacete, y resulta que cualquier parvulito puede comprar un tirachinas de precisión para saltarle un ojo al vecino, o un huelguista de la Bazán ponerle un tornillo dentro y perforarle la visera del casco a un antidisturbios. Que no tengo yo nada contra el hecho en sí, y cada cual perfora lo que cree conveniente; pero extraña que por un lado el personal se lleve las manos a la cabeza, y por el otro ponga las cosas tan a huevo.

En fin. El caso es que allí, imagínense, están los dos niños con sus tirachinas recién comprados, y yo sigo con mi desayuno mirando cómo se pasean las palomas, y cómo un palomo muy seguro de sí y muy flamenco hincha el buche sacando pecho y se contonea entre las marujillas plumíferas, que hacen corros y lo miran de reojo, bucheando, o zureando, lo que sea que hacen las palomas en voz baja cuando el cuerpo les pide marcha. Y estoy en ésas, pendiente de a cuál se liga el Travolta del palomo, cuando de pronto se me atraganta medio mollete porque oigo al niño rubio mayor decirle a su hermano rubio menor: «Vamos a espantar palomas». Miro al padre, suponiendo que ha oído lo mismo que yo, y compruebo que el padre sigue leyendo con mucha calma el periódico. Miro a la madre, rubia, muy bien vestida, y compruebo que desliza su mirada lánguida por la plaza, apática e impasible, mientras sus dos criaturas se ponen en pie y, lanzando gozosos gritos de guerra, cogen guijarros de las jardineras municipales y empiezan a sacudir chinazos a diestro y siniestro. A Travolta lo pillan descuidado, metiendo barriga y sacando pecho, y de una pedrada le cortan el rollo y la digestión de las miguitas que acababa de jalarse al pie de mi mesa. Luego los tiernos infantes se ponen a dispararles a las palomas con precisión letal de francotiradores serbios, y la plaza se vuelve revoloteo de palomas acojonadas y plumas que flotan en el aire.

Alucino. Miro al padre, que sigue pendiente de su periódico. Miro a la madre, que observa silenciosa la almogavaría de sus pequeños gamberros. Miro las dos cabecitas rubias que van y vienen gozosas desde hace cinco minutos largos, disfrutando del momento inolvidable que sin duda, dentro de cuarenta años, cuando se reúnan a cenar por Navidad, ambos evocarán con lágrimas en los ojos, por aquello de que la infancia es el paraíso perdido, etcétera. La madre me mira. Ha debido de leerme el pensamiento, porque desvía los ojos hacia sus niños y luego vuelve a mirarme. Entonces, saliendo de su apatía con un esfuerzo casi físico, llama al mayor. Paquito, le dice. Paquito, ven inmediatamente y trae a tu hermano. Paquito no le hace ni puto caso y sigue a lo suyo. La madre deja transcurrir otro minuto, me mira de nuevo e insiste. Paquito. A esas horas, la paloma más cercana está en lo alto del campanario, y Paquito regresa con su hermano, sudoroso, vencedor cual César tras darse una vuelta por las Galias. Con los tirachinas traen, como trofeo, sendas plumas blancas de la cola del pobre Travolta, que a estas horas debe volar a ciento ochenta por hora camino de Ciudad del Cabo. Con mucho alarde, la madre les confisca por fin el armamento. Paquito me mira con ojos de odio, intuyéndome culpable. Se parece, me digo, a aquel soldado que quiso matar a un prisionero en Kukunjevac, Croacia, septiembre del 91, y no lo hizo porque la cámara de Márquez lo estaba filmando. Y es que algunos hijos de puta ya prometen desde su más tierna infancia. Uno se los tropieza lo mismo en Cádiz que en Kosovo, con tirachinas o con fusil de asalto Kalashnikov, y sospecha que no siempre Herodes o Javier Solana degollaron inocentes.

La estocada de Nevers

Pues sucede que paso por la puerta de un cine y miro el cartel. Anda tú, me digo. Una de espadachines. Y además francesa, que las hacen estupendas, y son ahora al buen cine histórico y de aventuras europeo lo que Hollywood era a mediados de siglo. Total, que miro las carteleras y el título. *¡En guardia!,* se llama. Hay algo más pequeño escrito debajo, entre paréntesis, pero estoy lejos y no alcanzo a leerlo bien. Así que me acerco, y mientras lo hago compruebo que los actores son Daniel Auteuil, aquel formidable Enrique el Bearnés de *La reina Margot,* y Vincent Pérez, el caballero de La Móle que se liga a Margarita de Valois en esa misma película, y que también hace, por cierto, del Cristian rival de Depardieu en *Cyrano.* Ésta no sé de qué va, me digo. Eso de *En garde!* no me suena en gabacho para nada: ni a película, ni a novela. Pero da igual. Tiene buena pinta, y se me hace la boca agua. Lo mismo encima la peli es de Chereau, o de Tavernier, y me compro una bolsa de palomitas y me pongo hasta arriba de estocadas. Seguro que al menos éstos no tienen la intención de contármelo todo sobre su madre.

Entonces llego por fin más cerca del cartel, y miro los fotogramas de la película y compruebo, algo mosqueado, que me traen un aire familiar. Y luego alcanzo lo que pone entre paréntesis debajo de *¡En guardia!* y entonces sí que me quedo patedefuá. *Le Bossu,* leo, mirando hacia arriba con la boca abierta y cara de lelo. *Le Bossu,* tal cual, en francés. Y al que no parle, que le den. Eso es lo que se habrán dicho los distribuidores españoles, capaces de todo menos de llamar a una cosa por su buen y viejo nombre de toda la vida. Qué más da. Al fin y al cabo la historia original sólo es un puñetero libro. Aunque, conociendo como conozco en persona a algunos distribuidores locales de cinematógrafo, dudo que muchos hayan oído hablar nunca de la historia original. Ni de ésa ni de ninguna otra que venga en letra impresa. Así que, bueno. Allí, en la puerta del cine, reacciono y alzo un puño indignado clamando al cielo. Después blasfemo en arameo. Imbéciles, farfullo. Hay que ser imbéciles y cantamañanas para estrenar en España *El Jorobado,* y no llamarlo por su nombre.

Cualquier lector de pata negra sabe a qué me refiero. O cualquier cinéfilo que recuerde a Pierre Blanchard, a Jorge Negrete o a Jean Marais —mi favorito era este último— interpretando en la pantalla al intrépido Enrique de Lagardére, el Parisién, el antiguo alumno de los maestros de armas Cocardasse y Passepoil oculto bajo la deforme apariencia de *El Jorobado,* el espadachín que rescata del pasado la famosa estocada de Felipe de Nevers —*«yo soy, yo soy»*—, su amigo de una trágica noche en los fosos del castillo de Caylus, para proteger a la huérfana Aurora de las maquinaciones del malvado Gonzaga. Cualquier lector que haya disfrutado con el soberbio folletín de Paul Feval —hay una edición estupenda en la editorial Anaya— no puede menos que sentirse personal y directamente agraviado al descubrir, bajo el camuflaje del título *¡En guardia!,* una de las raras y felices conexiones que a veces se dan entre cine y literatura, donde obra literaria y resultado cinematográfico se encuentran a la altura una de otra. Donde el espectador o el lector avisados pueden buscar el complemento en el libro o en la pantalla, enriqueciendo así más su percepción de la historia que leen, o que escuchan y miran.

Es una lástima que la estupidez, la ignorancia, la moda, la dictadura del mercado norteamericano, facilitada por una Administración española analfabeta y servil, hagan imposible todo eso. Si la historia original es un libro —dicen aquí— por famoso que sea, no merece la pena indicar el título. A fin de cuentas los libros no los lee nadie; así que mejor un título de acción. Algo espectacular, que suene a Hollywood. Y eso de *El Jorobado* suena fatal. Un jorobado no tiene cuerpo danone, ni se viste de rapero. Además, la palabra joroba es políticamente incorrecta, en estos tiempos de gente guapa. A ver qué quinceañero irá al cine si le hablas de tipos encogidos y de pepinillos en vinagre. Si fuera de terror, todavía. Pero ni siquiera salen Freddy Krüger o el muñequito Chuck. Así que no jorobes: el subtítulo en francés, para que no se entienda. Y en cuanto al Lagardére ese, puede irse dando con un canto en los dientes. Porque, en vez de *¡En guardia!*, podíamos haberla titulado *Estocator IV.*

Los dos abueletes

Tengo unos vecinos que se llaman Luisa y Pepe. Son unos viejecitos encantadores, sin hijos, cerca ya de los ochenta. Luisa es una señora de pelo blanco, menuda, siempre sonriente, educadísima, a la que uno se encuentra por el campo paseando a su perra —una salchicha de pelo duro andarina y apacible—, o muy precavida al volante del coche, yendo a hacer la compra o a buscar los periódicos. Porque Pepe, el marido, no conduce. Está hecho polvo, y los años se le notan. Es un gallego muy flaco, alto, de cabello abundante y canoso, que sale con zuecos de madera a tomar el sol. Como pareja, es una de las más insólitas que conozco. Porque Luisa es catedrática jubilada de Filología, y Pepe es teniente jubilado de la Guardia Civil.

Se conocieron en una residencia de abueletes. Pepe, viudo, quedó fascinado por los ojos azules, la vivacidad y la ternura de aquella simpática viejecita soltera, que había dedicado su vida a las lenguas clásicas y seguía desayunándose con Jenofonte y cenando con Apolonio de Rodas. Pepe no era demasiado instruido, pero a Luisa la sedujo su elegante delgadez, la bondad de su honrado corazón celta, la sencillez con que contaba fragmentos de su vida de hombre de acción: La guerra civil de marinero en el *Canarias,* la difícil postguerra, la larga carrera desde abajo, como picoleto chusquero, hasta retirarse como jefe de puesto, con el grado de teniente. Se quedaban charlando hasta las tantas, iban siempre juntos a todas partes, y ocurrió lo que tenía que ocurrir: se enamoraron como zagales. Así que, tras darle vueltas al asunto, decidieron casarse, dejar la residencia y buscar una casa en la sierra de Madrid.

Y aquí siguen. Ella con sus trabajos filológicos, sus monografías y sus libros: *Amor omnibus idem* y todo lo demás. Él cultiva el jardín y da cortos paseos al sol cuando se lo permite su salud, que ahora es muy mala. No soy nada inclinado a la vida social, y hay vecinos que saludo desde hace quince años sin saber todavía cómo se llaman. Ni falta que me hace. Pero Luisa y Pepe me caen tan bien que siempre charlo un rato, me intereso por los trabajos de ella o le pregunto a él por los años de juventud, aquel bombardeo atrapado en un pañol del *Canarias,* o cuando andaba por la sierra con zamarra, boina y naranjero, combatiendo al maquis. Fue la época más dura de su vida: monte, nieve, escaramuzas y peligro, donde a veces el cazador se convertía en cazado. Como quienes los han vivido de verdad, Pepe sabe hablar del miedo y del sufrimiento con naturalidad, sin darles más importancia que la que tienen como parte de la vida. Lo del maquis fue su gesta personal; le gusta recordar, y siempre detecto en su voz admiración por el coraje de los hombres y mujeres contra los que combatió. Cuando encuentro libros sobre esa época se los regalo, y él los lee —aunque cada vez le cuesta y tarda más— y luego me los comenta: *La sierra en llamas,* de Ángel Ruiz Ayúcar. *Luna de lobos,* de Julio Llamazares. *Maquis,* de Alfons Cervera.

Los dos viejecitos viven solos, y todo el mundo los conoce y aprecia en un lugar donde la gente hace vida a su aire y se ocupa poco de los otros. Tal vez por eso me gusta este sitio: porque hay silencio, hay árboles, y, si no das confianza, nadie viene a pedirte sal ni a invitarte a una barbacoa. Aquí te puedes morir tranquilo, sin pelmazos y sin visitas. Hasta don José, el páter, a quien a veces encuentro comprando el pan y charlamos sobre escribas y fariseos, sólo acude a darte los óleos si los pides con mucha urgencia. Sin embargo, la otra noche ocurrió algo especial: estaba leyendo en el jardín cuando oí la sirena de una ambulancia, que al parecer se había detenido frente a la casa de los dos ancianos. Salí a toda prisa, pensando en la mala salud de él, en la soledad de ella. Y, para mi sorpresa, comprobé que todos los vecinos, absolutamente todos, se habían congregado allí dispuestos a echar una mano. Por suerte no era Pepe; la ambulancia estaba detenida en la casa de al lado. Entonces nos miramos unos a otros, sorprendidos, confusos, arrancados de pronto a nuestro egoísmo natural, a nuestra reserva. Por un instante nos vimos bajo un aspecto mejor, o diferente. Esforzados, tal vez. Solidarios en una inesperada causa común. Casi buena gente. Luego, un poco avergonzados, nos saludamos en voz baja y regresamos despacio cada mochuelo a su olivo. La luz de la ambulancia seguía lanzando destellos ante la casa de más allá. Pero Pepe y Luisa estaban bien, y ésa era ya otra historia.

Chotos, pollos y ministros

Es que es la leche. Uno no sabe si revolcarse de risa o blasfemar en esperanto cuando imagina el cuadro. Ese despacho de ministerio, con su bandera. Ese ministro abnegado e intachable. Esos subsecretarios, asesores y correveidiles en plan tormenta de cerebros. Qué pasa con la cocacola, pregunta el ministro. Y con los pollos. Y con las criadillas de choto. Y con la colonia Tufy nº 5. Y con los panchitos y las gominolas. Porque me la estoy jugando, rediós. Me la estoy jugando y vosotros no os ganáis el jornal, y esta mañana me han sacado los colores en Moncloa. Que esto se nos va de vareta. Y los del elenco, muy dinámicos y en mangas de camisa y pidiendo café a la secretaria, como aprendieron en sus masters de Harvard y de Berkeley, diciendo: tranquilo, ministro, todo está bajo control. Que no cunda el pánico. Y el ministro contesta: eso, que no cunda el pánico, porque como cunda estamos bien jodidos. Y los asesores replican que no es para tanto. Cuéntaselo tú, Borja Luis.

Y Borja Luis se alisa la gomina, tira de bloc y le cuenta al ministro que no pasa nada. Que las cocacolas eran sólo dos cajas de doce, y en la etiqueta pone *contamination made in Belgium,* así que hasta Stevie Wonder podría identificarlas. Y que los pollos ni se han acercado a la frontera. Y que las criadillas de choto chungas son las de choto MacPherson, que es una variedad de choto escocés que sólo se consume en algunos barrios de Glasgow, según se entra a mano derecha. Y que la colonia Tufy está limpia, y hasta la usa Ana Botella. Y que lo de los panchitos y las gominolas es un infundio de los fabricantes de palomitas para reventar a la competencia en el estreno de *La Guerra de las Galaxias*. Así que tú tranquilo, ministro. No te disminuyas. Sal y da la cara, que en ésta no te pillan.

Y el ministro sale y lo cuenta. Garantizo personalmente, etcétera. Cordón sanitario, cinturón de hierro, permanente vigilia. Aquí no pasa nada, y las criadillas son cojonudas porque tienen mucho potasio. En cuanto a los pollos, trajimos cuatro para verlos, pero no convencieron y se los mandamos a los de Kosovo, que a ésos, total, les da lo mismo. Al final de la rueda de prensa sacan al ministro en el telediario bebiéndose a morro una cocacola. La chispa de la vida, dice el muy capullo.

Luego se va a su ministerio y se fuma un puro. Enciende la radio para ver cómo quedó la cosa, y oye a un camionero de Cuenca explicando que ignora la suerte de los cuatro pollos que fueron a Kosovo, pero que él personalmente hizo diez viajes a Bélgica y se trajo doscientas toneladas de pollos de ésos, que vio venderlos en un montón de pollerías y que los conoció por el acento. En cuanto a la cocacola, resulta que además de las dos cajas localizadas, que pone *made in Belgium,* hay otras trescientas mil cajas sin localizar donde no pone nada, que vienen del mismo sitio y se han repartido hasta en Chafarinas, y que el responsable de distribución para España acaba de pegarse un tiro gritando «no me cogeréis vivo» cuando iba a buscarlo la Guardia Civil. Y en cuanto al choto MacPherson, no sólo las criadillas tienen índices de plomo como para fabricar posta lobera del 12, sino que además esa variedad de choto está como una cabra y transmite la enfermedad de los chotos locos, que entre otras perversiones hace que los madrileños, a estas alturas, sigan votando a Álvarez del Manzano. Y que la colonia Tufy nº 5 tiene dioxinas sulfurosas, y a Ana Botella le han salido en el pescuezo unas ronchas que te cagas. Y que no sólo las gominolas y los panchitos, sino también las palomitas, contienen metacrilato clorhídrico espasmódico. Y además, en cada bolsita hay un rótulo que dice: *Envasado en Doñana, Spain.*

Entonces el ministro coge el teléfono y llama a su homónimo de Transportes y Aeropuertos, o como carajo se diga eso de lo que se ocupa el fulano. Cuéntame cómo haces para no dimitir, tronco, le dice. Cuéntamelo despacio, que tomo nota. Y el otro contesta: pues nada, tío. Esto es como lo de don Tancredo. Tú ni parpadeas hasta que pasa el toro. De momento échale la culpa a alguien: al bipartidismo mediático, al efecto 2000 o a Milosevic. Después te callas unos días, te vuelves invisible, y cuando aparezcas otra vez sales como si nada, hablando de otra cosa. De aquí a entonces ya verás cómo surge alguna historia diferente, y los periódicos titulan con los Balcanes, Gil y Gil, el pacto de Estella o el nuevo abonado a la bisectriz de Carmen Ordóñez. Lo bueno de gobernar aquí, colega, es que este país tiene muy mala memoria.

Una tarde con Carmen

Pues no hay mal que por bien no venga, piensa Antonio. La foca y la niña y la abuela están sentadas cada una en su sitio, con la sopa y las albóndigas, y nadie dice baja la voz que no oigo el telediario, ni espera un momento a ver qué ponen en Telecinco, o pásame el mando. Aunque parezca mentira, están *hablando*. Y es que al repetidor de televisión de la provincia le han puesto una bomba, zaca, y la tele se ha ido al carajo. Así que, gracias a eso, Antonio se entera de que su hija tiene novio, y la niña aprende un poco de su propia historia cuando la abuela cuenta los tres años que el abuelo, que en paz descanse, pasó con fusil y manta al hombro, justo antes de Franco; y también se entera de que el propio Antonio y su legítima se conocieron en un tranvía, circunstancia que le sirve para saber cómo eran los tranvías, y para descojonarse de risa cuando Antonio le cuenta que estuvieron tres años de novios y su madre se casó virgen.

Antonio no se lo puede creer: una tarde en familia. Pero su gozo dura poco; porque, como no hay telenovela, ni teleserie gringa con la que echar la pota, la mujer y la hija deciden irse al híper con la abuela. Antonio se niega a acompañarlas. Púdrete en tu reserva india, dicen las tordas. Y se abren. Y Antonio, cercano al éxtasis, se dispone a pasar la tarde enfrentado a los horrores de la soledad, en esa reserva india compuesta por dos millares de libros y medio millar de discos.

Antonio está que no se lo cree. Tres horas en el sofá, frente al televisor apagado, disfrutando de don José,

Carmen y la compañía, mientras repasa aquel capítulo se-
miolvidado en que Don Quijote alojose en la venta que imaginaba ser castillo. Tres horas sólo interrumpidas por el
acto de elevar más el volumen para fastidiar al vecinito de
al lado, que ha puesto bakalao a toda mecha (pero te vas a
joder, cretino, porque mi equipo tiene cien vatios más que
el tuyo, y hoy te tragas esto como que hay Dios), o para
reventar a la tontalpijo del quinto, que ha subido a decir
que no le gustan los gorgoritos y que el volumen está muy
alto (pero te van a ir dando, capulla, porque esta tarde te
estás jalando *Carmen*, *La traviata* y el *Bolero* de Ravel, como yo me trago la basura diaria de tus concursos y tus
culebrones televisados), o para putear a los enanos raperos
del piso de al lado, que por una tarde no tienen dibujos
japoneses para subnormales voluntarios, de esos a base de
mangas, terminators y la madre que los parió, y vagan por
la escalera como zombies.

Y así ha echado la tarde Antonio, bebiéndose un
coñac de vez en cuando, preguntándose qué haría toda la
peña si de pronto el tiempo diera un salto de cincuenta o
setenta años atrás. Preguntándose si les bastaría con Pipo y
Pipa y con *20.000 leguas de viaje submarino*, si el Guerrero
del Antifaz compensaría la falta de *Expediente X*, si serían
capaces de vivir sin gorras de béisbol y sin telepizzas. Si serían capaces de seguir por la radio, emocionados, la muerte de un papa, reír con un Gila sin rostro, disfrutar con Bo-
by Deglané, vibrar con Alberto Oliveras o amar en la voz
de Juana Ginzo a la novia de Diego Valor... Antonio tiene
cincuenta tacos de calendario y sabe que cualquier tiempo
pasado no fue mejor. Que hay tiempos y tiempos. Pero
también sabe que, puestos a elegir, prefiere las canicas y el
caballo de cartón, con sus inmensas limitaciones, a convertirse en un exterminador de extraterrestres. Que prefiere los reyes godos, la historia del Cid, la geografía y las car-

tillas de caligrafía a la mierda de la ESO. Que se queda con Gilda, Capra, Cecil B. de Mille, John Ford y Tony Leblanc antes que con las telebazofias norteamericanas a base de barbies con tetas de silicona. Por supuesto, no hay una lógica en ese tipo de preferencias; sabe que tal vez ni siquiera resistan un análisis lúcido, moderno y actual. Pero también sabe que él tiene razón, y que son los otros los que no la tienen.

A las siete regresan las señoras. La hija, como sigue sin haber tele, pide —milagro— un libro, y Antonio le da a elegir entre *Bomarzo,* de Mujica Lainez, que es largo, y *El gran Gatsby,* de Scott Fitzgerald, que es corto. La niña prefiere el corto, y ahora lee en su cuarto mientras la abuela escucha la radio en el suyo. En cuanto a la legítima, como sigue sin haber tele, acaba de sugerir irse un rato a la cama. Y Antonio, que no la veía tan marchosa desde hace años, apura el coñac y la sigue por el pasillo, canturreando bajito lo de Escamillo. Con una sonrisa feliz de oreja a oreja.

El gorila y el ratón

No sé en qué diablos ha metido la gamba el fulano del coche blanco, pero el otro energúmeno acaba de bajarse de la furgoneta y le atiza unos golpes tremendos en el capó. Idiota, le dice. Que eres un desgraciao y un idiota. El de la furgoneta es una mala bestia cuatro por cuatro, brazos como jamones y un careto de animal, de esos que te pica la curiosidad saber quién fue el abogado que consiguió lo soltaran del zoológico. Idiota, sigue voceando. La gente se para a mirar, y en el coche blanco el receptor de la borrasca está paralizado de miedo, con las manos crispadas en el volante. Es un tipo escuchimizado, de aspecto inofensivo, con gafas que le dan cara de ratón asustado. No le calculas media hostia ni aunque saque una parabellum de la guantera; así que el pobre hombre sigue allí, encogido, mientras el jaque atruena la calle con los insultos y las bravatas. Lo malo es que en el coche blanco también están la mujer y los hijos del tiñalpa. La mujer con más susto aún que el marido. En cuanto a los críos, son tres. Los dos pequeños parecen aterrados. La hija, quinceañera, tiene las manos en la cara y llora. Y el gorila de la furgoneta, crecido, poderoso, recreándose en la suerte, amaga con el puño junto a la ventanilla abierta, amenazador y macho. Que te daba asín y asín, y no sé cómo no te rompo la cara, desgraciao. Que eres un pobre desgraciao.

Por fin, desahogado, el cenutrio vuelve a su furgoneta y se quita de en medio, y el infeliz del coche blanco arranca con la cabeza baja. Y tú te quedas en la acera, viéndolo irse, mientras le das vueltas al caletre. No puede ser,

piensas. A un hombre no puede hacérsele eso delante de
su familia. Quizá el de la cara de ratón sea un perfecto
mierda, y tal vez haya hecho con el coche una pirula de
juzgado de guardia. Pero lo del gorila no puede ser. Estaba
esa mujer, estaban los zagales. Por muy perros que seamos
todos, por muchas faenas que te hagan al volante o a lo
largo de la vida, hay cosas que nadie, por fuerte que sea o
se sienta, puede hacerles a otros. Cosas que nadie debería
permitirse. Puestos en los extremos, rediós, a un hombre
se le mata, quizás. Se le vuela la cabeza si la cosa es pro-
porcionada y no hay más remedio. Pero no se le humilla,
y menos delante de los suyos. Ésa sí que es una canallada y
es una bajeza.

Y allí, de pie en la acera, te pones de pronto a recordar cosas que no te apetece recordar en absoluto. Fotos
de ese álbum confuso que llevas contigo: caras, imágenes,
veintiún años en la isla de los piratas que en los momentos
más inesperados o inoportunos dicen aquí estoy, échame
un vistazo, amigo, a ver si recuerdas. Y claro que recuerdas. Recuerdas perfectamente al miliciano maronita que
se llamaba Georges Karame —batalla de los hoteles, Beirut 1976— apaleando a aquel aterrorizado padre de familia
musulmán mientras otro kataeb registraba a la mujer y a
la hija sobándoles las tetas. O la mirada que la campesina
nicaragüense de Estelí, mayo del 79, dirigió a su marido
arrodillado ante los somocistas que lo empujaban con los
cañones de sus Galil, y cómo el pobre hombre intentaba
mantenerse digno, y la patada que uno de ellos, pelirrojo,
pecoso, alias Gringo, terminó por darle en la cabeza, y el
modo en que el hombre se incorporó luego, despacio, ya
mucho más avergonzado que temeroso, mirando de reojo
a su mujer. O el serbio joven de Kukunjevac, verano del
91, interrogado por tropas especiales croatas, encapucha-
dos que le daban bofetadas, una detrás de otra, mientras la

mujer con un crío pequeño en brazos miraba paralizada de terror ante la casa incendiada —botella de butano abierta y una granada—, otro guantazo y otro guantazo más, y cómo cada bofetada le volvía a un lado y a otro la cabeza, zaca, zaca, resonando como el parche de un tambor. Y cómo el infeliz se orinaba encima de miedo y de vergüenza, y una mancha húmeda y oscura se le extendía por la pernera del pantalón.

Y tú recuerdas todo eso y algunas cosas más mientras se alejan la furgoneta y el coche blanco. Y parece que nada tenga que ver. Pero sabes que sí tiene mucho que ver. Y te dices una vez más que el género humano es el peor de los géneros que conoces, y que no hay apenas diferencia de unos fulanos a otros. Sólo el hecho accidental de que unas veces te los encuentras en una ciudad entre semáforos y escaparates, y otras llevan escopeta en sitios donde la gente se arranca los huevos con la mayor naturalidad del mundo. Pero siempre se trata de los mismos hombres, colega. Siempre se trata de la misma infamia.

La chica de Rodeo Drive

El restaurante está casi en la esquina de Rodeo Drive. Es una pizzería en plan bien, frecuentada por gente del cine y de las lujosas tiendas y galerías que llenan el Triángulo de Oro. Raquel y Howard, mis agentes, han organizado un encuentro con fulanos de Hollywood, tiburones y tiburonas de sonrisa tan fácil como la de los escualos hambrientos, ya se pueden imaginar, contratos sobre la mesa y llámame Mike, y mucho jijí jajá, pero si no te lees con cuidado hasta la última coma de la letra pequeña vas listo: te roban la camisa, y además puedes encontrarte un cuchillo entre los omoplatos. El caso es que allí estamos, sonrientes y corteses y campechanos y pensando tras la sonrisa: a mí me la vas a pegar tú, hijoputa. De vez en cuando bebo un sorbo de vino de California. «Vaya una mierda, o sea, shit, de vinos tenéis aquí», he dicho hace un rato, más que nada por fastidiar, y todos se han reído mucho, ja, ja, hay que ver qué gracioso ha salido este cabrón. Lo mismo se habrían reído si llego a decir que el cuadrado de la hipotenusa es igual a la suma de los cuadrados de los catetos. Ellos cobran por reírse en los momentos oportunos mientras te llevan al huerto.

El caso es que yo bebo el vino, que por cierto es estupendo, y de vez en cuando bajo la guardia y miro a la chica que está en el atril de la entrada. Se llama Elena Trujillo, según su chapita de identificación, y es gringo-mejicana. Hace un rato, cuando le hablé del pueblo del que procede su apellido, me pidió que se lo describiera y estuvimos charlando unos minutos. No es guapa ni fea. Tiene la nariz inflamada y los cercos morados bajo los ojos que delatan una recientísima operación de cirugía plástica; y cuando yo bromeé cortésmente sobre eso, aventurando que le quedaría una bonita nariz, ella suspiró un momento, miró a las mesas donde se sentaban productores y actores, y dijo: «Ojalá».

Ahora desmenuzo esa palabra mientras la observo sonreír a los clientes y acompañarlos hasta sus mesas, y pienso en su enternecedora nariz operada, y en el modo en que habla y sonríe y camina, y en cómo debe de cruzar los dedos por dentro cada vez, cada día, diciéndose que sí, que quizás ese escritor español que habla inglés como los indios de John Ford y charla con los gringos rubios, o el actor sentado al fondo, o el agente cazatalentos que mira alrededor olfateando rostros y nombres, se fijen hoy en ella y le den, por fin, ese empujoncito que la llevará a la pantalla y a los sueños y a la fama y a la gloria. Y pienso en ella y en todas las chicas que he visto otras veces, apostadas en la esquina de la vida esperando el golpe de suerte; seguras de que en ellas se cumplirá la ambición donde otras fracasaron, y un día serán cartelera junto a Hugh Grant; y de todas las humillaciones, de todas las desilusiones, no quedará sino un mal recuerdo que habrá valido la pena, como el costo de esa nariz operada que tal vez allane por fin el camino. Eso es lo que pienso mientras miro a Elena Trujillo esperando como Penélope, sentada en su banco del andén, a que Richard Gere le diga tú eres Pretty Woman, y se besen, y suene la música.

Y sigo pensando en ella y en las otras chicas que me he tropezado estos días, soñando con ser actrices en Beverly Hills, o la semana pasada queriendo ser modelos en el hotel Delano de Miami, vestidas para matar, botín de marrajos sin conciencia al término de cada fiesta. Pienso en aquella lumi cansada y elegante con la que estuve charlando en el bar del hotel, otra hispana todavía guapa, ajada lo justo, y los ojos sarcásticos con que miraba a las jovencitas que iban y venían, bellas y arregladísimas, como diciendo: así empecé yo. Y se me va la olla hasta Madrid, o hasta donde sea, y pienso en todas esas chicas altas y delgadas hasta la anorexia que, en vez de estar luchando por ganarse la vida de un modo normal, te las encuentras camino de un casting, con sus bolsas en la mano, su artificioso caminar y sus expresiones prematuras de top model de vía estrecha, con los ojos velados por el sueño de ser un día —hay que joderse con el sueño— como Mar Flores y salir en *Tómbola.*

Eso es lo que pienso allí sentado, en el restaurante italiano de Rodeo Drive, con los fettuccini enrollados en el tenedor, y frente a la sonrisa artificial, más falsa que Judas, de la directora de marketing de los estudios Mortimer y Flanagan. Y por eso me remuevo incómodo en mi silla, cuando, desde su atril de recepción, con su pobrecita nariz operada, Elena Trujillo mira por enésima vez hacia nuestra mesa y sonríe.

El diablo sobre ruedas

Vas por la autovía a tu aire, a ciento veinte o ciento treinta, con poco tráfico, y como todavía te quedan tres horas largas de viaje, y las autovías son un muermo, y a veces no hay siquiera un bar donde beber un café, canturreas coplas para no quedarte torrado. Acabas de terminar *Capote de grana y oro* y empiezas *Cariño de legionario* —ese Príncipe Gitano—, y cuando estás con aquello de *«Le di a una morita mora, morita mora, morita de mi alma»*, te encuentras en una cuesta arriba de tres carriles una furgoneta que va por el de la izquierda, tan campante. Es una Transit algo decrépita, y sube la cuesta asmática, cortándote la maniobra natural de adelantamiento por babor. Te pones detrás un poco, a ver si el fulano te ve y se aparta; pero el fulano, aunque te ve, no se aparta sino que acelera, o lo intenta, y del tubo de escape sale una humareda negra que salpica tu parabrisas. Así que das un destello con los faros, pero el otro ni se inmuta. Le gusta ese carril. Entonces caes a estribor, buscando el carril central; pero en ese momento el triple se convierte en doble, y la Transit vuelve a cortarte el paso, obligándote de pronto a adelantar por la única vía que queda libre, la derecha. Lo apurado de la maniobra no deja tiempo para verle la cara al conductor, pero mentalmente le deseas una úlcera de duodeno. Sigues tu ruta.

Vas cuesta abajo. Carril derecho de un doble carril. Estás con *La Lola se va a los puertos* cuando inicias el adelantamiento a una roulotte guiri. Como el guiri pega unos bandazos espantosos, lo adelantas con cuidado. En ese momento, unos destellos de faros te sorprenden en el retrovisor. Miras, y ahí tienes la furgoneta de antes a un palmo, pidiendo impaciente paso libre. Como tenga que frenar, te dices, vamos listos el guiri, yo, y ese cabrón de la Transit. Así que aceleras, vas a tu derecha, y la furgoneta pasa a toda leche, al límite de su velocidad y aprovechando la cuesta abajo. Ciento sesenta, calculas, preguntándote si el tío que va al volante puede controlar lo que lleva entre manos. La respuesta debe de ser sí, porque algo más adelante hay una pareja de la Guardia Civil con sus motos y sus cascos, y ven pasar al hijoputa y siguen hablando de sus cosas. Te encoges de hombros y empiezas *Sombrero,* imitando el tono chulillo de Pepe Pinto. Ay, mi sombrero.

Nueva subida, y ahí está, santo cielo, la Transit otra vez, renqueante en la cuesta arriba y, por supuesto, por el carril izquierdo. Te pones detrás, compruebas que ni se inmuta, así que de nuevo te ves obligado a adelantarla por donde no debes. La maniobra obtiene un furioso rafagazo de luces del conductor, que a estas alturas considera lo vuestro algo personal. Tú, desde luego, empiezas a considerarlo; hasta el punto de que en lugar de la úlcera de duodeno, lo que le deseas ya es un fin de trayecto empotrado contra un trailer. Como mínimo.

El caso es que metes la quinta y te alejas por una cuesta abajo con curvas sinuosas, inicias el adelantamiento a un camión, y de pronto, horror de los horrores, como en aquella película de Spielberg, te encuentras de nuevo a la Transit pegada al parachoques, dando unos vaivenes escalofriantes en las curvas. Miras por el retrovisor y por fin puedes ver la cara del conductor: flaquito, escuchimizado. Te da ráfagas con los faros, exigiendo que le cedas el paso o te arrojes a la cuneta para que él no pierda la carrerilla. Pruebas a tocar el pedal del freno sin apretar, sólo para que el otro se aparte un poco y sea prudente, pero ni por ésas.

Lo llevas como para un chotis. Y lo que te pide el cuerpo es hacerle una pirula en plan kamikaze, para intentar que se salga de la carretera y se casque los cuernos, él y todos los mastuerzos que toman una furgoneta por un coche de carreras, y también todos los guardias que los ven pasar y pasan. Eso es lo que de verdad te apetece, y estás a pique de intentarlo. Pero observas otra vez por el retrovisor el careto del cenutrio y piensas: míralo bien, camarada. Fíjate en esa cara y comprenderás que no vale la pena picarse. No compensa romperse el alma por esa mierdecilla de tío. Por ese cagaoctanos tiñalpa.

El caso es que aparece por fin un área de servicio con gasolinera y bar, y tú entras a la derecha y empiezas *Chiclanera* mientras ves a la Transit perderse de vista, a todo lo que da. Ojalá te la pegues, chaval, le deseas de todo corazón. O si no, con tanta prisa, ojalá llegues antes de tiempo y te la encuentres en la cama con el del butano.

Morir como bobos

Anda tú. Ahora resulta que, en eso que se ha dado por llamar deportes de riesgo, a la gente que los practica le molesta morirse de vez en cuando. Pretenden tirarse por un barranco, o ir al Polo Norte, o hacer el pino en el asiento de una moto a doscientos por hora, y luego, pasado el subidón de adrenalina, contárselo a los amiguetes, tan campantes, y aquí no ha pasado nada. Luego, cuando por casualidad sale su número, ponen mala cara. No fastidies, hombre, dicen. Que esto es un deporte de alto riesgo, pero un deporte. Que para eso me visto de lycra y uso cuerdas con naylon poliesterilizado, y llevo chichonera de peuvecé y chaleco antibalas, y además me grabo en vídeo. Los fulanos y fulanas que practican el asunto quieren aventuras espantosas pero que transcurran, ojo, dentro de un orden. Arriesgar la vida con seguridad de que no la van a perder. Que una cosa es ser aventurero, dicen, y otra ser lelo.

Lo que pasa es que no. Que a veces fallan la cuerda o el mosquetón, o por el barranco viene una crecida de agua de la que no avisó Paco Montesdeoca en el Telediario, o al barril con el que te tiran rodando por el monte se le sale una duela, y entonces vas y te mueres o te quedas tetrapléjico; y pides, si te queda con qué pedirlo, que te devuelvan el dinero. Que por lo general se le pide a una agencia, porque ahora estas capulleces se hacen con agencias y con organizaciones y con presuntos especialistas, que lo mismo te llevan a hacer footing a Kosovo que cobran por colgarte de los huevos en una encina manchega mientras la novia hace fotos. Porque, y ésa es otra, sin fotos no hay aventura que valga. Uno hace eso para contárselo a los amigos y para poner cara de aventurero intrépido mientras les pasa el vídeo y les pone unas cervezas, sintiéndose Indiana Jones.

En otro tiempo había hombres y mujeres que se preparaban a conciencia, años y años, antes de enfrentarse a la aventura con la que soñaban. Viajeros que durante toda una vida estudiaban, investigaban, se aprendían de memoria los mapas del desafío en el que alguna vez se adentrarían. Gente silenciosa que pasaba meses observando la cara norte del pico donde tal vez iba a perder la vida. En todo ese período de estudio, de reflexión, de preparación intensa, esa gente tenía tiempo de calcular y asumir los azares y los riesgos, el dolor y la muerte. Eso formaba parte de un todo armónico, valiente, razonable, que iba en el mismo paquete. De algo consustancial al ser humano, que desde que existe memoria ha estado yéndose a la caza de la ballena, como en el primer capítulo de *Moby Dick,* cuando no tiene dinero en el bolsillo o cuando su corazón es un húmedo y lluvioso noviembre.

Pero eso era antes. Ahora, cualquier retrasado mental está viendo *Expediente X* y decide que él también quiere emociones fuertes y adrenalina, y coge un folleto publicitario, y al día siguiente, previo pago de su importe, se encuentra con un arnés oscilando a cinco mil metros de altura, o nadando entre pirañas con una cocacola fría en la mano, sin tener ni remota idea de lo que está haciendo allí. A veces hasta ignora geográficamente en dónde está. Y lo que es peor, sin asumir ni por el forro su propia responsabilidad. Exigiendo por contrato que no le pase nada. Que lo metan y lo saquen intacto de las cataratas del Niágara. Y luego, cuando se rompe la crisma, porque en esos sitios lo normal es romperse la crisma, monta un cirio, o lo montan sus familiares enlutados, argumentando que a él le habían garantizado que hacer tiburoning en los cayos de Florida con un calamar en el culo era como una película de Walt Disney.

Así que por mí, como si se despeñan todos. Prefiero reservar mis lágrimas para otras cosas que merezcan la pena. No para quienes convierten el riesgo en un espectáculo estúpido e irresponsable, olvidando que la vida real no es como las películas de la tele. La vida real es muy perra y mata de verdad; y cuando uno está muerto o tiene la columna vertebral hecha un sonajero, cling, cling, ya no hay modo de darle al mando a distancia y ver qué ponen en otra cadena. Y además, el mundo está lleno de gente que palma cada día en aventuras obligatorias que maldita la gana tienen de protagonizar. Profesionales del riesgo voluntarios o forzosos. Gente que muere entre enfermedades, guerras y barbarie. Mujeres violadas y hombres macheteados como filetes, que con mucho gusto cederían su puesto en el espectáculo a toda esa panda de gilipollas que buscan adrenalina, arriesgando estúpidamente una vida preciosa cuyo manual de uso ignoran.

La España virtual

El otro día, en la radio, oí rizar el rizo. Un cargo oficial, citando los antecedentes históricos del régimen fiscal vasco, mencionaba *«el reino de Euskadi»*. No el de Navarra, ni nada por el estilo, con relación a otros reinos medievales como el de Aragón o de Castilla. No. El reino de Euskadi, con un par. De modo que, oído al parche, ha nacido o está a punto de ser alumbrada una nueva entidad histórica indiscutible de toda la vida, del mismo modo que el reino de Aragón desapareció en las brumas del pasado para iluminar el nacimiento, oh prodigio, del reino de Cataluña de Jaume I el Conqueridor. Para que vean lo bonito y plurinacional que se nos está poniendo el paisaje. Porque la verdad es que nos estamos fabricando un pasado apasionante. Tan apasionante que vamos a tener que reescribir de nuevo todos los libros de Historia que no hemos reescrito todavía, y reesculpir las piedras de las catedrales, y repintar los cuadros, para que todo ajuste. Pero no les quepa duda de que en ese menester, necesario si queremos construir una Comunidad de Estados verdaderamente plural y no la falsa democracia españolista en que vivimos, podrá seguirse contando con la entusiasta colaboración de las autoridades administrativas y culturales, siempre dispuestas a facilitar las cosas. Porque aquí todo el que no traga es un reaccionario y un cabrón, y además se juega los apoyos parlamentarios. Tragó el Pesoe, que tanto las pía ahora en unos sitios y se calla en otros. Y traga el Pepé, que, para que no se le note lo de Onésimo Redondo, se pone flamenco con la puntita nada más. Así que pronto tendremos a ministros de Cultura y presidentes de Gobierno hablando en el telediario del reino de Euskadi y del reino de Cataluña, y del reino de Matalascañas según bajas a mano derecha, si se tercia.

Resumiendo: que esto, además de una mierda, es una estafa. Esto se ha convertido en un país virtual improvisado sobre la marcha, al ritmo infame de porcentajes electorales, de ideologías cutres y símbolos manipulados, sin ni siquiera creer en ellos, por ayatollás de leche rancia, por curas trabucaires e hipócritas, por fascistas que se escudan tras la palabra nación, y por oportunistas que se apuntan a lo que sea. España se ha convertido en una casa de putas de 17 comunidades y 8.000 ayuntamientos que van por libre, cada uno ingeniando algo original, y maricón el último. Que lo mismo deciden dinamitar el acueducto de Segovia porque a un concejal se le ocurre que es un monumento al imperialismo romano, que declarar persona non grata a Cervantes por facilitar la opresión lingüística, o aprovechar el cumpleaños del alcalde para subir pensiones de jubilados que terminan convirtiéndose en un certamen nacional de demagogia barata. Con carreras de trotones que ahora resulta que no sólo son signo de identidad nacional, sino que de aquí a poco los niños de las escuelas baleares recitarán: «*La patria es una unidad de destino que trota en lo insular*». Por no hablar de esos funcionarios públicos cuyo número iba a reducirse descentralizando, y resulta que en siete años ha crecido en un cuarto de millón; lo que significa que por cada puesto de trabajo en la Administración central, las autonómicas han creado quince.

Y es que esto es como una carrera, a ver quién llega antes. Un concurso de despropósitos donde los participantes hubieran perdido el sentido de la realidad y el sentido del ridículo. Hemos llegado al punto en que, no ya un político de foto en primera y mando en plaza, sino cualquier cacique de pueblo, cualquier sátrapa de chichinabo, cualquier alcaldillo con boina y garrota, cualquier concejal desaprensivo y analfabeto, se carga lo que sea con tal de apuntarse un tanto. Desmantelando un poco más lo que queda de este putiferio, entre los aplausos y el embobado qué me dice usted del respetable, y el silencio cómplice de las ratas de cloaca especialistas en vender a su madre por un voto. Y los líderes de sus partidos, cuando los tienen, por aquello de que no vayan a llamarlos centralistas, o españolistas, o autoritarios, o por la más simple razón de que una alcaldía es una alcaldía y un pacto es un pacto, tragan, consienten, autorizan, rubrican y bendicen barbaridad tras barbaridad. Y de ese modo uno ya no sabe si se encuentra en manos de una panda de sinvergüenzas o de imbéciles; aunque en esta golfería a la que ya casi nadie se atreve a llamar España, una cosa no quita la otra. Aquí, ser al mismo tiempo un sinvergüenza y un imbécil es algo perfectamente compatible. Es lo más natural del mundo.

Olor de septiembre

Pues resulta que vas dando un paseo por calles de un barrio viejo, a esa hora en que gotean las macetas de geranios, y hay pescaderías abiertas, y tiendas de ultramarinos, y marujas charlando en las aceras, y una furgoneta con un gitano que vende melones. Te encantan esas calles y esas tiendas y esas señoras con carritos de la compra y vestidos estampados de verano, y la manera con que el gitano empalma la churi y pega dos tajos, chis, chas, para que caten el producto. Te gustan esas cosas, las voces en el aire, los olores, la luz en lo alto de las fachadas de las casas, el jubilado en pijama que mira desde el balcón. Uno casi quiere a la gente, así, en abstracto, en mañanas como ésta.

Ése es tu estado de ánimo cuando, al pasar por una callecita estrecha, hueles a papel. No a papel cualquiera, ni a bastardas hojas de periódicos, ni a celulosas ni nada de eso. Huele a buen y maravilloso papel recién impreso, encuadernado. A limpias resmas blancas, cosidas, encoladas. Huele a libro nuevo, y parece mentira lo que puede desencadenar un olor y su recuerdo. Entonces, con la cabeza llena de imágenes, tan asombrado como si acabaras de dar un salto de casi cuarenta años en el tiempo, te detienes frente a una puerta abierta y ves una antigua prensa, y pilas de libros que están siendo empaquetados. No necesitas acercarte más para saber que se trata de libros de texto. Ese olor inconfundible sigue perfectamente claro en tu memoria, y casi puedes sentir entre los dedos el tacto de las tapas, ver las ilustraciones de las portadas, aspirar el aroma de esos libros de septiembre que en otro tiempo contemplaste con una mezcla de expectación y recelo, como quien mira por primera vez un terreno desconocido por el que deberá aventurarse de un momento a otro.

Y en ésas, zaca, das un salto hacia atrás, o es el tiempo quien lo da; y te ves de nuevo allí, en el almacén de la librería colegial, entre las grandes pilas de libros de la editorial Luis Vives, tapas de cartón y lomos de tela, clasificados por cursos y asignaturas: Historia de España, Gramática, Aritmética. Libros todavía medio envueltos en grandes paquetes de papel de estraza que olían a nuevo, a papel noble, a tinta virgen, a ese momento de la vida en que todo era posible porque todo estaba por leer, por estudiar y por vivir. Recuerdas tu fascinación al comienzo de cada curso; aquella forma en que tocabas por primera vez el lote de libros, abrías sus páginas, mirabas textos e ilustraciones. Hasta los que luego se tornarían odiosos campos de concentración o tormento chino —Matemáticas, Geometría, Física y Química—, en ese momento inicial, intactos, como una mujer hermosa y llena de enigmas, se dejaban acariciar envueltos en aquel aroma de papel mágico que olía a promesas, y a misterio.

Ahora, con más años por detrás que por delante, los misterios se desvelaron, e hiciste buena parte de ese camino del que tales libros eran puertas. Sin embargo, aquí junto al almacén, el olor reencontrado te permite por un instante regresar a la casilla número uno del juego de la Oca, al punto de partida, al comienzo de casi todo. Hasta te concede recobrar el roce, el tacto de la mano masculina y segura que te conducía entre aquellas pilas de libros recién desempaquetados mientras iba entregándotelos, uno a uno. Una mano delgada, noble, hace tiempo perdida, pero que revives ahora gracias a este olor, asiéndote otra vez a ella porque te sientes impresionado, conmovido, tímido ante las pilas de libros aún no abiertos, cuyos secretos, pobre de ti, tienes sólo un curso para trasladar de su papel a tu cabeza.

Y así, en la estrecha callecita, inmóvil frente al almacén y traspasado de nostalgia, mueves silenciosamente los labios mientras recitas frases, latiguillos, fragmentos vinculados a ese olor, que luego te acompañarían toda la vida: *Triste suerte de las hijas de Ariovisto. Fé* —así, con acento—, *esperanza y caridad. Todo cuerpo sumergido en un líquido. El ciego sol, la sed y la fatiga. Blanca, negra, amarilla, cobriza y aceitunada. Oigo, patria, tu aflicción. La del alba sería. Almanzor agoniza y muere a las puertas de Medinaceli. Ese O Cuatro Hache Dos. Puesto ya el pie en el estribo...* Y de pronto sonríes, porque tienes la certeza de que, si alguna vez llegas a viejo, en el momento en que lo reciente se difumina y son los años lejanos los que se recuerdan, cuando también tú estés pie en el estribo y a punto de irte como todo se va en esta vida, seguirás recordando ese olor y esas palabras con la misma intensidad del primer día.

Seguimos siendo feos

Les aseguro que he pasado el verano intentándolo. Por primera vez desde que tecleo este panfleto semanal me he hecho una violencia inaudita. Titánica. Este año no, pensaba cada semana. Este verano voy a romper la tradición, y a hablar de cualquier otra cosa. Aprovechando que Javier Marías se había quitado de en medio, el perro inglés, yéndose a descansar a la pérfida Albión —en agosto recibí una provocadora postal suya con el careto de Nelson—, y que tampoco él iba a mencionar el tema que en nuestras respectivas páginas era materia de cada verano, decidí mantenerme firme. Nada de artículos sobre la vestimenta playera, me dije; como aquel, tal vez lo recuerden, que un año titulé *Somos feos*. Esta vez no, decidí. Los colorines y las gorras de béisbol al revés, como si no los viera. No más insultos a la moda decontracté. Así me ahorraré cartas de lectores descontentos. Benevolencia, Arturín. Caridad y benevolencia. Acuérdate de la viga en el propio, etcétera. No te metas, y que se pongan lo que les salga de las partes contratantes de la primera parte.

Pero no puedo. Lo he intentado, y no hay manera. Les juro por el cetro de Ottokar que todos y cada uno de los días que pisé la calle este pasado verano lo hice con la mejor intención, animado por fraternales deseos de buscar el lado positivo. De pasear por un mercadillo de localidad playera e ir besando a la gente en la boca, smuac, smuac, alabando la camiseta de éste, los calzones floridos de aquél, el bodi fosforito de la tal otra. Pongo a Dios por testigo de que anduve con la mejor intención del mundo y una sonrisa solidaria en la boca, tal que así, como la de Sergio y Estíbaliz, pese a que a mí esa sonrisa me daba una expresión de absoluta imbecilidad; pero inclinado a quererlos a todos. Pragmático y bien dispuesto hasta la náusea. Asco me daba de lo tolerante que iba. Pero no pude. Lo intenté, pero no pude.

Y es que hubo un tiempo en que la gente se vestía de acuerdo con su físico y personalidad; según gustos, educación y cosas así. Ahora, la educación, los gustos, la personalidad y hasta el aspecto físico, vienen dictados por la moda comercial y las revistas y las series de televisión. La ordinariez es la norma, no existe el menor criterio selectivo, y todo en principio vale para todos. Es como si la ropa la arrojasen a voleo sobre la gente: pito, pito, gorgorito; y lo triste del fenómeno es que dista mucho de ser casual, pues cada uno de esos horrores que vemos por la calle ha sido probado y remirado muchas veces ante un espejo. De modo que hasta esta presunta desinhibición e informalidad son artificiales, más falsas que la sonrisa de mi primo Solana. Por eso el calor es el gran pretexto, y el personal se atreve a cosas inauditas. Este verano he visto, como le diría Kurtz a Harrison Ford en un híbrido surrealista de *Blade Runner* y *El corazón de las tinieblas,* horrores que creí no ver jamás. He visto combinaciones de prendas y colores alucinantes. He visto clónicos del conde Lequio con polo de la Copa América y zapatos náuticos y pantalón de raya corto hasta la rodilla y pantorrilla peluda que me han quitado de golpe las ganas de cenar. He visto a una tía en bañador y pareo cortito por la calle principal de una ciudad cuya playa más cercana estaba a cincuenta kilómetros. He visto enanos raperos con zapatillas de luces rojas intermitentes, que pedían a gritos encontrarse con un neonazi majareta de Illinois armado con un AK-47. He visto venerables ancianos con piernecillas blancas y pelo gris, gente que

hizo guerras civiles y trabajó honradamente y tuvo hijos
y nietos, vestidos para el paseo vespertino con bermudas de
colores y una camiseta de 101 Dálmatas. He visto impú-
beres parvulitas con suelas de palmo y medio y tatuajes hasta
en el chichi. He visto maridos que paseaban, orgullosos,
a legítimas vestidas de diez mil y la cama aparte. He visto
morsas de noventa kilos con pantalones de lycra ceñidos
por abajo y bodis ceñidos por arriba, derramando pliegues
de grasa que habrían hecho la fortuna de un barco ballene-
ro. He visto injertos de Andrés Pajares y el Fary propios de
la isla del Doctor Moreau.

Así que un año más, me veo en la obligación de
confirmarles que no es sólo que seamos feos. Lo nuestro
no es un simple presente de subjuntivo plural que podría
interpretarse como veraniego y casual. Lo nuestro es que
seguimos siendo feos con contumacia, a ver si me entienden. Feos y ordinarios con premeditación y alevosía. Feos
sin remedio. Y además —eso es lo más grotesco del asunto— previo pago de su importe.

Abuelos rockeros

Parece mentira la cantidad de tertulianos y especialistas radiofónicos que tenemos en este país. Cada vez que se me ocurre enchufar la radio sale uno empeñado en arreglarme la vida. Algunos, además, son polivalentes y polifacéticos y polimórficos, pues lo mismo te asesoran sobre lo que debes votar, que te dan una magistral sobre terrorismo, valoran el año económico, u opinan a fondo sobre la crisis agropecuaria de Mongolia citerior. Debe de ser por eso que, en este país de navajas, analfabetos y mangantes, ciertos elementos pasan de unas radios a otras y se perpetúan desde hace años y años, apuntando siempre aquello de ya lo decía yo, aunque hayan dicho exactamente lo contrario. En otro lugar se les llamaría supervivientes. Incluso, hilando fino, oportunistas. Pero aquí son expertos. Expertos de cojones.

El otro día, sin ir más lejos, me calzaron un debate sobre la tercera edad, o sea, los abueletes. Me estaba afeitando y me lo calcé íntegro, incluida la opinión de un eminente psicólogo, o psiquiatra, o yo qué diablos sé. Un fulano que decía saber de viejos. Y el pájaro y sus contertulios me tuvieron allí en suspenso, con la maquinilla en alto y media cara enjabonada, alucinando en colores mientras duró el asunto. Y es que no hay como unos cuantos especialistas para poner las cosas en su sitio.

El planteamiento era como sigue: lo que más envejece y machaca es asumir la vejez. Por eso resulta imprescindible mantener actitudes juveniles y ganas de marcha. Es un error resignarse a ser viejo. Hay que ser joven de espíritu. Y, para conseguirlo, los tertulianos expertos, la conductora del programa y el eminente psicoterapeuta, o lo que fuera, daban al personal una serie de consejos. La actitud ejemplar, señalaba uno, era la de aquella abuela que, en el cumpleaños de su nieto, se vistió de rockera a base de cuero y guitarra, y le dedicó una actuación a él y a sus amiguetes. El ejemplo, traído a colación por uno de la tertulia, levantó un coro de aprobación en el resto. Qué entrañable, vinieron a decir. Ése es el camino. Acto seguido, el psicosomático invitado animó a los radioyentes de edad avanzada a no resignarse en su abyecto papel de jubilados, sino a salir a la calle con desafío que afirme su existencia individual e inalienable. Por ejemplo, subrayó, con el uso de prendas atrevidas. Nada de grises y tonos oscuros, sino colores alegres, vivos, que plasmen la voluntad de vivir. La ropa deportiva no es patrimonio exclusivo de los jovenzuelos, declaró. Hay que vestirse de forma divertida, imaginativa. A ver por qué, puntualizaba con agudeza, un caballero de la tercera edad no va a poder lucir una gorra con el gato Silvestre o una camiseta de La Guerra de las Galaxias.

Pero lo mejor fue lo del humor. Lo mejor fue cuando el psicodélico invitado precisó que la mejor terapia contra el envejecimiento es el sentido del humor. Hay que hacer el payaso, dijo literalmente. Hay que hacer el payaso cuanto se pueda, salir a bailar moderno, reírse de sí mismo y provocar la risa de los demás, porque la risa es el mejor antídoto contra las canas y las arrugas. Y la conductora del programa y todos los otros imbéciles dijeron que sí, que naturalmente. Que antes la muerte que las canas y las arrugas. Que hay que negarse a envejecer a toda costa, y que cualquier recurso es bueno. Y que lo de hacer el payaso era una idea estupenda, porque no hay nada más encantador que un viejecito bromista que se olvida de que es viejecito y confraterniza con los jóvenes sin importarle el qué dirán. Y todo eso, se lo juro a ustedes por mis muertos más frescos, el psicoanalista especialista, y la conductora del espacio, y los expertos tertulianos, y algunos oyentes que llamaban para mostrarse de acuerdo, o sea, toda esa panda de subnormales, iba soltándolo en la radio a una hora de gran audiencia, con absoluta impavidez. Tan satisfechos de sí mismos.

Hay otra forma de mantenerse joven, pensaba yo al terminar de afeitarme. Por ejemplo, utilizando la pensión mensual de 38.000 pesetas para ir a la armería de la esquina y comprar una caja de cartuchos del doce, descolgar la escopeta de caza de la pared, y luego darse una vuelta por el estudio de radio para intervenir en directo. Hola, buenas, soy el pensionista Mariano López. Pumba, pumba, pumba. Y una camiseta que ponga: *Souvenir from Puerto Hurraco*. Veréis qué juvenil y qué risa. Así, más sentido del humor, imposible. Y que la gorra del gato Silvestre se la ponga vuestra puta madre.

Sed de champán

«Dios mío, no me ayudes pero tampoco me jodas». Así empezaba una página de *Al sur de tu cintura,* de mi amigo Roberto, el escritor maldito, de quien les hablé una vez. Roberto, contaba entonces, es un tipo flaco, chupaíllo, con ojeras, siempre con un Camel sin filtro en la boca, que me distingue con una de esas amistades que se vuelven condenas de cadena perpetua. Rey del bestseller para minorías, vendió ciento tres ejemplares de su opera prima, y consiguió que algunos de sus ciento tres lectores todavía anden buscándolo para partirle la cara. Aquello no lo sacó de pobre, y sigue tieso como la mojama; pero cada día de mi cumpleaños me regala un libro que se las ingenia para tomar prestado no sé dónde. Supongo que en El Corte Inglés.

Roberto tiene un morro que se lo pisa. Lleva años acosado por acreedores y matones, buscándose la vida sin más recursos que su ingenio y su talento. A su mujer, Clara, se la ligó el día que fue a la terraza donde ella curraba, y cuando dijo qué vas a tomar él pidió un vaso de agua. «No servimos agua sola», respondió ella. «Pues entonces pónmela con cubitos de hielo.» Le trajo un whisky que pagó ella, y quedaron para luego. Y durante todo este tiempo, Clara ha estado trabajando para traer dinero mientras él, con empalmes clandestinos a la luz, y el teléfono cortado, y una manta por encima cuando hacía un frío de cojones, leía libros de dudosa procedencia, mezclando Poe con Faulkner y Cervantes con Dumas y Kafka, y escribía febril, dispuesto a parir la obra maestra que les permitiera de una vez comer caliente.

Ahora, Roberto ha terminado esa novela. Me lo dijo el otro día por uno de esos teléfonos móviles que usa hasta que se los anulan por falta de pago; por eso cambia de número a menudo, lo mismo que de vez en cuando cambia de identidad. Roberto del Sur, que en realidad se llama Roberto Montero, firma ahora como Montero Glez., así, con el segundo apellido en abreviatura —y como lo haga para despistar a sus acreedores, lo acabo de joder—. El caso es que he terminado la novela y te la mando, me dijo, resumiendo así cuatro años de parto doloroso, trabajo continuo de limar, corregir, cortar, reescribir. Tormento chino de escritor de verdad, de pata negra. No uno de esos niñatos de diseño, de esos duros de pastel, de esos cagatintas que se toman tres cañas con los amigos en un bar y luego sale su primo diciendo: «Muy bueno lo tuyo, colega. Muy vivido». Y el primo contesta «pues lo tuyo más». Nada de eso. Roberto se ha dejado las pestañas trabajando como un cabrón. Pero además, cuando escribe está contándonos su vida. Una vida bohemia de verdad, miseria y navajazo y bolsillo sin un duro, entre peña bajuna y peligrosa, de pistola fácil, de pinchazo en vena. Esa España en la que nunca se hará una foto el presidente Aznar, como tampoco se la hizo aquel otro sinvergüenza cuyo nombre no recuerdo.

La de Montero Glez. es una novela sombría, negra de narices, que se pasea por el filo del infierno porque él mismo se ha paseado por allí durante toda su perra vida. Lo que cuenta no se lo ha contado nadie, y se nota. No en vano esa novela que acaba de salir a la calle se llama *Sed de champán*. Tenía quinientas páginas y se ha quedado en la mitad, y yo creo que mejora. En mi editorial no le hicieron ni puto caso, pero a Edhasa les cayó bien y decidieron jugársela. No me gusta el título, el formato ni la portada —unos cuernos de un toro y una luna— porque Roberto y lo que cuenta son mucho más negros e intensos que todo eso. Tampoco me gusta lo que dice la contraportada: cruce casi bastardo entre Martín Santos y Juan Marsé. Con todos los respetos para el querido Marsé, Roberto es un hijo bastardo de Valle-Inclán, y también de Gálvez, y Buscarini, y Pedro de Répide, y de toda la siniestra y genial bohemia de la literatura española de principios de siglo, aderezada por Pynchon y por Bukowski, y proyectada sobre la más cutre y marginal España de ahora mismo.

El caso es que me gusta cómo escribe ese tío. Me encanta esa diferencia entre tanto pichafría, marginales de jujana con ropa de marca y foto en suplemento literario, y un tío del arroyo que tiene miseria en la memoria, tinta en las venas, y la sangre la utiliza para escribir. De cualquier modo, para que ustedes no se llamen a engaño si pretenden leerlo, y sepan en qué se meten, les adelanto la primera frase del libro, que es toda una selecta declaración filosófica: *«El Charolito sólo se fiaba de su polla. Era la única que nunca le daría por el culo».*

Y ahora vayan y léanselo, si tienen huevos.

Evoluciona defectuosamente

Me cuenta un amigo que en algunos colegios sustituyen el *progresa adecuadamente* de las notas escolares por un *evoluciona progresivamente*. Que además de no significar nada, se contrapone a *evoluciona defectuosamente*. Mi amigo está indignado, aunque le digo que busque la parte positiva. Sólo es un paso más, apunto, para evitar traumas a las criaturas y a sus papis. Supongo que los espectros de Solana, Maravall y Marchesi, los que decidieron con toda su peña de psicólogos, psicopedagogos, psicoterapeutas y psicópatas que todos somos iguales y que los jóvenes deben ser educados según ese principio, sonreirán felices en su tumba. A eso se le llama reinar después de morir.

Pero me van a perdonar que disienta. O no me van a perdonar, pero me importa un bledo. A ver qué cojones vamos a ser iguales. Los seres humanos somos diferentes en gustos, en inteligencia, en vocación y en aptitudes. También hay lumbreras y hay tarugos, y lo justo y lo igualitario debe consistir en la libre oportunidad de acceso a la educación; no en que una vez dentro de ella todo el mundo sea tratado igual, lo merezca o no, y reciba un título universitario tan de trámite como el carnet de identidad o el libro de familia. Un sistema educativo así es un barrizal donde se enfangan lo mismo la mediocridad que el talento. Y no tiene más fin que tranquilizar a padres estúpidos, a alumnos perezosos o incapaces, a profesores con pocas ganas de merecerse el jornal, y a políticos acostumbrados a humillar las palabras educación y cultura hasta los niveles miserables de su propio analfabetismo y su propia incompetencia.

Y resulta que es para echarse a temblar, lo cojas por donde lo cojas. Un sistema que sólo crea alumnos desorientados y aplaza sus problemas hasta un final donde ya no hay remedio. Una pérdida continua de tiempo en chorradas descomunales, trabajos de equipo, esfuerzos inútiles que encima no sirven para nada. Porque ahora todo debe ser interactivo e interdisciplinario, igualitario y no competitivo; y la nota clave es si el niño trabaja de forma solidaria, evoluciona en un contexto escolar sin traumas, o si por el contrario es un ser asocial y negativo que pretende estudiar y leer solo, a su aire, el hijoputa. Ahora está mal visto aprenderse la lección y recitarla. Lo ideal, sostienen los imbéciles que han organizado este despropósito, es que la memoria sea lo de menos. Así que los nombres de los ríos, y los de los reyes, y las fechas y acontecimientos de la Historia, la ortografía, la lengua, todo aquello que provoca la curiosidad de un chico, abre sus horizontes y al mismo tiempo crea la base para el resto de su vida, todo eso, dicen, no tiene la menor importancia.

Nadie llama a las cosas por su nombre. Nadie se atreve a decir que la educación de verdad, la auténtica, siempre ha sido férrea y medieval; teniendo como muy honorable alternativa, para el incapaz o para el que encontraba excesivo el esfuerzo, la de aprender un digno oficio. Pero ahora, lo que cuenta es que te digan que tu Luisito o tu Vanessa trabaja en equipo, que es muy sociable y será un ciudadano ejemplar que no insultará a los negros de color ni a los moros magrebíes, ni fumará en los restaurantes, y votará cada cuatro años. Y te vas tan contento, con el culito hecho agua de limón, olvidando que eso no se llama educación escolar, sino urbanidad y sensatez social: algo que antes se aprendía en la casa de cada uno. Y que con ese sistema, que favorece al lerdo más que al afanado y voluntarioso, a su vástago y a ella les están dando el timo de la estampita.

Pero la culpa no es de los críos. Ni siquiera de los delincuentes que desmantelaron la cultura. Esa *filosofía educativa,* como dijo aquel ministro imbécil, no es más que un reflejo hipócrita de la demagogia en que vivimos, proclive a convertir el medio en materia de culto y olvidar el objetivo. La mayor parte de los padres no quiere que le digan que sus hijos no están preparados para ser ingenieros aeronáuticos, biólogos o catedráticos de Filosofía. Así que oyen lo que quieren oír, y punto. Es el maldito virus llamado *universitis.* Si no fuera así, la gente estudiaría cosas que le van más, o no estudiaría sino lo que quiere y puede. A cambio tendríamos magníficos fontaneros, e impresores, y carpinteros, y electricistas, y afinadores de piano, y qué sé yo. Es la perra obsesión de la universidad la que, paradójicamente, fabrica legiones de frustrados y analfabetos. La que nos envilece el país, la juventud y la vida.

Oye, chaval

Oye, chaval. Me dice tu hermana que estás cada vez más para allá, y que has perdido el curso, cacho cabrón. Y que encima te estás metiendo de todo. Y digo todo, colega. Alcohol y pastillas, y pastillas y alcohol, y dos paquetes diarios de tabaco a tus diecinueve tacos. Y que has dejado a tu novia, o en realidad es ella la que te ha dejado porque no te aguanta. Y que vuelves a las tantas saltándote semáforos en rojo con una castaña que te cagas, y que las broncas con tu viejo son de órdago, y que pasas de todo. Que pasas de verdad, con ojos de estar allí lejos sin la menor intención de darte de nuevo una vuelta por aquí en el resto de tu puta vida. Suponiendo, dice tu hermana, que te quede mucha puta vida por delante.

Dice que te diga algo, que me lees los domingos y me haces caso. No sé en qué carajo podrías hacerme caso tú a mí; pero si lo dice ella, que es la Bambi de la familia, sus motivos tendrá. En fin. Que te diga algo, escribe la pava, como si yo fuera la virgen de Lourdes. Y no sé qué decirte, la verdad. De finales felices me creo lo justo, y la última varita mágica que vi la tenía clavada en el coño un hada a la que violaron en Sarajevo. No sé si me explico.

Pero en fin. Me sentiría raro si hoy no te dedicara esta página. No por ti, que no te conozco, sino por la Bambi. Se quedaría decepcionada, y a lo mejor ya no se leía más novelas mías, ni soñaba con ligarse al padre Quart o a Lucas Corso. Así que mira, voy a decirte algo. Voy a decirte que acabo de apuntar que no te conozco, pero es mentira. No es difícil conocerte si uno mira alrededor y se fija en el país en el que vives, y la tele que ves, y los perros que planifican tu vida y tu futuro, y los políticos a los que votan tu padre y tu madre. No es difícil si uno piensa en esa empresa donde estuviste trabajando este verano, y en el trabajo donde explotan a tu ex novia, y en la desesperación de tus amigos. No es difícil y me hago cargo, te lo juro. Esto es una mierda, y la palabra futuro es como para colgársela de los huevos. ¿Ves como en realidad sí te conozco?

Hay, sin embargo, algo que puedo decirte. Estás aquí, en el mundo que te ha tocado. Sería estupendo que hubiera revoluciones por hacer y sueños por alcanzar, cosas que te pusieran caliente y con ganas de echarte a la calle. Pero sabes, o lo intuyes, que todas las revoluciones se hicieron, y una vez hechas se las apropiaron los de siempre. Que los buenos se quedan afuera, bajo la lluvia, y que esta película la ganan siempre los malos. Sé todo eso porque lo he visto, tío. Lo he visto en todas las lenguas y colores. Lo he visto allí y lo veo aquí. Y sé que las grandes aventuras colectivas, la solidaridad, los mecheritos, yupi, yupi, todo eso se fue a tomar por saco hace mucho tiempo.

Pero quedan cosas, te doy mi palabra. Cuando ya no son posibles los héroes solidarios, llega la vez de los héroes solitarios. A lo mejor, ahora que han muerto los dioses y los héroes con mayúscula, la salvación está en el heroísmo con minúscula. En el peón de ajedrez olvidado en un rincón del tablero que mira alrededor y ve al rey corrupto, a la reina hecha una zorra, al caballo de cartón y a la torre inmóvil, haciendo dinero. Pero el peón está allí de pie, en su frágil casilla. Y esa casilla se convierte de pronto en una razón para luchar, en una trinchera para resistir y abrigarse del frío que hace afuera. Ésta es mi casilla, aquí estoy, aquí lucho. Aquí muero. Las armas dependen de cada uno. Amigos fieles, una mujer a la que amas, un sueño personal, una causa, un libro. Cómo reconforta, colega, mirar a un lado y ver en otra casilla a otro peón tan solo y asqueado como tú, pero que se mantiene erguido y, tal vez, tiene un libro en las manos. Hay aventuras maravillosas, vidas riquísimas, sueños increíbles que empezaron de la forma más tonta, con sólo pasar la primera página de un libro.

Ya sé que no es gran cosa, colega. No soluciona nada, y lo único que te permite es comprender. Pero eso no está nada mal. Me refiero a comprender que nacemos, vivimos y morimos en un mundo absurdo, que a lo más que podemos aspirar es a asumirlo mirándolo de frente, con el orgullo de quien se sabe peleando solo, hasta el final, solidario con aquellos otros peones que, como tú, libran su pequeña y pobre batalla en casillas olvidadas. Y al final descubres que no es tan grave. Los hombres vagan perdidos hace miles de años, y siempre fue la misma historia. Lo único que los diferencia es cómo viven y cómo mueren.

Tango

Llevo mucho tiempo acostándome temprano; pero esta noche vuelvo tarde a mi hotel de Buenos Aires. Mi editor argentino, Fernando Estévez, de quien me hice amigo hace años, en Montevideo, el día que fuimos al lugar exacto donde se hundió el *Graf Spee,* me ha tenido hasta las tantas de sobremesa en un restaurante; y el asado de tira y el vino tinto me salen por las orejas. Así que decido dar un paseo por esta ciudad que a veces, según se la mire, aún se parece a la de siempre: la que descubrí en Blasco Ibáñez y después en los libros de Borges y Bioy Casares; la que conocí hace veintidós años cuando vine por primera vez camino de Tierra del Fuego, del cabo de Hornos, de las ballenas azules y de la Antártida, y que luego viví larga e intensamente durante la guerra de las Malvinas. Emilio Attili, el pianista melancólico, ya no toca en el bar del Sheraton, y el *Bahía Buen Suceso,* según me cuentan, lo hundieron los Harrier británicos en el canal de San Carlos. Por fortuna ya no hay siniestros Ford Falcon con faros apagados junto a las aceras, oliendo a Escuela de Mecánica de la Armada y a picana; pero siguen abiertos buenos bares en las esquinas adecuadas, la calle Corrientes no ha cambiado de nombre, y la pizzería Palermo y la librería anticuaria de Víctor Eizenman siguen en su sitio.

Al cruzar el vestíbulo del hotel me sorprende la música de un tango. Así que voy hasta la rotonda y allí, frente al bar, un pianista y un acompañante tocan *Sus ojos se cerraron,* mientras una pareja de bailarines profesionales baila con esa perfección sublime que sólo dos argentinos son capaces de lograr. Él es joven, apuesto, de perfil latino, y viste de guapo porteño, con chaqueta estrecha, pañuelo blanco al cuello y sombrero ladeado. Sonríe todo el tiempo, mostrando una dentadura perfecta, resplandeciente, a lo canalla. Ella, delgada, más interesante que atractiva, con la falda del vestido abierta hasta el arranque del muslo, evoluciona precisa, impecable, alrededor de esa sonrisa.

Me siento a mirarlos y pido una ginebra con tónica. En las otras mesas hay gente: un par de turistas gringos, tipo Arkansas, que muestran su felicidad por presenciar, al fin, un genuino espectáculo flamenco; también algunos clientes del hotel y algunas parejas, matrimonios de cierta edad, que parecen argentinos. Uno de esos matrimonios está sentado cerca de mí. Él, sesentón, tiene el pelo gris, va enchaquetado y encorbatado con mucha corrección; y ella lleva un vestido negro, discreto, que le sienta muy bien a sus cincuenta y tantos años muy largos. En ese momento termina la melodía y empieza otra nueva: *Por una cabeza.* Y la pareja de bailarines se desenlaza; y ella por un lado y él por otro, se acercan a mis vecinos y los sacan a la pista. El hombre se mueve con elegancia, grave y serio, en brazos de la bailarina. Se nota que en sus tiempos tuvo, y retuvo. Pero lo que me llama la atención es la mujer: el bailarín se ha quitado el sombrero chulesco y mantiene la sonrisa blanca bajo el pelo negro, reluciente y engominado, mientras evoluciona con ella por la pista, al compás del tango, con una sincronía maravillosa. Es la primera vez que bailan juntos en su vida, por supuesto. Y resulta asombroso el modo en que la señora del vestido negro se adapta a la música y al movimiento de su acompañante; se pega a él y oscila a un lado y otro, manteniendo siempre una dignidad, un señorío admirable. Consciente de eso, el bailarín se ciñe a ella, respetando su manera de estar. Es alta, todavía hermosa de aspecto, y se nota que fue muy guapa y que aún lo sabe ser. Pero su atractivo proviene del modo de bailar, de la gracia madura e insinuante con que se mueve por la pista; con que evoluciona al compás de la música, lenta y majestuosa, segura de sí. Desafiante sin estridencias, ni necesidad de pregonarlo a los cuatro vientos. He aquí, dice toda ella, una señora y una hembra.

Al fin cesa la música, y el público aplaude. Y mientras el caballero se despide muy correcto de la bailarina y enciende un cigarrillo, el bailarín, con su pelo engominado y la sonrisa canalla, acompaña a la señora hasta su silla e, inclinándose, le besa la mano. Y la señora sonríe calladamente, sin mirarnos a ninguno de los que tenemos los ojos fijos en ella, y que en ese instante daríamos el alma por ser capaces de bailar un tango con sus cincuenta y tantos años largos de clase y de silencio. Un silencio viejo y sabio, de mujer eterna. Uno de esos silencios que poseen la clave de todo cuanto el hombre ignora.

Negros, moros, gitanos y esclavos

No, no digan nada. Ya sé que los meapilas del qué dirán y el no vayan a creer ustedes, o sea, toda esa panda de soplagaitas de la puntita nada más, aconseja escribir *africanos de color, magrebíes, colectivo de raza romaní, y trabajadores inmigrantes,* para no herir la sensibilidad de los capullos políticamente correctos. Pero resulta que no me sale de los higadillos; así que lo escribo como me da la gana. Y pongo negros, moros, gitanos y esclavos, porque hoy he recibido noticias de un amigo que me cuenta cosas. Y vengo a la tecla algo caliente.

Mi amigo vive allí donde la tierra seca que Dios maldijo —y ojalá haya Dios, para pedirle responsabilidades— anda en los últimos años cubierta de plásticos con tomateras, y frutas tempranas o como se llamen, y cosas así. Una tierra de cuarenta grados bajo un sol asesino, donde nadie que esté en su sano juicio se atreve a arrimar el hombro; de modo que los patronos tienen que buscar mano de obra entre los parias de la vida, porque el resto dice que para ellos verdes las han segado, y que vaya a la tomatera la madre que te alumbró. Pero desde el otro lado del Estrecho, o sea, desde el culo del mundo, miles de desgraciados miran hacia arriba y ven la tele y dicen, anda tú, allí atan los rottweiler con longaniza, y quiero tener un coche blanco, y una casa blanca, y un sueño blanco. Más que nada para comer caliente. Incluso para comer, aunque sea frío. Y los que no se ahogan por el camino les llegan a los mentados patronos como agua de mayo; así que los amontonan en barracones y les exprimen el tuétano. Bueno, bonito y, sobre todo, barato. Mano de obra extranjera, se llama el eufemismo. Y entonces a todos los que se benefician del asunto se les llena la boca con la solidaridad, y lo buenos chicos que son, y lo mucho que se les estima y se les quiere. Pero en cuanto protestan, piden justicia, o sacan los pies del tiesto poniéndose en huelga para trincar dos duros más, entonces les sacuden hasta en el cielo de la boca. Se fumiga a los indóciles y se renuevan las existencias.

Mi amigo tiene una teoría, que comparto. No es un problema de racismo, sino de esclavitud. A casi nadie le importa que sean moros o negros, porque eso está asumido gracias —algo bueno habían de tener— a los telefilmes norteamericanos. La cuestión, como siempre, se basa en esa unidad monetaria todavía llamada peseta. Un español con DNI gana setecientas a la hora recolectando lechugas. Una mujer con el mismo DNI gana veinte duros menos. En cuanto a los gitanos, ellos sí son considerados una raza inferior; pero están censados y votan, y además les va el acople y se reproducen como conejos pariendo futuros votantes; así que el alcalde del pueblo los compensa regalándoles el agua y la luz, y en vísperas de las elecciones municipales les construye unas viviendas a unos, los decentes, y les hace la vista gorda a los otros, los que trapichean con polvillos blancos o marrones en determinadas chabolas y no quieren mudarse ni a La Moraleja. Así que esa gitana marchosa que se levanta a las siete de la mañana con su flor en el pelo para recoger tomates, que por la tarde va al almacén a arreglarlos, y que por la noche toca palmas y canta, y en el Seat 1430 le echa un alegre casquete a su gitano —que a menudo no curra, porque es un faraón y para algo está ella—, cobra quinientas pesetas.

Debajo de la pirámide están los ucranianos, y los sudacas. Y los moros. A veces ser rubio o hablar español significa veinte o cuarenta duros más que las doscientas pesetas que cobra el moro por echar una hora en la tomatera; que hasta en la miseria hay clases. Al moro, que es la chusma de esa galera, lo alojan usureros que cobran un huevo de la cara por barracones infectos, y lo dejan pudrirse en los descampados; y después, cuando ya están viejos y no rinden, o cuando protestan, siempre hay alguien que manda a su sobrino y unos amiguetes a romperles la crisma, o de pronto se acuerda de que son ilegales y convence a los picoletos de que los quiten de en medio. Y luego, cuando van a la panadería o al supermercado, se niegan a dejarlos entrar porque ofenden la sensibilidad de la señora del Range Rover o porque, dicen, son peligrosos y a veces venden hachís. Y a ver cómo puñeta no van a ser peligrosos, mis primos. Denles media hora y unos cócteles molotov, y podrán comprobar lo peligrosos que pueden llegar a ser ellos, cualquiera, usted, yo mismo, cuando te explotan miserablemente y te mantienen sujeto a la esclavitud y el desprecio.

Business class y otras sevicias

Qué cosas. Te pasas la vida evitando cuidadosamente volar en Iberia, por aquello de no caer en la emboscada. Antes de viajar bajo el dudoso amparo de esa compañía de pabellón nacional, te aseguras de que no hay autovías para ir en automóvil, ni trenes que solventen la papeleta, ni tampoco vuelos de otras compañías, la Thai, o la Air Camerun, o la que sea. Cualquier cosa, le ruegas a la encargada de la agencia de viajes. Búsqueme cualquier cosa menos Iberia. Se lo ruego por su madre. Y así te vas escapando, más o menos, mientras la tarjeta Iberia Plus, que te sacaste un día de locura temporal transitoria, cría óxido en la banda magnética. Pero al final te pillan. Tarde o temprano te sale un viaje inevitable, y zaca. Palmas.

Iberia no es una compañía, es una vergüenza. El otro día, de nuevo, caí en sus manos y todavía me tiemblan las carnes. Volaba —mis editores me cuidan, y yo tampoco soy gilipollas— en clase preferente, que como ustedes saben es más cara que la turista, y a cambio ofrece algunas mejoras en el servicio, más espacio en los asientos, etc. Pero eso era antes. Ahora, en vuelos nacionales viaja más gente en esa clase que en turista. Para empezar había más pasajeros que plazas asignadas, y la cabina era un esparrame de equipajes que no cabían, de gente que protestaba, de azafatas desbordadas, ante la pasiva guasa de un piloto, o comandante, o general de brigada, o como se llamen esos fulanos de las gafas de sol y el Rolex y la gomina y los trescientos kilos al mes y la huelga de celo de Semana Santa y de Navidad, que estaba apoyado en la puerta y pasando por completo del asunto. Yo llevaba una bolsa de mano de dimensiones reglamentarias para cabina y una maleta facturada; pero como faltaba sitio, una azafata me pidió que también metiera la bolsa en la bodega. Lejos de irse a hacer puñetas como sugerí cortésmente, optó por dejarme en paz, obligando a una anciana osteoporósica a incrustarse entre dos pasajeros. Clac, hacía la pobre señora. Y cuando después corrió la cortina separándonos de la clase turista, yo pensé: ahí va. Si esto es lo que nos hacen a los de preferente, no quiero ni pensar lo que van a hacerles a ésos de atrás. Cómo será la cosa que hasta corren la cortina para que no haya testigos.

Total. Que cierran las puertas para que no se escape nadie, y mientras una azafata pretende sobornarnos con una copa de champaña catalán, otra se pone a hacer publicidad por la megafonía. Publicidad por todo el morro. Nada de el chaleco se pone así y la puerta está allí y el comandante Ortiz de la Minglanilla-Salcedo les da la bienvenida, sino publicidad pura y dura. Algo así como Iberia les recomienda la tarjeta Bobo Word o cualquier otra por el estilo, que es una tarjeta cojonuda y con ella los vamos a tratar como se merecen. A todo esto, emparedado entre dos pasajeros en asientos idénticos a los de clase turista, intento abrir el periódico, y como no hay sitio le vuelco a uno de mis vecinos el champaña catalán en los pantalones. El hombre se hace cargo de la situación y se abstiene de pegarme una hostia. Secamos la cosa como podemos —la azafata sigue hablándonos de la Bobo Word y de su puta madre—, y acto seguido, ya sobre las nubes, el piloto nos suministra el apasionante dato de que estamos volando sobre la vertical de Palencia —imagínense: todos luchamos a brazo partido en las ventanillas para asomarnos y ver Palencia— y luego nos pregunta si tenemos ya la tarjeta Bobo Word. A mí las apreturas de ir comprimido en el asiento me han dado un calambre en la pierna derecha, así que me pongo a golpear el pie en el suelo para que se me pase, pensando que más que la Bobo Word lo que debía ofrecer Iberia es la tarjeta de Sanitas. Mi vecino de los pantalones manchados, que es guiri, debe de estar pensando que lo del zapateado es una forma de protesta típica, porque me acompaña con palmas y mucho arte.

Aterrizamos —hora y media de retraso— muertos de hambre y sin que nos sirvan ni un canapé. Sólo una de esas chocolatinas que fabrica Ruiz Mateos. Salgo del avión preguntándome quiénes somos, de dónde venimos, adónde carajo vamos, y por qué hace año y medio que nunca desembarco por uno de esos fingers, o túneles retráctiles casualmente construidos por Thyssen, y siempre me toca subirme al autobús. Al fin, tras aguardar cuarenta y cinco minutos de reloj en la cinta de equipajes, mi maleta sale, por supuesto, cuando ya la daba por perdida. Sale con la última remesa, y todas llevan la etiqueta *Business class, Priority.*

El cabo Belali

Ocurrió hace veinticuatro años. Había una vez un Sáhara que se llamaba Sáhara español, y había una crisis con Marruecos, y en mitad del desierto había un puesto fronterizo llamado Tah: un pequeño fortín como los de las películas, que en las noches sin luna era atacado por los marroquíes. También había, para defender ese fortín, un pequeño destacamento de tropas nativas: doce saharauis mandados por el alférez Brahim uld Hammuadi y el cabo Belali uld Marahbi. También había un periodista jovencito que pasó todo aquel año allí, mandando crónicas diarias para *Pueblo,* y que varias noches compartió los sobresaltos bélicos de quienes defendían Tah. Durante aquellas horas de vigilia, oscuridad y frío, paqueo moruno, cigarrillos con brasa escondida en el hueco de la mano y susurros en voz baja, el periodista se hizo muy amigo del cabo Belali. Tan amigo se hizo que el cabo, la noche que una compañía marroquí cercó el fuerte, y el comandante Fernando Labajos, desobedeciendo órdenes expresas —doce saharauis no eran importantes para los generales españoles— fue en socorro de sus nativos y el periodista jovencito lo acompañó en la aventura, el cabo Belali le regaló al periodista su anillo de plata saharaui, el que llevaba en la mano desde niño. Y el periodista lo guardó siempre como si fuera una medalla. Su roja insignia del valor.

El cabo Belali era flaco y tostado de piel: un guerrero del desierto, que tenía una sonrisa simpática y un curioso mechón blanco en el pelo. En las fotos que el periodista jovencito y él se hicieron juntos, el cabo Belali viste la *gandura* de la policía territorial nativa, con el turbante negro en torno al cuello, lleva una corta barbita en punta y su fusil al hombro, y detrás ondea, como un infame sarcasmo, una bandera de España. Tan amigos se hicieron que algo más tarde, poco antes de la Marcha Verde, cuando el periodista jovencito acompañado de Santiago Lomillo, de *Nuevo Diario,* y Claude Glüntz, un ex paracaidista francés reconvertido a fotógrafo de guerra, cruzaron un día la frontera y pasaron al otro lado a charlar con los marroquíes, y se demoraron mucho en volver porque el sargento del puesto alauita los interrogó primero y luego los invitó a un té, entonces el cabo Belali y sus compañeros creyeron que los marroquíes los habían apresado. Y tras mucho discutir, Belali, que no podía dejar a su amigo en manos de los marroquíes, convenció al alférez Brahim para atacar el puesto marroquí. Y cuando los tres periodistas volvieron a Tah, se encontraron a los saharauis armándose hasta los dientes, dispuestos a rescatarlos por las bravas. Y supieron que ese día habían estado a pique de desencadenar una guerra.

Después España abandonó a su suerte a los saharauis, y el periodista jovencito vio llorar al cabo Belali el día que sus jefes españoles le ordenaron entregar el fusil. También lo vio, formado en el patio del cuartel de El Aaiún, saludar por última vez a aquella bandera que ya no era suya; y ese mismo día lo acompañó hasta la Seguia, por donde una noche como la de hoy, hace exactamente veinticuatro años, el cabo Belali se fue camino del desierto hacia el este, con muchos de sus camaradas, para unirse al frente Polisario. El periodista jovencito y él se encontraron cuatro meses más tarde, cuando los guerrilleros saharauis luchaban a la desesperada por mantener abierta la ruta de Guelta Zemmur y Oum Dreiga. El cabo Belali había envejecido, ya no tenía un mechón sino todo el pelo blanco, y era piel y huesos; pero la sonrisa era la misma. Bebieron juntos los tres tés tradicionales: amargo como la vida, suave como el amor y dulce como la muerte. Y aquella noche, a la luz de una fogata, el periodista jovencito escuchó al cabo Belali la más exacta definición de la muerte que oyó nunca: «Alguien cogerá tu fusil, alguien te quitará el reloj, alguien se acostará con tu mujer. Suerte».

Meses después, en Amgala, otro guerrillero amigo, llamado Laharitani, le contó al periodista jovencito que el cabo Belali había muerto peleando en Uad Ashram. Se retiraban después de una emboscada, dijo. Le habían dado, se quedó atrás y no pudieron ir a buscarlo. Estuvieron oyendo el fuego de su Kalashnikov durante mucho rato, hasta que por fin dejaron de oírlo.

Ésa es la historia del cabo Belali uld Marahbi. Y cada año, por estas fechas, el periodista jovencito —que ya no es periodista ni es jovencito— abre una pequeña caja de madera que tiene, y recuerda a su amigo mientras toca el anillo de plata.

La desgracia de nacer aquí

Ando a navajazos con los últimos capítulos de una novela, en esa fase final donde, saturado, llegas a detestar el trabajo y te acuchillas con tu propia sombra. De modo que ahora, al contrario de lo que hice durante año y medio, busco momentos de fuga, lecturas que nada tengan que ver con lo que llevo entre manos. Y una de esas lecturas ha sido un librito que contiene el *Epistolario,* la correspondencia de Leandro Fernández de Moratín.

Siempre me cayó bien don Leandro, desde que en el colegio leí un poco de *El sí de las niñas.* Luego, con el tiempo, reuní su producción teatral y cuantos libros hallé sobre la vida y obra de aquel hombre inteligente y lúcido que tuvo la desgracia de nacer en España; de vivir cuando las ideas de renovación y modernidad que empezaban a imponerse en Europa iban a ser barridas aquí por la reacción negra que siguió a la guerra contra los franceses. Desgarra la conciencia ver cómo Moratín, tal vez la más elegante y racional cabeza de la escena y la literatura de su tiempo, termina, como Goya y tantos otros de los llamados afrancesados, fugitivo y exiliado, siguiendo al gobierno del rey José en su retirada; él, que no era un hombre de acción sino apacible, culto y tímido, temeroso de la guerra, la Inquisición y la revancha de los vencedores, a cuyo carro —*¡vivan las caenas!*— se habían subido los envidiosos, los oportunistas y los infames que en España no faltan jamás en tiempos de río revuelto. Y ese hombre de talento se extinguió oscuramente en Francia, amargado, mirando de lejos un país ingrato y miserable al que le daba miedo regresar.

Las cartas que Moratín escribe a sus amigos, en especial durante la última y trágica etapa, son tan españolas que dan escalofríos. Porque españolísimo es el panorama que describe, poblado de fanáticos, analfabetos, envidiosos, curas —*«reclamando autoridad y leña para hacer hogueras»*— y sinvergüenzas de todo pelaje. *«Pocos agradecerán al autor las verdades que enseñe* —escribe Moratín a Juan Pablo Forner—. *Tendrá por enemigos a cuantos viven de imposturas, y el Gobierno le dejará abandonado en manos de ignorante canalla».* O cuando añade: *«Si vamos con la corriente nos burlan los extranjeros, y aun dentro de casa hallaremos quien nos tenga por tontos; si tratamos de disipar errores funestos, la santa y general Inquisición nos aplicará los remedios que acostumbra».*

Es terrible el drama de Moratín, como terrible es la historia de España. Cuando hace pocos meses, en un teatro, escuchaba a Emilio Gutiérrez Caba en su magnífica interpretación del personaje de don Diego en *El sí de las niñas* decir aquello de *«esto resulta del abuso de autoridad, de la opresión que la juventud padece»,* no podía menos que pensar en el pobre autor de aquel texto, que en su momento tuvo un éxito tan clamoroso que le granjeó envidias y persecuciones para siempre, y en tantos otros talentos, hombres de bien, cabezas lúcidas, que fueron quemados, ninguneados, aplastados por la maldición histórica de sus mezquinos y caínes conciudadanos. *«¿No es desgracia* —escribe Moratín a Jovellanos— *que cuanto se hace en utilidad pública, si uno lo emprende, viene otro que lo abandona o destruye?»...* Pobre España, me decía, tantas veces a punto de levantar la cabeza, de salir de la oscuridad y el patetismo de pueblo y la incultura y la estupidez y la violencia; y cada vez que estuvimos a punto de abrir la ventana para que entrase el aire, vino un fraile con un haz de leña, o una invasión francesa, o un canalla coronado como Fernando VII, o un espadón descontento con las últimas medallas y la marcha del escalafón, y todo se fue de nuevo a hacer puñetas: otra vez el cerrojazo, y el triunfo de la sinrazón, y el exilio. Y la gente cobarde que lo mismo aplaude al libertador que al opresor si ve que todo el mundo lo hace; que lo mismo idealiza que arrastra por las calles sin transición, por oportunismo, por miedo, por simple supervivencia.

Así que pobre don Leandro Fernández de Moratín, pensaba yo al pasar las páginas de sus cartas. Considerándose, pese a todo, afortunado porque había logrado salir de aquí. Y pensé en la misma historia repetida en tantos tiempos y tantos exilios. En Antonio Machado, que murió como un perro, enfermo y apenado junto a la frontera; y en los otros que ni siquiera pudieron llegar a ella. Y al fin, con un estremecimiento, subrayé a lápiz unas últimas y terribles líneas: «*Burdeos, 27 de junio. Llegó Goya, sordo, viejo, torpe y débil. Sin saber una palabra de francés*».

Siempre al día

Vaya, hombre. Resulta que se habían equivocado. Resulta que todo fue un error de lo más tonto, y que ahora la Iglesia católica y el papa de Roma le piden disculpas a Lutero. Metimos la gamba, dicen. Gambetta metita, excusatio petita. Reconocemos que se nos fue un poco la mano, Lute, chaval. Unas hogueritas de más, o sea. Tampoco la cosa fue para tanto, comparada con la que tú nos liaste, colega, con las tesis de Wittenberg y la Liga de Smalcalda y el cisma y la madre que te parió. Total, unos cuantos chicharrones por aquí y por allá, leña al hereje hasta que hable inglés y todo eso. Cosa de los tiempos y de las costumbres. Al fin y al cabo, nosotros mandábamos quemar los cuerpos para salvar las almas. Y conste que siempre torturamos con cuerda, agua y fuego para no derramar sangre, y que la última pena la aplicaba el brazo secular. Además, cuando un perro luterano, perdón, un hereje, un hermano en Cristo desorientado, abjuraba a pie de quemadero, teníamos el detalle de hacerlo estrangular antes de que ardiese la pira, y así iba al cielo sin decir palabrotas al sentir luego las llamas, y condenarse. Además, como dice el tango, cuatro siglos no es nada. ¿Qué suponen tropecientos mil encarcelados y torturados y degollados y quemados en comparación con la inmensidad del océano y el tictac de la eternidad? Nada. Un charquito, un momento de je ne sais pas quoi. Así que perdona y olvida, tío. Pelillos a la mar.

Es curioso esto de la Iglesia católica y el perdón. Siempre lo pide tarde. Y no hay que remontarse al XVI o a los calabozos de la Inquisición. El sistema sigue vigente, con las actualizaciones obligadas. Que se lo pregunten a los teólogos disidentes, a Boff, a Castillo, a Toni de Melo, a Curran, a los obispos alemanes y sus centros de asesoramiento sobre el aborto, a los de la Iglesia de la Liberación, a los curas guerrilleros, a los que no tragaron ni tragan con el cerrojazo de la mafia polaca. Ya no te queman, claro; pero son capaces de aplastarte en vida, si estás en el engranaje y gastas alzacuello, o amargarte y manipularte la existencia si andas en la periferia. La base del sistema es la misma: primero se plantea el o tragas, o palmas: la intransigencia, y el dogma, y la infalibilidad del papa y la revelación de san Apapucio bendito, que tiene hilo directo con la zarza ardiente. Luego, cuando se caen los palos del sombrajo y la propia naturaleza de las cosas y de la Historia pone las cosas en su sitio, y todo resulta tan evidente que no hay más hilo que darle a la cometa, entonces vienen el acto de reparación pública, y el donde dije Digo digo Diego. Y el hablar de reconciliación y de tolerancia. Y a todos aquellos a quienes les arruinaron la vida, a Galileo, a los judíos, a los moriscos, a los herejes, a los disidentes, a los quemados y los desterrados y los degollados, a las supuestas brujas de catorce años, a las víctimas del fanatismo y del Dios lo quiere, a ésos que les vayan dando.

A mí, francamente, que cuatro siglos después de Trento la Iglesia católica le pida perdón a Lutero, me importa un carajo. Lo que me pregunto es, a ese ritmo de contrición, cuánto tiempo tendrá que transcurrir todavía para que tal perdón le sea pedido a todos los curas y teólogos arrojados a las tinieblas exteriores por sus posturas sobre la actividad social de su ministerio, o sobre el celibato. O para que se deploren tantas ejecuciones ante fusiles rociados con agua bendita, torturados y arrojados al mar drogados y desnudos, desde aviones donde un pater impartía la absolución *sub conditione*. O para que Roma pida perdón a los homosexuales por tantas pobres vidas arruinadas en siglos de represión, marginación y desprecio, o lamente tantos matrimonios guiados hacia la frustración desde ciertos cerriles confesionarios. A ver cuándo se disculpa alguien por las niñas obligadas a ser madres porque todo embrión es sagrado. O por las víctimas del fanatismo, la ignorancia, el odio étnico y el tiro en la nuca fraguados en sacristías. Por las infelices mujeres que aún se desangran en abortos clandestinos. Por tantos matrimonios atados en el cielo e indisolubles en la tierra, pero disueltos por tribunales eclesiásticos previo pago de su importe. O por los millones de africanos que en los próximos años morirán de Sida, porque resulta que el preservativo impide la procreación; y todo acto sexual que no se encamina a la procreación es condenable.

Ya ven. Toda esa bagatela pendiente, y Roma nos sale ahora con Lutero. Menuda prisa se dan mis primos. Así no me extraña que les escasee la clientela.

Colegas del cole, o sea

Hace un par de semanas puse la tele. En realidad me pilló a traición, pues lo único que hago con ella, aparte de ver un rato de *Tómbola* algunos viernes, es grabar películas para verlas por la noche. Y estaba programando el vídeo —Lee Marvin, Clu Gulager y Angie Dickinson en *Código del hampa,* de Don Siegel— cuando me di de boca con una de esas series de estudiantes, y de jóvenes en su misma mismidad. Una serie con diálogos cotidianos, reales como la vida. Y me dije: toma ya. Y me quedé allí, el mando en la mano y la boca abierta, con cara de gilipollas.

Desde entonces he repetido alguna vez. No sé si controlo bien el argumento, porque me faltan antecedentes y contexto. Todavía ignoro si Paco es primo de Pochola o sólo se la está trajinando, y si Javier es drogodependiente o se lo hace para fastidiar al profesor de química. Pero el asunto es que hay un colegio donde van chicos y chicas que son buenos, o que son malos porque la sociedad los traumatizó cuando se divorciaron sus padres. Y se relacionan entre ellos con la naturalidad de los jóvenes, o sea, contándose sus problemas y ayudándose porque en el fondo, a pesar de las tensiones normales en la convivencia, se quieren y se respetan y se sienten solidarios. La prueba es que se van a hacer puenting todos juntos, y cuando el rata de la clase se acojona, los líderes viriles lo abrazan y le dicen vale, colega, puedes hacerlo, sabemos que puedes. Y el rata de mierda respira hondo y dice gracias a vosotros podré, compañeros, y mira de reojo a la chica que no le hace ni puñetero caso porque se la está cepillando el cachas de

Jaime, o como se llame, y entonces va el rata y se tira por el puente, el imbécil, y todos aplauden y esa noche se beben unos calimochos para celebrarlo.

También hay un guapo que era drogata porque era huérfano pero se salió a tiempo, me parece, y vive en casa de otro que tiene un trauma porque su hermano se murió y sus padres no lo comprenden. Y varias chicas en la clase que se cuentan unas a otras los graves problemas de la existencia, como el hecho de que Mariano no las mire o de que Lucas esté muy raro últimamente o que la ropa de Zara sea genial. También sale una tal Sonia, creo, que es un putón desorejado, y se mete por medio en la relación angelical que mantienen Luis y Juani sólo para fastidiar a Juani porque una vez no le dejó copiar los apuntes. Y Luli, que está colgada de Manolo pero a quien ama es a Héctor; lo que pasa es que Héctor es gay y lo ha dicho públicamente en clase, tras pensárselo mucho, y los compañeros que al principio se descojonaban de él y lo llamaban maricón, ahora, avergonzados, lo respetan por su gallardo gesto. No falta la profesora que quiere ayudar a los chicos, y que en realidad lucha con las ganas que tiene de tirarse a uno de los alumnos, un tal Pepe, y de suspender a su novia Marcela para vengarse de ella, porque Marcela es tonta del culo y se pasa el tiempo hablando de Ricky Martin. Pero con todo y con eso, la cosa se va arreglando poco a poco gracias a la buena voluntad y al compañerismo. Y el drogata se hace monitor de skí, el gay encuentra su media naranja en otro chico gay que resulta ser hijo del conserje, la profesora comprende que en realidad quien la pone a cien es el profe de Religión, la chocholoco se queda preñada pero decide no abortar gracias al apoyo de toda la clase, etcétera.

Y yo, con el mando a distancia en la mano, pensaba: tiene huevos. Vaya mundo de jujana se están marcando los astutos guionistas. El truco es leer el periódico cada día y meterlo en la serie, con la diferencia de que ahí adentro todo tiene arreglo y la vida puede ser asumida y resuelta con dos frivolidades y un lugar común. Lo malo es que todo eso rebota afuera, y en vez de ser la serie la que refleja la realidad de los jóvenes, al final resultan los jóvenes de afuera los que terminan adaptando sus conversaciones, sus ideas, su vida, a lo que la serie muestra. Ése es el círculo infernal que garantiza el éxito: un discurso plano y vacío, facilón, asumible sin esfuerzo. Los diálogos elementales como el mecanismo de un sonajero, pero revestidos de grave trascendencia. Toda esa moralina idiota y superficialidad inaudita. Y me aterra que semejantes personajes, irreales, embusteros en su pretendida naturalidad, tan planos como el público que los reclama e imita, se consagren como referencias y ejemplos. Pero ésa es la maldición de esta absurda España virtual y protésica de silicona, más falsa que un duro de plomo, tiranizada por la puta tele.

Fuego de invierno

Ocurrió hace un par de días, de la forma más tonta. Era muy temprano, una de estas mañanas en que el frío parte las piedras en la sierra de Madrid, con el suelo cubierto de una costra de escarcha helada. Me había puesto un chaquetón y una bufanda e iba a comprar el pan y los periódicos a la tienda, que es la única que hay cerca y tiene un poco de todo, desde pan Bimbo hasta el *Diez Minutos* o tabaco. Está junto a la iglesia, que es pequeña y de granito. Don José, el párroco, pasa por la tienda cada mañana después de misa de ocho, a comprar el *ABC.* Siempre charlamos un poco sobre la vida, sobre las ovejas de su rebaño, y sobre la mies, que es mucha y cada vez más perra. Por lo general la gente llega a la tienda, compra lo suyo y se va; yo mismo suelo quedarme el tiempo justo para pedir lo mío y pagar. Pero el otro día era tanto el frío que el tendero había hecho una hoguera en la calle con algunos troncos y ramas, y estaba allí el hombre, calentándose. También estaban don José con su boina puesta y un par de viejos albañiles que trabajan en una obra cercana. Y los pocos clientes que íbamos llegando a esa hora nos demorábamos junto a las llamas, extendiendo las manos ateridas. Y se estaba en la gloria.

Parece mentira lo que hace un buen fuego. Nadie tenía prisa en irse. Algún cliente de los que aparecen a llevarse el pan y no dicen ni buenos días se quedaba por allí, charlando. El pater se puso a evocar los tiempos en que él era cura jovencito y rural en un pueblo perdido de Navarra, cuando tenía que ir en mula por caminos nevados y daba los óleos junto a la chimenea de la cocina. Por mi parte, hablé de la mesa camilla de mi abuela, el brasero y el picón que me mandaban a comprar a la carbonería, y del día en que oí por radio la muerte de Pío XII. Uno de los albañiles rememoró su infancia en el monte como pastor, y detalló cómo, sin saber contar más que hasta cinco, llevaba un minucioso registro de ovejas a base de pasar grupos de cinco piedrecitas de un bolsillo a otro. El caso es que todo aquello desató un torrente de confidencias, y al cabo de un rato estábamos allí charlando en una deliciosa tertulia improvisada en torno al fuego, gente que llevábamos años cruzándonos con un escueto buenos días y sin conocernos, y sabíamos de pronto más de unos y otros, en cinco minutos, de lo que habíamos sabido nunca.

Hogar viene de fuego, recordé. Del latín *focus* y de *lar*, dios familiar, fuego de familia, la cocina en torno a la que se ordenaba la convivencia. Para el ser humano, enfrentado al miedo y al frío de un mundo exterior que siempre fue mucho más difícil que ahora, el fuego significó tradicionalmente seguridad, compañía, supervivencia. En buena parte de las sociedades modernas ese concepto ha desaparecido; e incluso en fechas como éstas, inconcebibles ya sin la palabrería falsa y el cinismo mercachifle de los grandes almacenes, la gente no se agrupa en torno a la cocina o a la chimenea, ni siquiera en torno a una mesa de camilla mirándose unos a otros la cara, conversando, sino que guarda silencio en sofás y sillones mirando al frente, todos en la misma dirección: la del televisor. Y sin embargo, los viejos mecanismos, los reflejos atávicos, siguen ahí todavía. Y a veces, de pronto, en mitad de toda esta narcotizante parafernalia de la electrónica y el confort, basta un día de frío, un fuego casual que aviva la memoria genética de otros tiempos y otra forma de vida, para que los hombres vuelvan a sentirse humanos, solidarios. Para que se acerquen unos a otros, observen alrededor con curiosidad y de nuevo se miren a la cara. Para que evoquen juntos y descubran que esos fulanos que pasan sin apenas saludarse tienen una larga y azarosa historia en común, que los une mucho más que todas las cosas que los separan. Seguía llegando gente, y todos se acercaban a calentarse al fuego. Un tipo con BMW ostentoso y chaqueta de caza, que siempre me ha parecido un perfecto gilipollas, contaba emocionado cómo su madre le calentaba la sopa cuando tenía gripe y se quedaba en la cama en vez de ir al cole. Es simpático este capullo, terminé pensando para mi coleto. El albañil que había sido pastor cuando niño ofrecía tabaco, y la gente lo encendía con rescoldos de la hoguera. Ni siquiera el tendero tenía prisa por ir a cobrar.

«*Ojalá hubiera más hogueras, pater*», le comenté a don José mientras extendía mis manos hacia el fuego, cerca de las manos de los otros. Y el viejo párroco se reía: «*A mí me lo vas a contar, hijo. A mí me lo vas a contar*».

Dejen que me defienda solo

Todavía me estoy revolcando de risa. Resulta que, en este año que finiquita, la proporción de aspirantes por plaza a ingresar en las Fuerzas Armadas españolas ha bajado del 3,1 al 1,2. Dicho de otra manera, que la peña pasa. Y el Ministerio de Defensa —por llamarlo de alguna manera— no sabe cómo diablos cubrir la plantilla mínima para echarle gasoil al tanque y traerle cafés al coronel. Entonces resulta que, para cubrir agujeros, los estrategas del ministerio han eliminado la exigencia de graduado escolar para los aspirantes, y están aprobando a sujetos que en los exámenes obtienen notas de 0,5, 1,3 y 1,5 sobre 10. Uno de cada tres admitidos en la última convocatoria —300 de un total de 1.000— tenía nota inferior a 5. Y eso, ojo, en un examen que, según el propio Ministerio de Autodefensa, sirve para determinar «*las aptitudes verbales y numéricas y el grado de inteligencia*». De manera que, si tenemos en cuenta los niveles universalmente exigidos por las Fuerzas Armadas en general, imagínense el panorama intelectual si encima en España se rebajan hasta el 0,5 sobre 10. Eso significa que en la última convocatoria, el ministerio admitió, para manejar bombas y escopetas, a individuos que pueden rozar la oligofrenia. Lo que permite establecer el perfil medio exigido para el soldado español del futuro: un retrasado mental que sepa decir a sus órdenes mi sargento y contar hasta diez.

Por otra parte me parece lógico, con la mierda de paga que dan y lo que exigen a cambio. Tampoco van a esperar licenciados en Deusto a cambio de cuatro duros y un bocata de chorizo a media mañana, para que el presidente Aznar pueda ponerse la boina de miles gloriosus —que con su corte de pelo le sienta como una patada en los cojones— y hacerse fotos en Kosovo con el ministro de Defensa cuando va por allí de visita. Para salir en los periódicos ya tienen ahora a las soldadas, que dan de cine vestidas con el uniforme de camuflaje y la goma en la coleta y el Cetme, como mi amiga Loreto, que es la soldado más guapa y con más clase que conozco. Que están por todas partes, por cierto, lo mismo de picoletas y guardias de la porra que de marineras y de rambas feroces, porque donde hay oposiciones de por medio las sacan ellas por el morro, pues se lo toman todo más en serio que nadie. Seguro que en ese examen del que hablábamos, los nueves y los dieces eran casi todo tías. Y eso, por lo menos, es algo que ganan las Fuerzas Armadas. Lo ganan en sensatez y en pares de huevos; porque las tordas, cuando se ponen a ello, son de armas tomar. No como otros que yo me sé, que cuando les pinchan un dedo llaman a su mamá. Las gachís nunca llaman a su mamá: ellas son su mamá.

El otro aspecto que me encanta de la fiesta bélica nacional es la idea que acaricia Defensa —perdonen que me ría, pero cada vez que escribo Defensa me atraganto— de abrir el ingreso en las Fuerzas Armadas a los emigrantes, a ver si cubren plazas. Los patriotas de piñón fijo ponen el grito en el cielo, pero a mí me gusta. A fin de cuentas, hay antecedentes. Aquí ya tuvimos la Legión y los regulares y los moros que trajo Franco, y toda la parafernalia africano-guiri. Y yéndonos algo más lejos, en la última etapa del imperio romano los legionarios del *limes* se reclutaban entre las mismas tribus bárbaras a las que combatían. A mí me parece estupendo que los inmigrantes puedan integrarse, y sobre todo comer, gracias a la milicia; no todos van a ser putas y traficantes y mano de obra barata. De ese modo tendrían más utilidad pública; como la tiene, por ejemplo, el ejército norteamericano, que está lleno de negros y de hispanos porque ésa es la única manera de salir de la marginación y la miseria. Además, las guerras ya no son como antes, y los ejércitos rara vez se matan entre sí. Ahora se usan mucho para matar civiles. Es la última moda, y para esa función operativa es mejor un ejército mercenario de negros y de moros de afuera; que mientras se integran o se dejan de integrar, les importará un carajo a quién matan y a quién no. Así los jefes y oficiales blancos podrán sentirse otra vez como Alfredo Mayo en *Harka*, que es lo que a todo milico le hace tilín. Y puestos a elegir entre el cenutrio del 0,5 de coeficiente y un moro listo que se busca la vida, y además va y preña si puede a la sargento Sánchez, yo me quedo con el moro. Y la sargento Sánchez también. Porque ya está bien de errehaches endogámicos y de razas puras, rubias o con una sola ceja. Este país de imbéciles necesita que nos renueven la sangre.

2000

Libros viejos

No sé si a ustedes les gustan los libros viejos y antiguos. A mí me gustan más que los nuevos, tal vez porque a su forma y contenido se añade la impronta de los años; la historia conocida o imaginaria de cada ejemplar. Las manos que lo tocaron y los ojos que lo leyeron. Recuerdo cuando era jovencito y estaba tieso de viruta, cómo husmeaba en las librerías de viejo con mi mochila al hombro y maneras de cazador; la alegría salvaje con que, ante las narices de otro fulano más lento de reflejos que yo, me adueñé de los *Cuadros de viaje* de Heine, en su modesta edición rústica de la colección Universal de Calpe; o la despiadada firmeza con que, al cascar mi abuela, me batí contra mi familia por la preciosa herencia de la primera y muy usada edición de obras completas de Galdós en Aguilar, donde yo había leído por primera vez los *Episodios nacionales*.

Siempre sostuve que no hay nigún libro inútil. Hasta el más deleznable en apariencia, hasta el libro estúpido que ni siquiera aprende nada de quien lo lee, tiene en algún rincón, en media línea, algo útil para alguien. En realidad los libros no se equivocan nunca, sino que son los lectores quienes yerran al elegir libros inadecuados; cualquier libro es objetivamente noble. Los más antiguos entre ellos nacieron en prensas artesanas, fueron compuestos a mano, las tintas se mezclaron cuidadosamente, el papel se eligió con esmero: buen papel hecho para durar. Muchos fueron orgullo de impresores, encuadernadores y libreros. Los echaron al mundo como a uno lo arrojan a la vida al nacer; y, como los seres humanos, sufrieron el azar, los desastres, las guerras. Pasó el tiempo, y los que habían nacido juntos de la misma prensa y la misma resma de papel fueron alejándose unos de otros. Igual que los hombres mismos, vivieron suertes diversas; y en la historia de cada uno hubo gloria, fracaso, derrota, tristeza o soledad. Conocieron bibliotecas confortables e inhóspitos tenderetes de traperos. Conocieron manos dulces y manos homicidas, o bibliocidas. También, como los seres humanos, tuvieron sus héroes y sus mártires: unos cayeron en el cumplimiento de su deber, mutilados, desgastados y rotos de tanto ser leídos, como soldados exhaustos que sucumbieran peleando hasta la última página; otros fallecieron estúpida y oscuramente, intonsos, quemados, rotos, asesinados en la flor de su vida. Sin dar nada ni dejar rastro. Estériles.

Pero hubo algunos, los afortunados, que sí cayeron en las manos adecuadas: ésos fueron leídos y conservados, y fertilizaron nuevos libros que son sus descendientes. Esos libros antiguos o simplemente viejos, raros, curiosos, vulgares, fascinantes, soporíferos, bellos o feos, caros o baratos, todavía andan por acá y por allá, maravillosamente mezclados y revueltos, y siguen generando ideas, historias, conocimientos y sueños. Son los supervivientes: los que escaparon al fuego, al agua, a los bichos y a los roedores, y sobre todo escaparon al fanatismo, la ignorancia, la estupidez y la maldad de los seres humanos. Esos libros han sufrido desarraigos, expolios, peligros sin cuento para llegar hasta hoy. Los salvaron manos afectuosas, o manos casuales, o manos mercenarias. Da lo mismo. En cualquier caso, manos amigas. Y ahí siguen, dispuestos a abrirse de páginas sin remilgos ante el primero que les diga ojos negros tienes.

No se corten, pardiez. Vayan a las librerías de viejo, o a los anticuarios si tienen la suerte de poder permitírselo: se encuentran joyas tanto en traperías como en los más selectos catálogos internacionales, porque el valor real de un libro se lo da quien lo lee. Y no me vengan con la milonga de siempre, que el libro nuevo o viejo es caro; porque también es caro beberse diez cañas, ir al cine a ver una gilipollez gringa, o echar gasolina. Además, existen las bibliotecas públicas. En cualquier caso, cuando lo hagan, acérquense a ellos con el afecto y el respeto de quien se acerca a un digno y noble veterano. Ya he dicho que son supervivientes: unos pocos afortunados entre miles de libros lamentable e irremediablemente perdidos. Por desgracia, el tiempo, la ignorancia y la imbecilidad seguirán mermando las ya menguadas filas de los mejores. Gocen, por tanto, del privilegio de acceder a ellos, ahora que todavía siguen ahí. Y si saben hablar su lenguaje, si saben merecerlos, tal vez una noche tranquila, en un sillón confortable, en la paz de un estudio, en cualquier sitio adecuado, ellos aceptarán contarles en voz baja su fascinante, y vieja, y noble historia.

El francotirador y la cabra

Conozco a una niña, pequeña y despiadada guerrera del arco iris, que, viendo en la tele una película donde un francotirador apuntaba a un pastor que caminaba con una cabra, preguntó alarmada «¿No irá a matar a la cabra?». Y debo confesar que comprendo perfectamente a la niña. A mí me pasa lo mismo, aunque me gusten las corridas de toros, el chuletón de ternera y el mero a la plancha. Pese a lo cual, si hace falta, puedo pasarme sin corridas, sin chuletón y sin mero. Y en cuanto al francotirador, si no es posible volarle los huevos a él antes de que apriete el gatillo, puesto a elegir —y me incluyo en el sitio del pastor—, la mayor parte de las veces prefiero que viva la cabra. Una vez dije en esta misma página que la humanidad entera podría desaparecer y no tendría más que lo que merece, pero a cambio el planeta ganaría en tranquilidad y en futuro. Sin embargo, cada vez que muere un bosque o un mar, cada vez que desaparece un animal o se extingue una especie amenazada, el mundo se hace más sombrío y más siniestro. A fin de cuentas al animal nadie le pregunta su opinión. No vota ni dispara en la nuca. Nosotros, en cambio, tenemos el mundo de mierda que nos ganamos a pulso.

Todo este prólogo algo melodramático viene a cuento porque acabo de enterarme de que un grupo de gente joven acaba de crear una cosa que se llama SEC, o sea, Sociedad Española de Cetáceos. Que, como su propio nombre indica, pretende coordinar los esfuerzos para el estudio y la protección de ballenas, delfines y otras especies marinas de nuestras aguas. Tienen su página web en Internet, y por sus futuras obras los conoceremos. De momento ahí están; y es bueno que estén, porque hacen falta moscas cojoneras que libren desde el lado no gubernamental la batalla que la Administración, lenta, insensible y viciada —líbreme Dios de decir también a veces sobornada—, no quiere encarar.

Les juro a ustedes que hay pocos espectáculos tan hermosos como un rorcual de veinte metros que nada majestuoso junto a su cría; o una manada de delfines en la noche del mar de Alborán, cientos de ejemplares cazando a la luz de la luna, o nadando de día bajo una proa en las aguas limpias de Baleares mientras se vuelven boca arriba para mirarte. Deseo de todo corazón que sigan existiendo esos bichos inteligentes de enigmática sonrisa; tan inteligentes que se trata de los únicos mamíferos, aparte el ser humano, que mantienen jugueteos y relaciones sexuales sólo por pasárselo bien, sin tener siempre la piadosa intención de procrear. De momento, la SEC acaba de advertir que de las veintisiete especies de cetáceos que todavía nadan en aguas españolas, dos de ellas, los delfines común y mular, corren gravísimo peligro de extinción, igual que las ballenas rorcuales y las marsopas; que la contaminación incontrolada los está liquidando, y que flotas piratas de pesqueros con palangres y redes ilegales van y vienen fuera de las doce millas como Pedro por su casa o, si lo prefieren, como ruso por Chechenia. Por eso, la SEC propone la creación de cinco enclaves marinos protegidos que los preserven, y pide colaboración para una red de control y vigilancia. Yo añadiría a la propuesta una flotilla de lanchas torpederas para hundir a tanto cabrón impune que va por ahí llevándose hasta las lapas de las piedras, incluso convirtiendo delfines en harina para perros. Pero algo es algo.

No es una mala guerra, ésa. Quizá es una de las pocas que de verdad merecen la pena, a librar contra unos

despachos y una burocracia pasiva —a veces muy sospe-
chosamente pasiva— frente a los desmanes de los canallas
que devastan los mares. Y no se trata sólo de cetáceos. Si
yo les contara lo que están haciendo con el atún rojo en
aguas españolas, donde empresas supuestamente ejemplares y aplaudidas por la Administración, con el concurso de
pesqueros franceses, exterminan sin escrúpulos esa especie
para que los japoneses coman sushi fresco en Osaka, y encima sin que los pescadores españoles vean un cochino
duro, se les abrirían las carnes. Es más: igual un día me levanto con ganas de pajarraca y voy y les aclaro a ustedes el
misterio de cómo un atleta de aguas libres como el atún
rojo, alehop, resulta que ahora se cría supuestamente, dicen, en supuestos viveros; y de paso les explico la diferencia entre un vivero y un campo de concentración a modo
de despensa fresca. Algo que sabe cualquier marino o pes-
cador, pese a lo cual las autoridades marítimas y pesqueras
—que se lo cuenten a su tía— dicen estar en la inopia.
Venga ya, señor ministro. No me joda Su Excelencia.

El pelmazo de Gerva

Gervasio Sánchez me ha mandado su último libro de fotos, cuarenta imágenes sobre la tragedia de Kosovo. Ustedes a lo mejor ya no se acuerdan de Kosovo, porque fue antes de Chechenia y de Timor, e igual la confunden con Bosnia; pero Bosnia fue antes de Ruanda y justo después de Croacia, de la que ya no me acuerdo ni yo mismo. Ahora que lo pienso, no es mala lista en sólo ocho años: Croacia, Bosnia, Ruanda, Kosovo, Timor, Chechenia. Eso sin contar las otras guerras de segunda, sin derecho a abrir telediario.

Y seguro que todavía olvido alguna. Al fin y al cabo se parecen mucho unas a otras, las guerras; y al final Gervasio, Gerva, las resume siempre en la misma foto. Un tipo muerto, una mujer aterrada, un niño que llora, un cabrón con metralleta. A veces cambian los factores, y el muerto es el niño, la aterrada es la mujer y quien llora es el tipo, o viceversa. Pero el cabrón de la metralleta siempre sigue ahí. Ése no falla nunca.

El caso es que Gerva, gran fotógrafo, buena persona y además amigo mío, acaba de reventar la paz de mi jubilación postbélica con su envío envenenado. En otros tiempos —lo cuento en *Territorio comanche*—, Gerva y el arriba firmante compartimos guerras ajenas, ilusiones perdidas y amigos muertos. Yo me salí, y él sigue. Ahora, por no tener, uno no tiene en su casa apenas nada que le recuerde aquellos tiempos del cuplé, y vive entre un velero y una biblioteca diciéndose que veintiún años dentro de las fotos de Gerva, poniéndoles nombres y apellidos y voces y lágrimas a todos esos rostros que ahora aparecen en las páginas en blanco y negro de su libro sobre Kosovo, son ración suficiente para una vida. Uno se alegra de no tener que vivir ya entre dos aviones, cruzando fronteras a base de sobornar aduaneros, pisando cristales rotos en amaneceres grises, peleando por una conexión vía satélite, puesto contra una pared con un Kalashnikov apoyado en la espina dorsal o echando carrerillas por Sniper Alley mientras se siente como un pichón en el tiro de pichón y Márquez, Betacam al hombro, protesta porque te metes en cuadro. Ahora puedo mentarle la madre al Javier Solana de turno sin que mis jefes amenacen con ponerme de patitas en la calle; entre otras cosas, porque ya no tengo jefes. Estoy fuera. Tuve la suerte de poder salirme a tiempo, y ya no arriesgo los huevos para que doña Lola y Borja Luis hagan zapping entre *Corazón Corazón* y *Al salir de clase*. Y sin embargo...

Ése es el problema. Al recibir el libro de Gerva, me he sentido mal. Me he sentido extraño. Pasaba las páginas y el horror volvía una y otra vez. Yo me jubilé en 1994 y ya no hice Kosovo; y sin embargo reconocía cada cara, cada escena, cada cadáver. El rostro de mujer angustiada que huye con su hijo dormido a la espalda en la contratapa del libro lo había visto tantas veces que, apenas lo tuve delante, pude reconstruir sin esfuerzo la situación. Aún conserva a su hijo —pensé— y va en grupo con otras mujeres y niños. Su marido se quedó atrás, y a estas horas está luchando o abona una fosa común. Ella tiene suerte, porque no la han violado. Lo sé porque está en la frontera pese a ser guapa y joven, y en los Balcanes a las guapas y jóvenes casi nunca las violan una sola vez, sino que las llevan a burdeles para soldados y las violan cada día y cada noche, y al final las matan cuando quedan preñadas. He visto esa historia en el acto, como he visto otras historias igual de corrientes y conocidas de sobra en las fotos chamuscadas entre casquillos de bala, en el reparto de pan a los refugiados, en los cadáveres devorados por los perros. Creía estar ya a salvo y lejos de todo eso, y mira. De pronto llega Gerva y me recuerda que ése es el único mundo real verdaderamente real que existe, y que esto otro de aquí sólo es un camelo, una tregua, y que mañana el muerto de la foto puedo ser yo, o la que corre con el niño a la espalda puede ser mi hija. Una noche de 1991, bajo las bombas serbias en Vukovar, Gerva me dijo: *«Si me matan por tu culpa, no te lo perdonaré nunca».* No lo mataron esa noche, pero por lo visto me la guarda. Así que ahora el muy aguafiestas ha venido a irrumpir en mi conciencia con recuerdos y con fantasmas que nadie le ha pedido que me trajera. Se cree que porque él siga teniendo fe en el ser humano, y no se resigne a envejecer, y continúe pateando el mundo con sus abolladas Nikon y su deshilachado chaleco antibalas de segunda mano, tiene derecho a quitarnos el sueño a los demás con sus putas fotos. Pero Gerva siempre fue así. Un Pepito Grillo insoportable. Un maldito pelmazo.

Idioteces telefónicas

Con esta proliferación de los teléfonos móviles, y los mensajes de Telefónica y de Airtel y los contestadores automáticos, de cada diez llamadas consigo hablar con la gente una, o ninguna. Ya ni siquiera es la voz del otro lo que sale por el canuto diciendo hola, no estoy en casa. Lo normal es que salga una de esas barbies enlatadas a las que terminas odiando con toda tu alma, y diga *«el teléfono está apagado o fuera de servicio»*, cuando es un móvil, u oigas el *«no estoy en casa»* del contestador normal que uno mismo graba, o eso otro de *«en este momento no lo puedo atender; si lo desea puede dejar un mensaje»*, que pone Telefónica porque, dice, es servicio gratuito de contestador. Aunque lo de gratuito puede contárselo a su tía, porque en realidad es el colmo de la caradura y el atraco a mano armada; un truco infame para que, dejes mensaje o no lo dejes, puedan cobrarte esa llamada por el morro, como hecha y completa, pues el contador funciona a partir del momento en que se interrumpe la señal de llamada y el usuario, grabado o de viva voz, responde al teléfono.

Dicho de otra manera: que tú estás llamando, por ejemplo, a tu Concha, y ella está ocupándose con el del butano, y suena el teléfono diez veces y las diez te sale tu propia voz en el contestador, o la de la Robotina de Telefónica, y no hablas con tu mujer en toda la mañana y el del butano se va feliz de la vida y tu legítima se queda con una sonrisa de oreja a oreja, y encima Telefónica te cobra diez llamadas de tres minutos, como si las hubieras hecho. Lo que significa en términos pecuniarios que has estado treinta minutos hablando por teléfono como un gilipollas mientras tu respectiva decía así, Mariano, más, más. Con lo que se cumple el viejo refrán de que el español, además de cornudo, apaleado.

Aparte eso hay otros mensajes oficiales o semi con los que alucinas, vecina. Textos enlatados sin el menor sentido de la sintaxis, la prosodia o la estética. Frases paridas por analfabetos o por tontos del haba que estiman que un mensaje es más impresionante y más de diseño cuanto más alambicado sea el planteamiento. Para decir que alguien no está en su mesa de trabajo —cosa normal en toda oficina o despacho español entre once de la mañana y una del mediodía—, hay un mensaje frecuente en centralitas que va y te larga: *«La extensión personal que solicita no está disponible en este momento»*. Pero de todos ellos, el mejor, mi favorito indiscutible, mi ojito derecho, es el que aparece al llamar a muchos teléfonos móviles: *«El número al que usted llama tiene restringidas las llamadas entrantes»*.

Ese mensaje me fascina tanto que le he dedicado horas de minucioso análisis, en inútil intento por desentrañar su secreto. A veces sospecho que significa que el teléfono al que llamo está comunicando; pero es imposible que nadie convierta una respuesta tan simple en semejante imbecilidad. Así que será otra cosa. Restringir, si no me fallan los diccionarios, significa ceñir, circunscribir, reducir a menores límites, o bien apretar, constreñir, restriñir. *«El teléfono al que llama tiene apretadas las llamadas entrantes»*, reconozcámoslo, suena fatal. En cuanto a *«restriñidas las llamadas entrantes»*, para qué les voy a contar. Respecto a otras posibilidades, no veo cómo un teléfono puede circunscribir llamadas, sobre todo porque no alcanzo con relación a qué. *«El teléfono tiene reducidas a menores límites las llamadas»* también me desorienta un poco, pues desconozco esos límites, y el único que tengo a la vista es que el fulano a quien llamo no se pone al teléfono. Por otra parte, se me escapa la diferencia entre menores y mayores límites, tal vez porque soy un poco limitado. Me aferro, por tanto, a la esperanza de que la acepción «ceñir» solvente la papeleta. Pero ceñir significa apretar el cuerpo o la cintura, o rodear una cosa con otra, así que no me vale. También abreviar; pero «abreviar las llamadas entrantes» tampoco puede ser, porque el mensaje no las abrevia, sino que las descarta. Y la acepción náutica «navegar de bolina», aunque me place, es poco aplicable al teléfono. Hay una posibilidad: «Amoldarse a una ocupación, trabajo o asunto». Pero ¿cuál es el asunto que nos restringe o restriñe telefónicamente hablando? ¿Quién lo decide y con qué criterios? Misterio.

De cualquier modo, vale, de acuerdo. No se hable más. Concluyamos que acepto el hecho consumado. Que me rindo ante la evidencia y doy por restringidas las llamadas entrantes. Y ahora digo yo: ¿qué pasa con las llamadas salientes?

Limpia, fija y da esplendor

Acabo de recibir un e-mail de Pepe Perona, el maestro de Gramática, reproduciendo otro que le ha enviado no sabe quién. Desconocemos el nombre del autor original; así que, en esta versión postmoderna del manuscrito encontrado, me limito a seguir el juego iniciado por mano genial y anónima. El maravilloso texto se refiere a una supuesta reforma ortográfica que va a aplicar la Real Academia, a fin de hacer más asequible el español como lengua universal de los hispanohablantes y de las soberanías soberanistas. Y lo reproduzco con escasas modificaciones.

Según el plan de los señores académicos —expertos en lanzada a moro muerto—, la reforma se llevará a cabo empezando por la supresión de las diferencias entre c, q y k. Komo komienzo, todo sonido parecido al de la k será asumido por esta letra. En adelante se eskribirá kasa, keso, Kijote. También se simplifikará con la s el sonido de la c y la z para igualarnos a nuestros hermanos hispanoamerikanos: «*El sapato ke kalsa Sesilia es asul*». Y desapareserá la doble c, reemplazándola la x: «*Mi koche tuvo un axidente*». Grasias a esta modifikasión los españoles no tendrán ventajas ortográfikas frente a los hermanos hispanoparlantes por su estraña pronunsiasión de siertas letras.

Se funde la b kon la v, ya ke no existe diferensia entre el sonido de la b larga y la v chikita. Por lo kual desapareserá la v y beremos kómo obbiamente basta con la b para ke bibamos felises y kontentos. Lo mismo pasará kon la elle y la ye. Todo se eskribirá kon y: «*Yébame de biaje a Sebiya, donde la yubia es una marabiya*». Esta integrasión probocará agradesimiento general de kienes hablan kasteyano, desde Balensia hasta Bolibia.

La hache, kuya presensia es fantasma en nuestra lengua, kedará suprimida por kompleto: así, ablaremos de abichuelas o alkool. Se akabarán esas komplikadas y umiyantes distinsiones entre echo y hecho, y no tendremos ke rompernos la kabesa pensando kómo se eskribe sanaoria. Así ya no abrá ke desperdisiar más oras de estudio en semejante kuestión ke nos tenía artos.

Para mayor konsistensia, todo sonido de erre se eskribirá kon doble r: *«El rrufián de Rroberto me rregaló una rradio»*. Asimismo, para ebitar otros problemas ortográfikos se fusionan la g y la j, para que así jitano se escriba como jirafa y jeranio como jefe. Aora todo ba con jota de cojer. Por ejemplo: *«El jeneral corrijió los correajes»*. No ay duda de ke estas sensiyas modifikasiones arán ke ablemos y eskribamos todos kon jenial rregularidad y más rrápido ritmo.

Orrible kalamidad del kasteyano, jeneralmente, son las tildes o asentos. Esta sankadiya kotidiana desaparese con la rreforma; aremos komo el ingles, que a triunfado unibersalmente sin tildes. Kedaran eyas kanseladas en el akto, y abran de ser el sentido komun y la intelijensia kayejera los ke digan a ke se rrefiere kada bocablo: *«Obserba komo komo la paeya»*.

Las konsonantes st, ps, bs o pt juntas kedaran komo simples t o s, kon el fin de aprosimarnos a la pronunsiasion ispanoamerikana y para mejorar ete etado konfuso de la lengua. Tambien seran proibidas siertas asurdas konsonantes finales ke inkomodan y poko ayudan al siudadano: *«¿Ke ora da tu rrelo?»*, *«As un ueco en la pare»* y *«Erneto jetiona lo ahorro de Aguti»*. Por supueto, entre eyas se suprimiran las eses de los plurales: *«La mujere y lo ombre tienen la mima atitude y fakultade inteletuale»*.

Yegamo trite e inebitablemente a la eliminasion de la d del partisipio pasao y kanselasion de lo artikulo, impueta por el uso: «*E bebio te erbio y con eso me abio*». Kabibajo asetaremo eta kotumbre bulgar, ya ke el pueblo yano manda, kedando suprimía esa d interbokalika ke la jente no pronunsia. Adema, y konsiderando ke el latín no tenia artikulo y nosotro no debemo imbentar kosa que Birjilio, Tasito y lo otro autore latino rrechasaba, kateyano karesera de artikulo. Sera poko enrredao en prinsipio, y ablaremo komo fubolita yugolabo en ikatola, pero depue todo etranjero beran ke tarea de aprender nuebo idioma rresultan ma fasile. Profesore terminaran benerando akademiko de lengua epañola ke an desidio aser rreforma klabe para ke nasione ispanoablante gosemo berdaderamente de idioma de Servante y Kebedo.

Eso si: nunka asetaremo ke potensia etranjera token kabeyo de letra eñe. Ata ai podiamo yega. Eñe rrepresenta balore ma elebado de tradision ipanika y primero kaeremo mueto ante ke asetar bejasione a simbolo ke a sio y e korason bibifikante de lengua epañola unibersa.

Camareros italianos

En Italia me encantan los restaurantes pequeños, de toda la vida. Los elijo según la edad de los camareros: si son viejos y el sitio tiene apariencia modesta, casera, acaban de ganar un cliente. La pasta será estupenda y el lugar confortable. Es importante que ellos tengan cumplidos los cincuenta, y que el local lleve abierto otros tantos; o sea, que hayan envejecido juntos. Además, son los únicos restaurantes de Europa donde puedes oír a los camareros discutir en voz alta entre plato y plato, con el cocinero asomando la cabeza por la puerta del comedor para intervenir en la conversación. Se cuentan su vida y opinan de todo sin rebozo; y a veces aparece una señora gorda, que es la dueña, y les dice que los fetuchinis se enfrían y que espabilen. Y Mario, Bruno, Paolo, agachan las orejas, se ajustan la pajarita o la corbata negra, y vuelven al tajo. Profesionales.

Hoy se cumplen todos esos requisitos, con el añadido de que disfruto además del acento de los camareros, entreverado de dialecto véneto con sus cantarinas entonaciones al final de cada frase, mientras liquido unos raviolis en Alle Zattere, a cinco metros del canal de la Giudecca. Se trata de una minúscula trattoria que, por no tener, no tiene ni rótulo en la cochambrosa fachada, que en los días grises bate la humedad del canal y la laguna cercana, pero que en días invernales despejados, cuando el sol inunda de luz las fachadas del Dorsoduro hasta la punta de la Aduana del Mar —una noche encontré allí al Judío Errante, pero ésa es otra historia—, se vuelve el lugar más acogedor de Venecia. Por eso como y ceno aquí cuando vengo a esta ciudad.

En la mesa contigua hay tres guiris. Soy de la opinión de que en determinados lugares europeos habría que practicar la xenofobia selectiva y prohibir la entrada a cierto tipo de turistas —y también a cierto tipo de nativos— con una criba que nada tiene que ver con capacidad adquisitiva sino con aspecto, gustos o maneras. Más que nada porque se cargan el encanto. Éstas son norteamericanas, rubias, hembras y tres. Madre y vástagas. Comen spaghetti carbonara con patatas fritas y cocacola, y tendrían que ver a las tordas, con esa gracia natural que tienen los de Nebraska, intentando enganchar los fideos largos con cuchillo y tenedor, y cayéndoseles todo por todas partes. Apetece ayudarlas a hacer la digestión con un plomo calibre 44 magnum para cada una. Bang, bang, bang. Vete a un MacBurger, hijaputa.

Pero lo mejor del asunto es la cortés, educadísima y refinada guasa con que los camareros se chotean de las guiris, so pretexto de mostrarse solícitos y ayudar. Y el tronco de yeguas normandas dice oh, yes, wonderful, y suelta risotadas condescendientes, con esa simpatía falsa que usan los anglosajones cuando pretenden hacerse los tolerantes y los integrados entre las razas inferiores latinas. Todo analfabeto desprecia cuanto ignora: me refiero a esos que dicen «grazie tante» en Córdoba y se creen que han quedado como Dios. Pero lo mejor del asunto veneciano es la cara de Mario, o de Paolo, o como se llame el camarero, cuando se aburre de las tres focas y se da la vuelta, y mira a sus compañeros como diciendo: menudas gilipollettis. Y observándolo, sobrio, discreto, erguido en su digna chaqueta blanca, volver junto a sus compañeros que lo miran con idéntica guasa en los ojos, tú vas y piensas que no cabe duda de cuál es la verdadera casta. Que ese camarero pertenece a una raza superior, antigua y sabia, que atiende bien al cliente mitad por las formas y mitad por la propina y el sueldo del que vive; pero tiene más claro que nadie quién es el mierdecilla del asunto. A ese camarero italiano le sobra aristocracia moral para saber dónde está cada cual; y cuando se ríe con los ojos del cliente del restaurante, está riéndose de todos los invasores que, con uniforme de la Wehrmacht, tanque americano o cámara de vídeo, nunca pudieron invadirle tres mil años de cultura y de historia.

En España, me digo mirándolo, sería difícil servir a una gringa imbécil con esa discreción, y ese sentido práctico de la vida que no renuncia al señorío. Tenemos demasiada mala leche para reír con los ojos, como estos tres camareros venecianos viejos y sabios. En España, a ésas de la cocacola y las patatas fritas a las que se les caen los spaghetti del tenedor, se las adularía abyectamente, del modo más bajo, o se les arrojaría a la cara la comida con nuestra proverbial ordinariez hostelera. No sin el inevitable compadreo del «qué vais a tomar» previo. O sea, de tú a tú. De grosero a analfabeto. O viceversa.

Campanarios y latín

Detesto subir a los sitios, y las vistas panorámicas me importan un huevo de pato. Puedo vanagloriarme de no haber estado nunca en la torre Eiffel, pese al poderoso argumento de que ése es el único sitio de París desde donde no puede verse la torre Eiffel. He visto la Giralda exclusivamente desde la terraza del hotel Doña María; el Campanile y las alturas de San Marcos sentado al sol del invierno en la terraza del café Quadri; y las pirámides de Teotihuacán a la sombra de las piedras de abajo, observando las hileras de osados escaladores que, como hormigas laboriosas, desfallecían cargados con sus videocámaras. Sólo una vez, en Beirut, durante la batalla de los hoteles de 1976, subí a pie veinte pisos del Sheraton para hacer unas fotos desde arriba; y me sacudieron tantos cebollazos por el camino que se me quitaron para siempre las ganas de panorámicas. Quiero decir con todo esto que no tengo nada contra esa digna afición ascendente, que practican gentes a las que quiero mucho. Pero yo prefiero quedarme abajo, mirando. Siempre tuve la impresión de que así se ven mejor ciertos paisajes. A eso añadamos el placer de estar cómodamente sentado bajo un toldo, con un café turco, mientras centenares de individuos disfrazados de coronel Tapioca echan los higadillos por la glotis y fallecen congestionados en la pirámide de Keops, en su obsesión de hacerse arriba una foto.

Hace unos días, paseando por una hermosa ciudad andaluza donde la gente hacía cola para subir al campanario de turno, encontré en la pared de un antiguo edificio, grabada por mano espontánea sobre la piedra venerable, una inscripción en latín. Ya he dicho alguna vez que soy enemigo acérrimo de las manos anónimas que dejan la huella de su paso —generalmente abyecto— en paredes y monumentos públicos; pero confieso que esta vez me quedé con la copla. Quiero decir que me interesó lo que allí estaba escrito, y lo anoté para conservarlo. La frase estaba en latín: *Non pudet obsidione teneri*. Creí que me era familiar, remitiéndome a los tiempos en que aprendí a desconfiar de los aqueos incluso cuando traen regalos. Cicerón, me dije. Tenía el tono de una catilinaria. *¿No os avergüenza estar asediados?*, traduje después más o menos libremente, tirando del cajón de la memoria y del viejo diccionario Vox. Días más tarde, cuando le comenté el asunto, mi amigo Pepe Perona, el maestro de Gramática, me sacó del error. Virgilio, apuntó. Eneida, 9, 598.

Aquellas palabras, comprendí, tenían el valor de una pintada en la pared en tiempos de resistencia. En pleno cruce de cuatro culturas —en esa plaza hay un subsuelo romano, una antigua mezquita, una catedral cristiana y una antigua sinagoga—, en un país despojado de su identidad y de su historia por una pandilla de ágrafos y de delincuentes centrales y autonómicos sentados en bancos del gobierno y de la oposición, alguien nos recuerda el expolio en latín. La elección de esa lengua no es casual: sin ella no es posible entender la historia de España, que es la historia de Roma y la historia de Europa, ni las catedrales, ni el derecho, ni la astronomía, ni la medicina, ni los sufijos y los prefijos, ni a Séneca, ni a Quintiliano, ni a Alfonso X, ni a Gracián, ni a Cervantes. Por eso, en pleno corazón de una ciudad milenaria, alguien recurre a Virgilio para decir que somos unos impresentables sin vergüenza y que esto, culturalmente hablando, es una puñetera mierda. Que subimos a las giraldas y a las torres inclinadas de Pisa y a las pirámides y viajamos a Bangkok y Nueva York sin conocer la historia de nuestra propia plaza o calle. Sin saber ni siquiera dónde estamos, ignorando cuanto vemos, desconociendo lo que significan las piedras que tocamos. Nos hacemos fotos y vídeos con los tópicos de un pasado del que cada vez sabemos menos. Consumimos Velázquez o Goya sólo cuando toca: cuando el ministerio de turno decide gastarse quinientos kilos en celebrar el absurdo centenario de alguien a quien cualquiera puede visitar a diario en su correspondiente museo; pero preferimos hacerlo con espectáculo de diseño, luminotecnia incluida y colas de seis horas. Somos tan idiotas que nos paseamos boquiabiertos por bibliotecas cuyos libros no abrimos, nos fotografiamos junto a cuadros cuya historia, autor y motivo ignoramos, y contemplamos desde los campanarios paisajes que sólo asociamos ya con películas de americanos en Europa que vemos en la tele. *Non pudet obsidione teneri.* Estamos asediados por nuestra propia estupidez e ignorancia. Y lo que es peor: no nos avergüenza en absoluto.

Esta chusma de aquí

Cómo nos gusta linchar. Hay que ver cómo nos gusta juntarnos en grupitos, darnos valor unos a otros, y apalear gente. Cómo nos entusiasma sentirnos respaldados por la bulla, por el rebaño que es presunta garantía de impunidad, por los compadres y vecinos cuyo tropel disimula el gesto de nuestra navaja cobarde, del puño furtivo, del bate de béisbol esgrimido por Fuenteovejuna. Cómo nos refocilamos con la piara y aullamos nuestra ruin mala leche mientras nos ensañamos con el débil, con el que corre en busca de refugio, con el caído, con el indefenso. Lo mismo nos da una vaquilla en fiesta de pueblo que un moro o un concejal. Hoy, mientras tecleo estas líneas, después de haber visto a un montón de animales con garrotes destrozar a golpes el humilde coche viejo de un infeliz marroquí, oigo que alguien en la radio dice que somos un país de racistas y de xenófobos. Pero eso es mentira. Lo que somos es un país de hijos de puta.

Nos faltan huevos. Nos falta valor para enfrentarnos a quienes nos dan por saco desde hace siglos, y toda la frustración acumulada bajo malos gobiernos, en manos de los de siempre, curas, políticos, mercaderes y generales, sazonada por nuestra propia envidia, cainismo y desprecio a cuanto ignoramos, solemos vomitarla a la primera ocasión sobre las espaldas del que cae ante nosotros, a condición de que esté indefenso y solo. Mientras la poca gente honrada da la cara donde debe darla, el resto somos milicianos de cheka y madrugada, falangistas de primero de abril. Fusilamos maestros, rasgamos cuadros, quemamos catedrales porque no hay cojones para quemar cuarteles. Dejamos que la gente decente se pudra en la miseria, y que mueran en el exilio Machado, Goya o Moratín. Golpeamos con saña, sin que nos importen el rostro aterrado de la mujer y los hijos de nuestras víctimas. No vamos a buscar al poderoso en su palacio —suelen tener guardias en la puerta—, sino que la emprendemos a golpes con el pinche de cocina que pasa por ahí, con el que pillamos descuidado en la puerta de su casa. No hay coraje para asaltar comisarías a pecho descubierto, así que preferimos la puñalada en mitad del barullo, el tiro en la nuca cuando la víctima sale a tomarse una caña con su mujer, el coche bomba que puede hacerse estallar desde lejos, a salvo, sin correr ningún riesgo. Nos llamamos a nosotros mismos cruzados, gudaris, defensores de la fe, ultrasures, nacionalistas, demócratas mosqueados, ciudadanos hartos de tal y de cual. Nos llamamos cualquier cosa a modo de coartada, pero en realidad lo único que estamos haciendo es justificar nuestro cerrilismo y nuestra mala fe.

Nos falta cultura. Oyes a los tertulianos, a los analistas de plantilla, a los políticos que tratan de justificar lo injustificable, y compruebas aterrado que no manejan argumentos; que todo es lugar común y demagogia, y que pocos son capaces de explicar lo que realmente está pasando, establecer antecedentes, bucear en la memoria y en las circunstancias históricas, culturales, sociales, que llevan a tal o cual situación. Nos centramos en el agravio ignorando las causas que lo originan, las claves y la memoria histórica que permiten discutirlo, asumirlo, razonarlo. Pretendemos resolver problemas cuyo origen ya ni siquiera se estudia en las escuelas, y aterra ver cómo analfabetos y demagogos hacen análisis y proponen soluciones aberrantes, utopías absurdas que nadie pondrá nunca en práctica.

Nos falta previsión. Todo cuanto pasa se sabe que va a pasar, entre otras cosas porque lleva siglos pasando; pero nadie mira hacia atrás para aprender. También nos faltan escrúpulos. El moro, el negro, el sudaca, son buenos cuando vienen sumisos a limpiar nuestras alcantarillas; pero ni siquiera les ofrecemos recursos para que lo hagan con dignidad. Nos cabrea que también ellos aspiren a un coche blanco, una casa blanca, una mujer blanca. Somos egoístas e irresponsables, gobernados por chusma que sólo se acuerda de santa Bárbara cuando truena, y cuando a la tal Bárbara la han violado veinte veces; gentuza que ve venir la tragedia y no hace nada porque está ocupada en campañas electorales, o en apoyos parlamentarios, o favoreciendo a su clientela, a sus mierdecillas, a sus lameculos y a sus compadres.

Nos falta caridad, compasión. Tenemos buena memoria para lo que nos interesa, y muy mala cuando nos conviene; y al poco rato ya nos emociona más una telecomedia imbécil de la tele que una chabola incendiada. Y lo que es peor, nos falta remordimiento al mirarnos al espejo. En realidad, lo que nos falta es vergüenza.

Ese bobo del móvil

Mira, Manolo, Paco, María Luisa o como te llames. Me vas a perdonar que te lo diga aquí, por escrito, de modo más o menos público; pero así me ahorro decírtelo a la cara el próximo día que nos encontremos en el aeropuerto, o en el AVE, o en el café. Así evito coger yo el teléfono y decirle a quien sea, a grito pelado, aquí estoy, y te llamo para contarte que tengo al lado a un imbécil que cuenta su vida y no me deja vivir. De esta manera soslayo incidentes. Y la próxima vez, cuando en mitad de tu impúdica cháchara te vuelvas casualmente hacia mí y veas que te estoy mirando, sabrás lo que tengo en la cabeza. Lo que pienso de ti y de tu teléfono parlanchín de los cojones. Que también puede ocurrir que, aparte de mí, haya más gente alrededor que piense lo mismo; lo que pasa es que la mayor parte de esa gente no puede despacharse a gusto cada semana en una página como ésta, y yo tengo la suerte de que sí. Así que les brindo el toro.

Estoy hasta la glotis de tropezarme contigo y con tu teléfono. Te lo juro, chaval. O chavala. El otro día te vi por la calle, y al principio creí que estabas majareta, imagínate, un fulano que camina hablando solo en voz muy alta y gesticulando furioso con una mano, arriba y abajo. Ése está para los tigres, pensé. Hasta que vi el móvil que llevabas pegado a la oreja, y al pasar por tu lado me enteré, con pelos y señales, de que las piezas de PVC no han llegado esta semana, como tú esperabas, y que el gestor de Ciudad Real es un indeseable. A mí, francamente, el PVC y el gestor de Ciudad Real me importan un carajo; pero conseguiste que, a mis propias preocupaciones, sumara las tuyas. Vaya a cuenta de la solidaridad, me dije. Ningún hombre es una isla. Y seguí camino.

A la media hora te encontré de nuevo en un café. Lo mismo no eras tú, pero te juro que tenías la misma cara de bobo mientras le gritabas al móvil. Yo había comprado un libro maravilloso, un libro viejo que hablaba de costas lejanas y antiguos navegantes, e intentaba leer algunas páginas y sumergirme en su encanto. Pero ahí estabas tú, en la mesa contigua, para tenerme al corriente de que te hallabas en Madrid y en un café —cosa que por otra parte yo sabía perfectamente, porque te estaba viendo— y de que no volverías a Zaragoza hasta el martes por la noche. Por qué por la noche y no por la mañana, me dije, interrogando inútilmente con la mirada a Alfonso el cerillero, que se encogía de hombros como diciendo: a mí que me registren. Tal vez tiene motivos poderosos o inconfesables, deduje tras cavilar un rato sobre el asunto: una amante, un desfalco, un escaño en el Parlamento. Al fin despejaste la incógnita diciéndole a quien fuera que Ordóñez llegaba de La Coruña a mediodía, y eso me tranquilizó bastante. Estaba claro, tratándose de Ordóñez. Entonces decidí cambiar de mesa.

Al día siguiente estabas en el aeropuerto. Lo sé porque yo era el que se encontraba detrás en la cola de embarque, cuando le decías a tu hijo que la motosierra estaba estropeada. No sé para qué diablos quería tu hijo, a su edad, usar la motosierra; pero durante un rato obtuve de ti una detallada relación del uso de la motosierra y de su aceite lubricante. Me volví un experto en la maldita motosierra, en cipreses y arizónicas. El regreso lo hice en tren a los dos días, y allí estabas tú, claro, un par de asientos más lejos. Te reconocí por la musiquilla del móvil, que es la de *Bonanza*. Sonó quince veces, y te juro que nunca he odiado tanto a la familia Cartwright. Para la ocasión te habías travestido de ejecutiva madura, eficiente y agresiva; pero te reconocí en el acto cuando informabas a todo el vagón sobre pormenores diversos de tu vida profesional. Gritabas mucho, la verdad, tal vez para imponerte a las otras voces y musiquillas de tirurí tirurí —a veces te multiplicas, cabroncete— que pugnaban con la tuya a lo largo y ancho del vagón. Yo intentaba corregir las pruebas de una novela, y no podía concentrarme. Aquí hablabas del partido de fútbol del domingo, allá saludabas a la familia, acullá comentabas lo mal que le iba a Olivares en Nueva York. Me sentía rodeado, como checheno en Grozni. Horroroso. Tal vez por eso, cuando me levanté, fui a la plataforma del vagón, encendí el móvil que siempre llevo apagado e hice una llamada, procurando hablar bajito y con una mano cubriendo la voz sobre el auricular, la azafata del vagón me miró de un modo extraño, con sospecha. Si habla así —pensaría—, tan disimulado y clandestino, algo tiene que ocultar este hijoputa.

Tú vales mucho

Muchas veces me avergoncé de ser hombre. Las razones son diversas, pero no hay cosa que me saque más los colores que cierto tipo de rituales varoniles, charlas de barra de bar, actitudes a la vista de ejemplares del otro sexo. Fulanos que dan por supuesto que el mundo es un coto de caza y ellos los gallitos del corral. Miradas castigadoras que dicen aquí estoy, pequeña, siempre listo, dispuesto a hacerte esto y lo otro. A comerte los higadillos. Esas actitudes se dan tanto en individuos con viruta y poder como en tiñalpas de medio pelo y en mierdecillas impresentables. He llegado a comprobar cómo hasta el animal de bellota más grosero y vil da por supuesto que toda mujer anda loca por sus encantos. También existe el solapado hipócrita disfrazado de misa diaria, de profesor bondadoso o de jefe comprensivo, que acecha el momento —académico, laboral— con la mirada huidiza de quien ni siquiera tiene el indecente valor, o la desvergüenza, de plantear la cosa por las bravas.

Pero también mis primas, a veces, lo ponen fácil. Asumiendo el riesgo de que el Sindicato de Erizas en Pie de Guerra (SEPG) me ponga como hoja de perejil, diré que un depredador se extingue cuando no encuentra presas disponibles; pero el mundo está lleno de cabritas esperando que se las coma el lobo. Eso hace que se confundan los papeles. También están las que por necesidad —la supervivencia es un motivo tan legítimo como cualquier otro— aceptan jugar en terrenos equívocos. Todo eso viene a cuento porque una amiga acaba de contarme su última entrevista de trabajo. A la mitad yo sabía cómo terminaba la historia. Y no porque sea demasiado listo.

Imaginen el primer acto. Reunión de trabajo para conocer a futura colaboradora. Tres socios, charla empresarial, whisky. Ella, mujer con excelente currículum, que *necesita* ese trabajo, ha caído en la trampa desde el principio: vestida de niña bien, quiere estar guapa y agradar. Pide una tónica. Tras un par de whiskys, dos socios se despiden. Ella siente que el trabajo es suyo. El jefe le pide que se quede para ultimar detalles.

Segundo acto. Ella aferra su tónica mientras el jefe inicia una serie de halagos hacia su persona: lo inteligente que es y la mucha clase que tiene. Lo lejos que puede llegar en la empresa. Ella empieza a sentirse incómoda, da sorbitos a la tónica. Al jefe el tercer whisky empieza a volverle la lengua pastosa, y su mirada se hace desagradable. De vez en cuando se le escapa la mano y le toca la rodilla. Todo muy paternal, pero ni los ojos ni la mano son los de un padre. Entonces ella comete el segundo error. Necesita ese trabajo, así que en vez de decirle a esa basura que vaya a tocarle la rodilla a su madre, se queda allí, soportándolo. Está segura de que puede con él. Cree que logrará mantenerlo en su sitio. Que si aguanta firme, conseguirá el maldito trabajo. De modo que permanece allí, con su trajecito y su bolso de niña bien, patéticamente agarrada a su vaso de tónica. Conteniendo las lágrimas de asco y vergüenza.

Tercer error: ella no se ha ido todavía cuando el miserable cambia de táctica. Empieza a hacerle un cuestionario personal y termina desvariando sobre el sexo, mezclando el asunto con consideraciones sobre la existencia o la no existencia de Dios; porque él, eso quiere dejarlo muy claro, es creyente. Al poco rato pregunta si es lesbiana. Y ella no le estampa el vaso de tónica en la cara, por imbécil además de rijoso, sino que todavía aguanta allí, discutiendo el asunto. Por fin, convencido de que no hay nada que rascar, el fulano finaliza la entrevista. Te llamaré para el trabajo, promete. Por supuesto, no llamará nunca.

Moraleja de esta bonita y edificante historia: algunos hombres son capaces de portarse como canallas, pero algunas mujeres son capaces de tragar lo intragable. De no ver con lucidez, cegadas por la necesidad, los límites donde se impone la palabra basta. Éste no es el mejor de los mundos posibles; casi siempre es el peor, y en ese contexto hay juegos que no pueden mantenerse impunemente, ignorando los riesgos y los precios a pagar. La infamia se alimenta de la complicidad, la necesidad y el miedo. Es injusto y terrible, pero es lo que hay. El mundo, el dinero, los puestos de trabajo, siguen estando a menudo en manos de gentuza como el hijo de puta que acabo de describir líneas arriba. Tarde o temprano, la cuestión termina en un simple lo tomas o lo dejas. Y a la dignidad de cada cual corresponde establecer los límites.

El amigo americano

Acabo de recibir un grabado magnífico: el puente de Brooklyn, en Nueva York, de noche y bajo la nieve. Está firmado por Magyll en 1995: el puente difuminado entre una neblina oscura y gris, y en primer plano un farol encendido y un banco cubierto de nieve. Llegó hace un par de días, enmarcado, y me lo manda Howard Morhaim, que además de ser mi agente literario en los Estados Unidos es mi amigo. En realidad es mucho más que un amigo. Una noche, en un restaurante japonés, con el sushi saliéndonos por las orejas y la lengua floja porque estábamos hasta arriba de sake, juramos ser hermanos de sangre hasta que la muerte resuelva el asunto. Y así seguimos. Howard vendrá a España dentro de unos días, para mi nueva novela. Con ese pretexto procuro reunir siempre a unos cuantos amigos: el maestro de Gramática viene desde la Universidad de Murcia, el almogávar Montaner baja de las estribaciones pirenaicas, Sealtiel Alatriste se trae una botella de Herradura Reposado desde Méjico, Claude Glüntz deja de fotografiar guerras y cambia su casa de Lausana por el hotel Suecia de Madrid, y Antonio Cardenal se olvida de Laetitia Casta por un rato. Esta vez estará Howard con ellos, y sólo pensarlo me pone de buen humor. Quiero mucho a ese fulano.

Howard Morhaim es uno de los tres norteamericanos que más aprecio, y que con mayor contundencia han desmontado buena parte de mis suspicacias y prejuicios. Los otros son Drenka, mi dulce y eficiente editora neoyorkina, y Daniel Sherr, un tipo estrafalario y genial junto al que cada comida se convierte en una pintoresca aventura porque es al mismo tiempo judío, alérgico y vegetariano. El arriba firmante, europeo y mediterráneo muy satisfecho de serlo, siempre se negó en redondo a viajar a Norteamérica, que en veintitantos años de viajes profesionales nunca me interesó un carajo. Para ti y para tu primo, decía yo, remedando a los Chunguitos. Ahora no sé si rectificar será o no de sabios, pero sí es de justicia. Hace año y medio estuve allí por fin cierto tiempo, por ineludibles razones editoriales, y confirmé, en efecto, mis más horribles temores. Pero también descubrí lugares, cosas y gentes hermosas y entrañables. Descubrí respeto, cultura, amigos. Me extasié ante librerías, bibliotecas, universidades y museos extraordinarios, y enmudecí entre damas y caballeros que hablaban de mi propia memoria histórica con un conocimiento y una lucidez que ya querríamos muchos de aquí.

En cuanto a Howard, somos amigos desde hace años; desde que le enseñé Sevilla y los bares de Triana, y le compré un vaso de plata en una joyería de la Campana, cerca del kiosco de mi amigo Curro. Un vaso auténtico de torero, aunque no dio tiempo a que le grabaran el nombre, y eso lo hizo él luego, en otra joyería de Brooklyn. Porque Howard nació en Brooklyn y sigue viviendo allí, pero ahora con vistas al río y al puente. El chico pobre que trabajó duro, como en las clásicas historias del sueño americano, tiene una casa magnífica; que es lo único que no se ha llevado su ex mujer, una rockera morena y bellísima que le amargó la vida, pero a cambio le dio una hija que él adora. Tanto la adora Howard, que se ha hecho íntimo amigo del nuevo novio de su ex, a fin de mantenerse lo más cerca posible de la cría. Howard es un tipo elegante, muy europeo de gustos, y tiene éxito con las mujeres; pero jamás permite que se interpongan entre su hija y él. Los ves paseando, padre e hija junto al puente de Brooklyn, cogidos de la mano como enamorados.

Y Howard se vuelve hacia mí y dice: Mírala. Mira qué ojos tiene. Es tan guapa como su madre, la muy bruja.

Como ven, el puente de mi grabado sale todo el rato en esta historia. Además, a Howard y a mí nos encanta un restaurante que hay justo debajo, frente a Manhattan. Una vez, comiendo allí, me habló todo el tiempo del orgullo que siente por haber sido un humilde chico de Brooklyn. Se entusiasmaba al hablar de su barrio, él, un tipo ahora elegante y cosmopolita. No sé si recuerdas, dijo, que en todas las películas de guerra de Hollywood sale siempre un chico duro que es de Brooklyn. En realidad me estaba hablando de él mismo; de su infancia y sus recuerdos. Y escuchándolo, comprendí más sobre los Estados Unidos de lo que había llegado a comprender en toda mi vida. Sobre todo cuando Howard se quedó pensativo, mirando los altos edificios al otro lado del río, y de pronto dijo *«my city»*, señalándolos con un gesto breve, absorto, orgulloso. Mi ciudad. Y en ese instante consiguió que yo quisiera a Nueva York tanto como a él.

Clientes y clientas

El otro día me saltó a la cara un titular de prensa que me hizo rechinar los dientes, hasta el punto de que todavía tengo flojo algún empaste: *Prueba la inocencia de su clienta.* Al principio pensé escribir algo descojonándome, pasando mucho del qué dirían las erizas, o la hija feminista del notario de Pamplona —cada uno lleva su cruz, colega—, o el redactor anónimo del libro de estilo que impone tanta soplapollez en la que casi nadie cree de verdad, aunque todo cristo, por aquello del qué dirán, practica fervoroso. Pero la carne es débil, y por muy chuleta que madrugue algunos días, y por mucho que mi vecino el rey de la isla de Redonda —antes perro inglés— me haya honrado con la amistosa distinción de duke of Corso, reforzando de modo considerable mi autoestima, hay cosas a las que ni el mismísimo fencing master de S. M. R. se atreve. Así que vale, me rindo, lo confieso. Trago. Desde ahora voy a hacer un esfuerzo para normalizar mi escritura, adaptándola a los usos sociales de esta sociedad empeñada en reiterar que las mujeres existen, y que el uso del género neutro no sólo es tendencioso y machista, sino que supone un ninguneo de la mujer. Me sumo así a nuestra eficaz Academia Española, siempre dispuesta a consagrar, primero con su silencio y luego con su diccionario, cualquier desafuero consumado. Incluso estoy decidido a ir más lejos. Lamento no haberlo hecho antes, proporcionando recursos extras a los *ciudadanos y ciudadanas* y a los *compañeros y compañeras,* que los políticos tanto han manejado durante la recién concluida campaña electoral. Pero no lo hice antes por no pringarme, recordando aquello que decía Franco: *«Haga como yo. No se meta en política»*.

Así que, en el futuro, seré consecuente con las modas y los tiempos. Incluso pasaré por alto el hecho de que la mayor parte de las mujeres inteligentes que conozco, cuando preguntas si prefieren que las llamen abogada o abogado, o jefa o jefe, dicen que te dejes de gilipolleces y las llames como esos títulos se han llamado siempre, porque justamente la discriminación consiste en marcar la diferencia de sexos, y no al contrario, y el género neutro no es masculino ni femenino, sino que con frecuencia engloba uno y otro, y se inventó precisamente para algo. Y que cada vez que oyen, por ejemplo, a un político dirigirse a los *vascos* añadiendo como innecesaria coletilla *y vascas,* sienten que les da urticaria, porque esa moda de lo socialmente correcto suele ser practicada con farisaico entusiasmo precisamente por aquellos varones demagogos que piensan que ya han cumplido con eso de la puntita nada más, y que después de decir vascos y vascas en un discurso ya equilibran las cuotas. Olvidando, se pongan como se pongan los radicales y los tontos —que a veces, pero no siempre, son sinónimos—, que lo machista no es una lengua, sino el uso que se hace de ella.

Pero en fin. Pese a todo eso, les decía, procuraré que el género neutro, pese a que ha funcionado tranquilamente toda la puta vida, quede abolido a partir de ahora de mi panoplia expresiva. En el futuro, cualquier neutro y neutra usual al o a la que recurra irá acompañado, para evitar confusiones, de su correspondiente femenino —o tal vez deba decir de su correspondienta femenina—. Escribiré así, en adelante, jóvenes y jóvenas, responsables y responsablas, votantes y votantas, enriqueciendo y normalizando la lengua española con perlas —la de jueza me parece hasta ahora la más refinada del elenco— como tenienta, sargenta, caba, cantanta, imbécila. Mi única duda es si al escribir jóvenes, responsables y votantes no estaré incurriendo precisamente en el extremo opuesto, desdeñando la personalidad masculina de los antedichos: y tal vez fuera mejor, en ese caso, que escribiese jóvenos, responsablos y votantos. Así cada cual tendría lo suyo, y no habría dudas al respecto: electricisto, dentisto, ebanisto, ciclisto, cliento, gilipollo. Pero, llegados a ese extremo, la cosa iba a complicarse, porque hay un tercer sexo: los homosexuales existen y tienen sus derechos. ¿Cómo dejarlos fuera? Además, unos homosexuales asumen peculiaridades de un tipo, y otros de otro. Los hay que prefieren llamarse Maripepa y los hay que prefieren llamarse Paco. Y las hay. En su caso habría que matizar. Así que lo ideal, llevando la cosa hasta sus últimas y honradas consecuencias, sería decir, por ejemplo: *«Queridos, queridas y queries compañeros, compañeras y compañeres, heterosexuales y homosexuales, clérigos, seglares y pensionistas de la tercera edad: gobernamos gracias al apoyo de los votantos, votantas y votantes españoles, españolos y españolas, que son responsablos, responsablas y responsables de que los ciudadanos, ciudadanes y ciudadanas puedan encarar el futuro, etcétera».* Será un poco farragoso y gastaremos más saliva y tinta, pero todo el mundo estará contento. Creo.

El envés de la trama

Alguna vez les he hablado aquí de Patrick O'Brian, el autor de las veinte novelas sobre la Armada inglesa protagonizadas por el capitán Jack Aubrey y su amigo el doctor Maturin. Se trata de la mejor serie de novelas navales que se ha escrito nunca, muy superiores en calidad e intensidad a las de C. S. Forester sobre Horacio Hornblower, o a las más recientes de Alexander Kent sobre el capitán Richard Bolitho. Patrick O'Brian murió hace tres meses, a los 86 años, con trece de esas novelas ya publicadas en España. Vivía retirado de casi todo, en un pueblecito del sur de Francia; y para morir viajó a Dublín, dejando inacabada la entrega número veintiuno de su extraordinaria serie náutica. El pasado 8 de enero, cuando supe la noticia, disparé trece salvas de honor en mi corazón de lector huérfano. Luego recorté la noticia del periódico, y la pegué en la primera página de *La fragata Surprise*, el tercer volumen de la serie, junto a unas palabras allí escritas con tinta negra y pulcra caligrafía: *A Arturo Pérez-Reverte, con mis amistades, Patrick O'Brian.*

Nunca fui entusiasta de los libros firmados. Ni siquiera la dedicatoria de Patrick O'Brian la tengo por iniciativa propia, sino que la debo a su editor español, quien durante una de sus visitas al novelista quiso obsequiarme con ella. Debo decir, sin embargo, que cada vez que abro ese volumen por la dedicatoria, el orgullo de lector satisfecho y agradecido me calienta los dedos. A veces se la restriego por el morro a ciertos amigos, haciéndoles rechinar los dientes. Alguno de ellos, nostálgico de combates penol a penol y cazas largas por la popa, sería capaz de matar por una dedicatoria como ésa.

Pese a todo, nunca quise conocer al autor. Durante años rechacé varias propuestas, incluida una invitación a su casa transmitida por un amigo común. Siempre tuve la certeza de que los autores de los libros que uno ama no deben conocerse en persona jamás. Estoy seguro de que Thomas Mann, un fulano maniático e insoportable, me habría desgraciado para siempre el placer de leer y releer *La montaña mágica;* que Stendhal me habría parecido un snob gordito y ordinario que iba de ingenioso con las señoras en los salones, y que el conocimiento de Mujica Lainez o del aristócrata Lampedusa me habría estropeado para siempre *Bomarzo,* o *El gatopardo.* En ese registro, ni de Cervantes me fío.

Ahora, como para darme la razón, acaba de aparecer en Estados Unidos una biografía de Patrick O'Brian donde el fulano, según parece, no queda muy guapito de cara; empezando porque en realidad se llamaba Patrick Russ y no era irlandés como afirmaba, sino inglés. Además, nunca fue héroe de guerra, no lo aceptaron en la marina de Su Majestad, y cambió de apellido en 1945, después de abandonar por el morro a su mujer y a dos criaturas. Pero lo más gordo es que apenas navegó en su vida, en la práctica no sabía hacer nudos marineros, y sus conocimientos sobre la Armada inglesa los obtuvo a base de leer y documentarse a tope. Resumiendo, que el supuesto irlandés que en realidad era inglés —y que como buen anglosajón despreciaba a los españoles— fue un farsante, un embustero y un poquito hijo de puta.

. Y sin embargo, ahí están sus libros. En esas espléndidas ocho o diez mil páginas, O'Brian, o como diablos se llamara, creó un mundo fascinante que tipos como yo, lectores de infantería, seguidores entusiastas, tenemos el privilegio de apropiarnos al navegar por ese mar de tinta y papel. El autor quedó atrás, a la deriva, cual si hubiera caído por la borda en una noche oscura, navegando a un largo con gavias y trinquete. Ya no tiene nada que ver con esto; sus libros pertenecen a sus lectores, que los poseemos al proyectar en ellos nuestro mundo, nuestra imaginación, nuestros sueños. O'Brian, como todo autor, es un vulgar intermediario que deja de tener importancia al concluir su trabajo. Agotados sus recursos, consumada la acción creativa, puede salir de escena sin que la obra se resienta por ello. El libro es lo que cuenta, lo que tiene vida propia; y al autor no habría que conocerlo nunca. Por eso resulta tan patético el espectáculo de los que se aferran a su obra, incapaces de esfumarse una vez acabado el curro. Obligados por la vanidad, el marketing o la presión de los lectores y las circunstancias, algunos se obstinan —nos obstinamos— en seguir ahí con mueca sonriente mientras los focos nos deshacen el maquillaje como a una vedette acabada, mostrando los ruines agujeros en el traje de lentejuelas, asistiendo a mesas redondas y dando conferencias y concediendo entrevistas para explicar lo que ningún lector necesita que le expliquen. Devaluando con ese innecesario protagonismo libros que a veces, si no los envileciéramos con el espectáculo de nuestra mísera condición humana, tal vez serían libros interesantes, inolvidables o hermosos.

Navajas y navajeros

Dentro de una caja antigua de madera con incrustaciones de marfil en la tapa, guardo tres navajas. Una tiene cachas de nácar, y perteneció a uno de mis tatarabuelos. Otra, con cachas de asta de toro, fue de un bisabuelo. La tercera, una Aitor vasca de acero reluciente, mecánica perfecta y cachas de palisandro, perteneció a mi padre. Esta última se la regalé hace casi treinta años, y hasta que dijo ahí os quedáis y dejó de fumar la estuvo utilizando para abrir la correspondencia y afilar los lápices. La capaora, la llamaba. Yo poseo otra navaja igual —la compré al mismo tiempo— que dedico a idéntico menester, y también para cortar los pliegos de los libros intonsos que encuentro en libreros anticuarios y de viejo. Y a toda esa panoplia navajera se suma mi vieja Victorinox de muchos usos, cuyos artilugios me sacaron de apuros en no pocos episodios de mi antigua vida reporteril, y todavía me acompaña cada vez que hago el equipaje.

Quiero decir con todo esto que la navaja es un chisme que poseo y que respeto, y que para mí tiene determinadas connotaciones sentimentales. Incluso nacionales, en el sentido honesto y amplio del término. Durante muchos siglos, los españoles (y españolas) anduvimos por la vida con una navaja en el bolsillo, lo mismo para bien que para mal. Con ella pusimos de manifiesto nuestra vileza, y también nuestro coraje. Lo mismo apuñalamos cobardemente, amparados en la bulla y el motín, que hicimos clic-clac para defender ideas, sueños o libertades. Ese peligroso objeto es parte de nuestra cultura, tanto como puedan serlo una iglesia románica, el Quijote, el jamón de pata negra o la palabra alcacil. Muchos abyectos canallas emplearon la navaja para cobrar el barato, segar vidas, marcar el rostro de mujeres indefensas o alardear de virilidad en el más infame aspecto de la palabra. Pero también muchos hombres honrados, oliendo a sudor y a decencia, la abrieron a media mañana junto a la fiambrera en una pausa en el tajo, o en la mesa, ante la familia, para que sus hijos empezaran a comer después de cortar el pan ganado con esfuerzo y trabajo.

Letal y peligrosa, criminal o digna, cruel o generosa, la navaja sirvió también, en otros tiempos, para que hombres, con el valor necesario para pelear por desesperación, hambre o ideologías, con error o con acierto, vendieran caras sus vidas, y que, por ejemplo, Goya los inmortalizara con ojos espantados y terribles, acuchillando mamelucos. Uno de mis cuadros favoritos, pintado por Álvarez Drumont en 1827, muestra una calle de Madrid asolada por una carga de coraceros franceses. Manuela Malasaña está en el suelo, muerta. Y sobre ella, sin otra arma que una navaja abierta, su padre, abrazado al militar que la ha abatido de un sablazo, le mete al francés la cachicuerna hasta dentro, bien honda, por entre las junturas del peto de acero. Y un viejo y querido amigo, combatiente republicano, ya fallecido, me contó una vez cómo entre las ruinas del Clínico, en Madrid, cuando los moros y los legionarios de Franco llegaron al cuerpo a cuerpo y se peleó habitación por habitación, él y otros que habían quemado el último cartucho de sus máuser abrían resignados las navajas, como último recurso.

Pero los tiempos son otros. En España, por fortuna, nadie necesita ya empalmar la churi para nada que no sea cortar rodajas de chorizo. Por desgracia, la navaja se ha convertido ahora en protagonista de lances cobardes, de horror gratuito, estúpido, a la puerta de discotecas o estadios de fútbol: por eso periódicamente se levantan voces pidiendo que se prohíba su venta. Niñatos de mierda, chulos de discoteca, zumbados de coca, pastilla y cubalibre, perros chusmosos con cerebros de a medio gramo, tiran de ella con una inconsciencia y una facilidad que da escalofríos. De pronto, en mitad de una discusión boba por una plaza de aparcamiento o por la entrada a un local, en mitad de la jarana alguien se lleva la mano a los riñones y la retira estupefacto, manchada de sangre. Así, la navaja se ha convertido en triste símbolo de lo más turbio y cobarde que la escoria de este país tiene en los genes. No hay justificación que valga para quien lleva por la calle una navaja en el bolsillo, porque eso sólo indica disposición a clavarla en el prójimo. Por eso los jueces, tan rigurosos ellos a la hora de colocarle dos años al que se lleva a casa un jilguero o a un toxicómano que roba tres talegos para darse un pico, deberían ser inflexibles con cualquier imbécil o criminal a quien se le encuentre una navaja encima. Ya sé que la ley no es muy dura al respecto. Pero para eso está la capacidad de interpretación que se les supone a los magistrados, y también la facultad de legislar que tiene el Parlamento. A fin de cuentas, lo malo no es una navaja, sino el uso que se haga de ella. Y la culpa no la tienen los de Albacete.

Yo también soy maricón

«Me dan asco los maricones», declaró uno de los acusados, para justificar haberle pateado el cráneo a un individuo hasta dejarlo listo de papeles, por el simple hecho de verlo salir de un bar frecuentado por homosexuales. El fiscal, que sin duda se muestra implacable en otras facetas de su digno oficio, se había limitado a lavarse las manos con una multa de 270.000 pesetas. Quizá consideraba que salir de un bar gay, además de una mariconada, constituye una provocación por parte de la víctima. El caso es que fue la acusación particular la que apretó las tuercas, y a los apaleadores se les ha aplicado por primera vez un artículo del Código Penal que considera agravante cometer un delito por motivos de discriminación religiosa, étnica, sexo, orientación sexual y cosas de ésas. Por suerte a nadie se le ocurrió aplicar como atenuante la imbecilidad de los agresores. Habrían salido absueltos.

Decía Bartolo Cagafuego —un amigo mío— que en España no hay más justicia que la que uno compra. Por eso alegra comprobar que también a veces hay jueces con vergüenza torera, capaces de hacer compatible la dura Lex sed Lex con palabras como honradez, compasión y sentido común. Recuerdo el caso citado hace días por mi vecino el rey de Redonda, glosando la ausencia de ensañamiento, según sentencia judicial, de un fulano que le asestó siete mil puñaladas a la víctima, porque según los jueces al fiambre sólo le dolieron las primeras quince. El caso es que hoy traigo yo la judicatura a cuento porque en ocasiones brilla la luz en las tinieblas. O sea, que a esos cretinos tan ma-

chotes y viriles que le dieron las suyas y las del pulpo al homosexual a la puerta del bar, se los han calzado como Dios
manda. Y hoy dedico esta página a tirar cohetes y decir que
me alegro.

Y es que, como dice mi ávido lector el notario de
Pamplona, yo también soy un poco maricón. No porque
me gusten los señores, sino porque no me gustan los hijos
de puta que se erigen en justicieros y Mister Proper de su
calle o de su barrio y se juntan en grupitos para darse valor
miserable en los linchamientos. Quiero decir que soy maricón solidario, y a mucha honra. No simpatizo con la lo-
cuela emplumada y escandalosa que va por el mundo exigiendo que le partan la cara —y a veces encantada de que
se la partan—, pero desprecio infinitamente más al semen-
tal estúpido, al supermacho castigador que marca paquete
en función inversamente proporcional a la consistencia de
su deprimente masa encefálica. Un imbécil es un imbécil
con pluma o sin ella, y la tele y la radio, por ejemplo, son
un buen muestrario en los últimos tiempos: cada programa tiene su maricón. Eso me parece bien; lo malo es que
cada programa, por aquello de la audiencia, compite a veces por demostrar quién tiene al *más maricón*. Y eso crea
cierto barullo. Y lo que es peor, una imagen que no siempre es representativa, ni justa.

Pero, en fin. En lo que se refiere al homosexual de
toda la vida, al gay normal, de infantería, al de andar por
casa, al que es ingeniero, o bombero, o albañil, y tiene su
orientación o su opción sexual definida hacia el mismo
sexo, ya de modo asumido y satisfactorio o —lo que es frecuente— como condena a la infelicidad y la soledad más
terribles, me gusta dejar siempre clara mi buena voluntad,
cuando la vida me lo pone cerca. El deseo sincero de que
tenga serenidad y felicidad, en un mundo difícil donde, hace sólo tres siglos, a los *putos* los quemaba en la hoguera la

Santa Inquisición —por cierto: no sé si el Vaticano, tan dado últimamente a pedir perdón y envainársela por cosas viejas y prescritas, tiene intención de pronunciarse al respecto uno de estos días por cosas mucho más actuales y vigentes—. Hace poco, con ocasión del rodaje de *Gitano,* tuve ocasión de compartir cervezas y paseos por Granada con alguien cuya sinceridad e inteligencia dieron pie a que yo escuchara con interés, amistad y respeto. Lo que más me conmovió fue la intensa y lúcida tristeza que acompañaba cada una de sus reflexiones. Y sólo de pensar que a ese fulano bueno y sensible lo agarren unas malas bestias para darle una paliza, me quema la sangre y me da —lo siento, pero me da— impulsos de matar. Como me los da ver un campo de exterminio nazi, un violador, un limpiador étnico, un perro abandonado, o un delfín agonizante en una red.

Pero, qué diablos. No todo es tristeza, frustración y acoso. O al menos ese tipo de acoso. Sin ir más lejos, uno de los tíos más deseados por las señoras es un gay como la copa de un pino, público y confeso, que se llama Rupert Everett. Hasta Madonna ha querido salir sobándolo en el vídeo de la nueva versión de *American Pie,* e incluso una bellísima jovencita, a la que conozco bien, ha visto ocho veces *La boda de mi mejor amigo.* Imagino la quina que estarán tragando algunos, con mi primo Rupert. Eso sí que revienta.

Esos perros ingleses

Tengo un bonito grabado original; regalo de mi vecino Marías e impreso en 1801. Es un aguador que aparta de su paso a unos canes molestos, y se titula: *Malditos perros Yngleses.* Y hoy titulo también así porque acabo de recibir la carta de un lector indignado: un amigo que echa chispas porque cuando Pinochet fue devuelto a Chile, privando a la razón y a la justicia de un grandísimo hijo de puta al que meter mano, Margaret Thatcher tuvo el entrañable detalle de regalarle a don Augusto un grabado sobre la derrota de la invencible, o Trafalgar, o algo así. Porque, una vez más, los españoles habían sido derrotados como siempre lo fueron por los ingleses, etcétera. La tía lo hizo para expresar su solidaridad gremial e ideológica, y su natural agradecimiento porque, cuando las Malvinas, Pinochet ayudó a que las tropas británicas, profesionales bien equipadas, masacrasen impunemente a un ejército de desgraciados adolescentes argentinos a los que llevaron al matadero unos espadones irresponsables y asesinos, presididos por un general estúpido y borracho.

En ese contexto, muy dolido por el recochineo de la dama de hierro —que también es de las que se conservan en alcohol—, ese lector apela a nuestra memoria histórica y pide venganza. Dales caña a esos cabrones, me exige, sin especificar si el término se reduce a don Augusto y su tronca, o si debo hacerlo extensivo a todos los hijos de la Rubia Albión, e incluso a mi vecino de página por aquello de las afinidades electivas. En la duda, y sin que ustedes vean esto como un arranque patriótico por soleares, sino como un higiénico ejercicio de la memoria, pongo manos a la obra mediante dos o tres bonitas anésdotas.

Verbigracia. Hace un par de semanas les refería a ustedes que Patrick O'Brian, que en paz descanse haciendo nudos marineros a la derecha de Dios, no podía tragar a los españoles, y en sus estupendas novelas náuticas siempre salimos como piltrafillas que no se lavan y que además son crueles y cobardes. Y todo el rato se nos compara con Nelson, compendio de virtudes anglosajonas y británicas, orgullo nacional nunca batido y demás. Por eso, si de algo le sirve el dato al prurito patrio de mi querido lector y comunicante, le diré entre nosotros que la Thatcher no tiene ni puta idea. Es cierto que sus compatriotas nos han fastidiado en el mar bastante más de lo que apetece recordar. Pero de ahí a lo de la imbatibilidad media un abismo. Y como estas cosas parece que ninguna autoridad competente española las sabe —el extinto Almunia habló una vez de la derrota de Lepanto—, y si las sabe no se acuerda, y si se acuerda no se atreve a decirlo, no sea que los imbéciles que consideran que la Historia es patrimonio exclusivo de la derecha lo llamen facha, ésta es una buena ocasión para recordar, por ejemplo, que ya mediado el siglo XVIII, y con los chulitos ingleses casi dueños del mar, el marino español Juan José Navarro rompió el cerco de la escuadra británica en Tolón con doce navíos y un par de huevos, y se abrió paso a cañonazos entre treinta y dos buques ingleses, con un millar de muertos muy equilibrado por ambas partes. Y que poner una columna y una estatua en Trafalgar Square le costó a la Gran Bretaña la vida del imbatible Nelson, once navíos desarbolados y mil cuatrocientos muertos, en un combate donde los españoles —para su desdicha— estuvieron mandados por un francés y no precisamente mirando. Y en cuanto al propio e imbatible Nelson, que todos los ingleses saben manco del brazo derecho, incluso los mismos textos británicos evitan cuidadosamente mencionar que ese brazo lo perdió en 1797, cuando con toda la arrogancia y superioridad anglosajona de la marina de Su Graciosa Majestad intentó desembarcar mil quinientos hombres para conquistar Santa Cruz de Tenerife, defendida por despreciables españoles, y las tropas inglesas, que llegaron muy flamencas y muy sobradas, tuvieron que capitular ante la mano de hostias que les dieron los isleños, que los achicharraron vivos haciéndoles trescientos muertos y enviando a don Horacio Nelson, que fue a tierra con dos brazos, de vuelta a su barco con sólo uno. Los sucios indígenas.

Así que como ves, amigo lector, basta con hojear un libro de Historia anterior a la Logse para que en ese tipo de cosas te consideres vengado de sobra. A lo largo de los siglos hubo leña para todos; y cualquiera, hasta el imbatible Nelson y la madre que lo parió, tiene a la espalda tantas horas de gloria como de vergüenza o de fracasos. La diferencia es que los ingleses procuran olvidar sus desastres, o los convierten en gloriosas cargas de caballería, como esa gilipollez de Balaclava —aunque ningún Tennyson compuso poemitas cuando los japoneses les dieron bien por saco la Navidad de 1941 en Singapur—, mientras que los españoles somos tan idiotas y tan miserables que nos avergonzamos de las hazañas, cuando las hubo, o las utilizamos para reventar al vecino.

Fumar y trincar

Vaya por delante que a Tabacalera y las otras multinacionales del gremio, por mí, les pueden ir dando. Quiero decir que las considero una mafia de golfos apandadores con número y antifaz, como los que salían en los tebeos del pato Donald junto a Narciso Bello, Daisy y el Tío Gilito. Si de mí dependiera, obligaría a las tabaqueras, a fuerza de ley o mediante la estricta aplicación del artículo 14 —por todo el morro y sin rechistar—, a jiñar las plumas, subiéndoles los impuestos hasta el 99,9 % y obligándolas a financiar programas de salud e higiene pública, amén de añadir a cada anuncio tabaquil otro, forzoso y complementario, en el que se viera el aspecto que tienen los pulmones de un fumador cuando el forense, ris, ras, les pega un par de tajos de bisturí al hacer la autopsia. O sea, por un lado esos chicos jóvenes y con ganas de vivir y ganas de marcha que muestra el anuncio dando por supuesto que llevan un paquete de Fortuna o de Winston o de Ducados, o de lo que sea, en el bolsillo de los dockers, y por el otro unas asaduras frescas recién diseccionadas, en su palanganita blanca, chof, con los bronquios carbonizados bien a la vista. Más que nada, por aquello de que *validiora sunt exempla quam verba,* como dijo no sé quién. Si me permiten la gilipollez.

Digo todo esto a modo de introducción o proemio, para evitarme doscientas cartas de soplapollos y soplapollas maniqueos que toman la parte por el todo, y creen que si uno desdeña a una pava es un machista, o si se queja de un cartero insulta al gremio, o si habla de España es de derechas, o si desprecia a Arzalluz desprecia a los vascos, o si pone a parir al Pepé es del Pesoe, o viceversa. Así que ahórrense los sellos. Porque hoy inspiran mi tecleo las tres mil denuncias contra Tabacalera planteadas con motivo del Día Internacional Sin Tabaco, y la primera sentencia, reciente de un par de semanas, en que la empresa tabaquera resultó absuelta en su primera batalla contra los que exigen la devolución del rosario de su madre.

A ver si nos aclaramos. Uno entiende que a todos esos sinvergüenzas que se lucran con el humo que mata a otros, a sabiendas de que el tabaco puede causar cáncer y de que la nicotina es muy adictiva, se les retuerza desde las instancias oficiales el gaznate que más duele, que es el bolsillo, y se les haga solidarizarse con el remedio de los males que tanto facilitan. Nada que objetar a eso. Lo que me produce choteo personal es la singular pretensión de los damnificados por sacar pasta. Desde hace la tira de tiempo, los consumidores de cigarrillos saben lo que hacen y las enfermedades a que se exponen, y cada paquete que compran indica el riesgo para la salud. Ya no hay fumadores inocentes. Y cuando después —con todos mis respetos y condolencias personales— a uno le extirpan la laringe o le diagnostican un cáncer de pulmón, no le queda otra que joderse como Dios manda; porque el tabaco no es Chernóbil ni una mina de cinabrio, ni el tabaquismo es la silicosis, ni uno pasaba por allí, sino que cada pitillo lo saca, lo lleva a la boca, lo enciende y lo aspira con deliberación y disfrute, en acto responsable o irresponsable según cada cual, pero inequívocamente voluntario. Así que eso de las demandas y las indemnizaciones, por mucho que cuenten que se destinará a obras sociales y pías, me suena a lo de siempre: a buscar viruta por la cara. Es, imagínense, como si yo voy a la esquina del Banco de España y empiezo a pegarme cabezazos contra el canto de la pared, pumba, pumba, hasta que me descojono la frente bien descojonada y me quedo hecho un eccehomo, y luego le pongo una demanda al banco por tener en la calle una esquina que me incita irresistiblemente a golpearme con ella, matizando que es sin ánimo de lucro, y que la pasta que le saque voy a destinarla a atención médica de todos los gilipollas que, como yo, nos paramos en esa esquina a sacudirnos contra el canto.

Así que lo siento, pero no me solidarizo con eso. Aplaudiré de corazón cuando todos los directivos tabaqueros sean ajusticiados en la farola más próxima, pero me niego a aplaudir esa capullada políticamente correcta que, cómo no, también hemos importado de los EE UU. Donde, por cierto, hay una importante diferencia: los *punitive damages,* como dicen allí, son sumas que se pagan a los perjudicados; pero no con objeto de indemnizar a las víctimas, sino de castigar ejemplarmente al responsable. Aquí, sin embargo, todo lo reducimos a trincar. Y ya que hoy se me ha puesto el cuerpo plurilingüe, voy a regalarles otra bonita frase: *Sua quisque exempla debet aequo animo pati.* O sea: cada uno debe sufrir con ánimo tranquilo los ejemplos que él mismo dio. Eso para que luego digan que el latín es una lengua muerta.

El fantasma del Temple

Ha sido como volver atrás en el tiempo, regresando a la biblioteca del abuelo: el día de lluvia, la luz gris, los viejos volúmenes alineados en sus anaqueles. Un niño de diez años lee sentado junto a la ventana. El libro se titula *El caballero de Casarroja* y tiene las tapas encuadernadas en tela, con el nombre de Alejandro Dumas en la portada. Y el niño pasa absorto las páginas, sobrecogido por el drama que allí se relata: la historia de amor y amistad, la guillotina ensangrentada en los días tumultuosos de la revolución francesa, la fallida conspiración para liberar a María Antonieta, la triste suerte del pequeño Capeto, Luis XVII, hijo del monarca ejecutado.

Ha pasado mucho tiempo, pero no olvido al niño que leía la historia de otro niño, el delfín de Francia arrancado a sus padres y por fin huérfano, su oscura suerte y su desaparición en el marasmo revolucionario. Yo tenía su misma edad, y como lector apasionado me proyectaba en cuanto leía: en cierto modo su suerte era mi suerte. Transitar por aquella novela, mediocre comparada con *Los tres mosqueteros*, o *El conde de Montecristo,* me dejó sin embargo en el corazón cierto singular escalofrío. Hasta que el tiempo pasa, nunca sabes qué te echa la vida en la mochila. Y la imagen del pequeño Capeto, el misterio de sus años oscuros o su posible muerte, permanecieron en mí como permanecen los buenos enigmas de la vida, de la literatura y de la Historia, y más tarde se fueron completando con otros libros, *Historia de dos ciudades, La Pimpinela Escarlata,* algo leído en Balzac o en Feval o en Sue, la *Historia de la revolución francesa* de Thiers, la biografía *María Antonieta* de Stefan Zweig, y cosas así. Y es que a veces una lectura en apariencia intrascendente, cualquier página leída al azar en el momento adecuado, inicia una cadena imprevisible que lleva a páginas insospechadas, o a mundos complejos, apasionantes. Por eso me causan tanta hilaridad los estúpidos que desprecian un libro, cualquiera que sea; aun el peor escrito. Porque un libro es un libro pese a que en apariencia no tenga nada dentro, y nadie sabe nunca dónde puede saltar la chispa que abre tantos caminos mágicos. Que se lo pregunten si no a un par de amigos: uno empezó devorando *El Coyote* y ahora es un experto mundial en misiones franciscanas de California y en la huella cultural hispana en Norteamérica. Otro empezó con *Los tres mosqueteros* y *El prisionero de Zenda,* y ahora dirige la Biblioteca Nacional.

El caso, les decía, es que casi cuarenta años después de que yo leyese *El caballero de Casarroja,* una investigación realizada en las universidades de Lovaina y de Münster ha puesto punto final al misterio. Ha escrito el epílogo de esa historia a la que me asomé fascinado una mañana de lluvia en la biblioteca del abuelo. Muchas veces desde entonces reflexioné sobre la suerte del pobre crío inteligente y enfermizo, nacido para ser rey, que fue arrancado a su madre —drama escalofriante, háganse cargo, para un lector de diez años— y después entregado para su reeducación republicana a un brutal individuo, el zapatero Simón, que lo sometió a vejaciones y malos tratos, antes de perderse en las sombras sin que nadie pudiera esclarecer su suerte.

Pero la vida imita a veces a las novelas: uno de los médicos que en 1795 hicieron la autopsia a un niño de diez años muerto de tuberculosis en la prisión del Temple, se había llevado el corazón del pequeño cadáver escondido en un pañuelo. Ese corazón, conservado primero en alcohol y luego momificado, anduvo en diversas peripecias durante dos siglos; hasta que hace unos días el análisis comparativo de su ADN con el de los cabellos de María Antonieta desveló el misterio: el niño muerto en el Temple el 8 de junio de aquel año era el hijo de los reyes de Francia; y su pobre cadáver terminó en una fosa común de París, cubierto con cal viva. Caso cerrado. Y ahora, por fin, casi cuarenta años después de mirarnos él y yo por primera vez a los ojos, el pequeño fantasma que tanto me impresionó al descubrirlo entre las páginas mágicas de *El caballero de Casarroja* ha respondido por fin a todas las preguntas y descansa en paz en mi memoria. En cuanto al viejo sentimiento de compasión, la verdad es que a estas alturas no sé qué decirles. El tiempo pasa, y cambia nuestro corazón, y aquel niño que leía en la biblioteca del abuelo pudo ver después, y no precisamente en novelas de Dumas, demasiados cadáveres de otros niños que también tenían diez años y estaban en fosas comunes. Y me pregunto, por ejemplo, cómo sería ahora España si aquí hubiéramos tenido la lúcida previsión de guillotinar a Carlos IV y a María Luisa, y a ese pérfido hijo de puta que luego reinó como Fernando VII alguien le hubiera hecho a tiempo una buena autopsia.

«Le tiré cuando se iba»

«Al otro le tiré cuando se iba»... Ninguno de los cagatintas que escribimos en los papeles y que nos marcamos
el folio con Cervantes y con Proust habríamos podido
expresarlo mejor que mi paisano Joaquín Heredia No-
guera, el Macarrón, 31 tacos de almanaque y dos palmaos
frescos en un zipizape de Lo Campano, Cartagena. Ésa
es mi tierra, o lo que queda de ella. Y el Macarrón, al que los
amigos y otro personal de la hoja abrevian como el Maca,
no es sino un producto más de ese sureste costero atenazado
por la corrupción y el paro, donde la gente se vuelve chusma para vivir. Donde los colombianos y sus primos los gallegos, con las derivaciones adecuadas, proveen una fórmula
espectacular, rápida y peligrosa —lo que no mata engor-
da— de buscarse la vida y manejar viruta y montárselo jan-
der, siempre y cuando tengas suerte, y talento, y los cojones
en su sitio. Y aunque por lo general, tarde o temprano, terminas en el talego, o lo que es peor, en un descampado con
las manos atadas con alambre, el cuerpo lleno de quemadu-
ras de cigarrillos y un plomo del 38 en el cráneo, mientras
llega el momento de que la vida te pase la factura, colega,
que te quiten lo bailao. Total, son dos días.

El Maca no es más que un producto tan típico de
esa tierra como antes los eran los pimientos de Murcia o
los cordiales de Torre-Pacheco. Allí los paletos con tierras
de secano todavía no se han hecho millonarios construyen-
do adosados como en Alicante, ni los esclavos de inverna-
dero han levantado la economía como en el sur almerien-

se. Por allí el desmantelamiento industrial y la poca vergüenza pasaron como el caballo de Atila, y sólo dejaron cuatro caciques especuladores que se reparten la mojama con los políticos, además de paro y de miseria. Así que a esa tierra donde a la madera y a las autoridades y al mismísimo copón de Bullas se les ha ido la cosa de las manos, o miran hacia otro lado, o mojan en la salsa, la gente del bisnes ha derivado lo que antes entraba por las rías o por La Línea, y ahora bulle chusma y escoria manejando viruta y farlopa por un tubo asín de gordo. Ya hasta hay más pescadores en la cárcel que en el mar; porque cuando estás tieso y vas a la parte con cero patatero de beneficio, y tienes cinco hijos pidiendo pan y Tómbola, es difícil no recoger un fardo atado a una boya a cinco millas de la costa, si eso te avía la pesquera de un mes. Nos ha jodido.

El Maca, como tantos otros, sale de ahí. Del contexto, que diría uno de esos sociólogos chorras que rajan en el arradio. Es un jambo flaco y duro, muy fumador, y tiene esa economía de gestos y palabras de la gente del bronce que se reserva porque no se fía, ni de los picoletos que lo acompañan hoy, uno a cada lado, ni de los colegas que lo esperan en el talego, ni de nadie. Tampoco se fiaba del Chiva ni del Pelote, los dos competidores que fueron a preguntarle a domicilio por qué carajo vendía más barato que ellos.

A eso le llaman *dumping* los guiris, chaval, vinieron a decirle. La coca tiene precio fijo y nos estás jodiendo el mercado. Empezaron con buenas maneras, pero el Maca ya tenía la mosca en la oreja, y además de la mosca un fusko debajo de la chupa. Un fusko con menos papeles que un conejo de monte, pero recién engrasado y listo para hacer pumba, pumba. De manera que cuando los dos julandras fueron a su queli a dar por culo, y tras tener unas palabras más altas que las otras, el gitano, o sea, el Pelote, se puso bravo y dijo que lo iba a sirlar. Entonces se lió la pajarraca: Joaquín, o sea, el Maca, tiró de fusko y le pegó al gitano unos buchantes que lo pusieron mirando a Triana pero ya mismo. Y luego —cuenta entre pitillo y pitillo, frío, tranquilo, entornando los ojos al darle caladas al Winston— se volvió hacia el otro, Antonio Fernández Amador, el Chiva, que se abría a toda leche después de que le dejaran tieso al consorte. Y es ahora cuando el Maca resume lo ocurrido, el último acto, en esa frase magistral, perfecta, que condensa y cierra toda una historia: *«Al otro le tiré cuando se iba»*.

Lástima que un fulano con esa capacidad descriptiva y de síntesis, amén la obvia capacidad ejecutiva, malgaste los próximos años de su vida —un tercio de lo que le caiga— paseándose por un patio carcelario o redimiendo en el economato del talego. A veces me pregunto qué sería de él, y de otros muchos como él, en otro tiempo y en otro país más decente, donde alguien hubiera podido sacar honesto partido de su talento y sus redaños. Lástima que esa gente esté tan ocupada buscándose la vida en las páginas de sucesos de los periódicos, que no se hayan enterado todavía de que, en las páginas económicas, España va bien. O como matizaría el Maca, van bien los de siempre. Los que nunca se mojan ni tienen que buscarse la vida a bellotazos. Ellos y la perra que los parió.

Manual de la perfecta zorra (I)

Tranquila, chochito. Lo tienes fácil. Para ser top model, que es tu vocación más prístina y el sueño intelectual de tu vida, ojo, no model a secas, que eso es del montón, sino top —que como sabes significa modelo a tope guay—, y triunfar, y que a las amigas y a las de la peluquería y a las del gimnasio se les atragante el biomanán, el camino es fácil. Chupado, y te lo digo sin dobles sentidos. Y mira por dónde te lo voy a contar, para ti sola. O sea. Exclusivas Reverte. El camino del éxito.

No hagas caso a quienes dicen que una top model es una señora seria y disciplinada, que nace con ciertas condiciones favorables y además trabaja como una burra y estudia y habla idiomas y no sale en *Qué Me Cuentas* sino en la portada de *Vogue,* o de *Marie Claire,* y además esto lo consigue una de cada cien mil. Porque eso sólo pasa en el extranjero. Aquí una top model es otra cosa. Ahí tienes a Mar Flores. O a Jesulina Janeiro, verbigracia, que el otro día se autodefinía como top model profesional. O a Rocío Carrasco, que ya tenía secretaria con catorce añitos, e incluso cuando estaba como una morsa desfilaba entre flashes por las pasarelas. O a Yola Berrocal, que con un par de escalas intermedias en *Crónicas marcianas* y en *Tómbola* pasó directamente de los brazos del padre Apeles —otro día escribiré el Manual del Perfecto Caradura— a sugerir medio chichi, que ahora por lo visto se le cotiza mucho, en la portada de *Interviú.*

Toma nota, anda. Lo primero de todo es ser analfabeta. Cuanto más mejor, porque así te ampara la osadía del ignorante; y además luego, cuando en la tele alguien te llame guarra en directo con los adecuados circunloquios y perífrasis, tú podrás seguir sonriendo tan campante y ordinaria, subirte el tirante, echarte el pelo atrás y decir qué malo eres, Mariñas, etcétera, sin que te enteres de nada. Pero antes de llegar a ese momento culminante, clímax de tu carrera —esa madre emocionada en casa, viendo famosa a la niña—, te queda, querido yogurcito, un pequeño y fácil trámite. Seguramente no tendrás la suerte de ser hermana de famoso, ni hija de famosa; y ése es un hándicap que habrás de superar con decisión y talento. Así que depílate las axilas y déjate caer vestida para matar por esas discotecas madrileñas o marbellíes frecuentadas por top models de las de aquí, y por futbolistas, que ahora se han convertido en estrellas de la cosa frívola, y por periodistas del corazón, y por fulanos que antes salían en *Irma la dulce* y tenían nombre francés, y ahora les da por llamarse managers, aunque hay quien prefiere el más antiguo y castizo nombre de chulos de putas.

En fin, mi alma. Que te dejes caer por los pastos de moda y procures: A) Calzarte a un famoso y que te hagan una foto antes o después, o incluso durante. B) Calzarte a un famoso, y aunque nadie te haga la foto, que ya es mala suerte, contárselo luego a todo cristo. C) No calzarte a ningún famoso, porque no te entran al curricán, pero pegarte a ellos como una lapa para que te vean, y luego decir que bueno, que tal vez —aquí una risita oportuna—, que hay ciertas intimidades de Dado o de Jesús que no estás dispuesta a contar. A contar todavía, claro. O a contar gratis.

Como ves, lo tienes sencillito, loba mía. Así que te deseo suerte y beneficios. De cualquier modo, si tienes prisa, recuerda que también existe la variante de emergencia D, más asequible, y tal vez por eso la que ahora se usa mucho para alcanzar el laurel de la fama: consiste no ya en

fumigarse a un famoso o famosa de relativa pata negra, sino al ex novio o ex novia de un famoso o famosa, e incluso
al ex novio o ex novia de otro ex novio o ex novia de famoso o famosa, cuya guinda del asunto suele consistir en
que el presunto personaje inicial de la murga no es tal.
O sea, que tampoco ése es famoso por su propio currículum, ni de coña, sino que, como Lequio, Ernesto Neyra,
David Flores —esa gloria de la Benemérita— o tantos
otros y otras, lo es por haber sido en su momento novio, o
marido, o simple circunstancia de gente famosa cuya fama
tampoco termina uno por explicarse del todo; aunque, eso
sí, todos acaban invariablemente desfilando en pasarelas
con colecciones de Idoya Jarraiticoechea o de Ludmillo y
Chuminetti; porque España, según el Guinness de los ré-
cords, es el país de Occidente que más modelos, modelas y
tontos del haba tiene por metro cuadrado. Así la cadena
puede prolongarse hasta el infinito, renovándose de continuo con la incorporación de nuevos y brillantes personajes en plan el huevo y la gallina, e incluso con la periódica
llegada de cubanos, venezolanos y otros representantes de
los países hermanos de Hispanoamérica, lo que contribuye a
internacionalizar el culebrón. Con la ventaja de que todos
se instalan aquí para siempre, en esta gran familia de top
models de papel couché tan simpática y entrañable.

(Continuará)

Manual de la perfecta zorra (II)

Recordarás, querida chocholoco, mis consejos de-
sinteresados de la semana pasada, sobre cómo triunfar en
el difícil mundo de las top models de cercanías, tan animado y abundante en España. Quedamos en que tienes
facultades y preparación, amén de ser un poco tonta del
culo, y lo bastante analfabeta para mantener el tipo cuando
los periodistas especializados —que por suerte no siempre gozan de una densidad intelectual superior a la tuya—
te hagan preguntas de doble sentido que tú responderás
con sincero candor en sólo uno, apuntando que lo tuyo con
Carlos Orellana o con Rafi Camino, por ejemplo, fue una
amistad muy limpia y muy bonita. En ese contexto, hoy
voy a darte alguna pista más para que de aquí a nada co-
nozcas la fama y la gloria, y en los premios Capullo 2001,
patrocinados por el mercachifle de turno, puedas desfilar
de top model a tope, y luego entregarle a Rappel el título de
Español Universal del Milenio, amadrinada por Carmen
Ordóñez, a quien para entonces ya podrás llamar Carmina.
Y con suerte —en la vida casi todo es cuestión de colocar
la vagina justa en el lugar y momento adecuados— a lo
mejor hasta te codeas con Isabel Preysler, que ya es el tope
fashion, o con Carmen Martínez-Bordiú; siempre y cuando, tratándose de estas últimas, el acto tenga la base intelectual idónea, a su nivel, y alguien haya soltado muchísi-
ma pasta.

Partimos de la base, petisuis de mis mollejas, de que
ya conseguiste, gracias a lo de la semana pasada, dar el primer paso en tu carrera, y la revista guarrindonga No Me Di-

gas ha comunicado al mundo que el martes compartiste habitación de hotel con un futbolista famoso por haber sido ex novio de una sedicente modelo famosa que a su vez, cuando no la conocía nadie, fue desecho de tienta del hijo o del padre de alguien relacionado —es un suponer— con el indiscutible famoso Pajares. Si has sido lo bastante lista para repartir el número de tu teléfono móvil un poco por acá y por acullá, a estas alturas tendrás por lo menos un manager para guiarte por el proceloso mar de la vida pública, dándote un porcentaje de lo que él trinque por que tú vayas a la tele o a una revista de gran tirada, a largar por esa boca pecadora. Para entonces, prenda, ya te habrás siliconado de modo conveniente la antedicha boca y el torso, si es que procede; trámite barato si tienes la habilidad de trincar entre Pinto y Valdemoro a un cirujano plástico. Así, la confesión pública podrá oscilar entre el apasionante tema de si te has operado las tetas —cosa que al principio negarás siempre—, y el no menos apasionante de que si Jesulín tiene un huevo o tiene dos: prueba del algodón a la que tarde o temprano se ve sometida cualquier aspirante a la fama nacional y a la portada del *Diez Minutos,* y que antes equivalía a que el comandante de un destructor enseñara la gorra del capitán del submarino alemán que decía haber hundido.

Cuida también las dosis, guapita de cara. Salvo en casos flagrantes como el inaudito morro de Yola Berrocal, que se maquilla con cemento, tan pernicioso es quedarse corta como pasarse varios pueblos. Que te beneficie ser una chica analfabeta y sencilla, o parecerlo, a la hora de airear las apasionantes experiencias de tu bisectriz, no está reñido con la astucia y la habilidad —*zorra: persona astuta y solapada (Diccionario de la RAE)*— que permiten prosperar en la vida. Así que gotea tus aportaciones al paisaje cultural español con sabia medida, poquito a poco, en función de la viruta que vayas cobrando —cada cual vende lo que tiene— como si se tratara del aceite de las vírgenes prudentes. Lo de vírgenes lo cito sin segundas. O sea, que al principio no entrarás en el detalle de la cosa, negando como antes sugerí, y limitándote a eso de la amistad tan bonita, etcétera, y sosteniendo sin pestañear que saliste de casa de Dado o de la rana Gustavo a las seis de la mañana porque el suprascrito te llamó para consultarte unas dudas sobre el yambo y el dáctilo en la épica griega. Después, en fases sucesivas y programas diversos, y según trincas más pasta, podrás desvelar nuevos detalles, hasta el número apoteósico, tatatachán, en programa televisado de gran audiencia, donde contarás por fin, con escrupulosidad de notario (y de notaria), que, en efecto, el susodicho tenía un huevo, o tenía dos, o tenía tres.

Hay más consejos, chochito mío; pero se acaba la página, y si te dedicara un tercer capítulo, *El Semanal* iba a ponerme con toda la razón del mundo en la puta calle, y mi vecino el rey de Redonda, al que me debo, se quedaría sin fencing master que lo llamara perro inglés. Así que tú misma. Estoy seguro de que llegarás lejos, porque vales. Y luego, figúrate. La fama: un desnudo artístico en *Interviú,* un desfile de modelos en Sangonera la Seca, una foto con Daniel Ducruet cuando venga a presentar su nuevo disco. Guau. Qué suerte, tía. Harás realidad lo que tantas otras pedorras sueñan.

El Muyahidín

Son las siete y pico de la mañana y Márquez me llama desde Israel, tío, acaban de cargarse a Miguel en Sierra Leona. Le digo que sí, que ya lo sé, que acaba de decirlo la radio. Una emboscada. Iban él y Kurt Schork —Holiday Inn de Sarajevo, agencia Reuter, dos puertas más allá en el mismo pasillo—, buscando lo que buscas siempre en ese oficio: una historia, una imagen. Todo eso, en África y en plena merienda de negros. Ni un ruido, ni un alma, y Miguel y el otro intentando llegar a alguna parte mientras se ganan el jornal. Y de pronto, tacatacatá. Achicharrados los dos sin decir esta boca es mía. Por suerte, apunta Márquez, los pillaron así y no vivos. Se tarda mucho más en morir macheteado. Ya sabes: chas, chas, y mientras tanto dices muchas veces ay. Luego Márquez se despide y yo me quedo pensando que Márquez sólo es duro por fuera, y que se le nota muy jodido por Miguel. Por nuestro Miguelito. Han rescatado el cuerpo, dice antes de colgar. Así que cuando lo devuelvan a Barcelona, mándale una corona tuya y mía. O mejor ve al entierro. He contestado sí, claro que iré. Pero la verdad es que no pienso ir. No tengo cojones para ponerme delante de Pato, su madre.

Luego me he quedado muy callado y muy quieto, recordando al tipo alto, educado, que se nos acercó una noche en un bar de Split pidiendo que lo dejáramos acompañarnos en su moto a la guerra porque estaba harto de coger el autobús para ir a trabajar como abogado en Barcelona. Un tipo que tres días más tarde había tenido su bautismo de fuego y era nuestro ahijado y nuestro amigo, y a quien —él llegó cuando yo casi me iba— describí así en *Territorio comanche*, pocos meses más tarde: «*Era su primer conflicto bélico y se lo tomaba todo muy a pecho porque aún vivía esa edad en que un periodista cree en buenos y malos y se enamora de las causas perdidas, las mujeres y las guerras. Era valiente, orgulloso y cortés. Mientras otros periodistas contaban la guerra desde hoteles, él vivía casi todo el tiempo en Mostar, y cada vez salía y regresaba con medicinas para los niños. Se lo encontraban entre los escombros con un pañuelo verde en torno a la frente, alto, flaco y sin afeitar, con los ojos enrojecidos y esa mirada inconfundible que se les pone a quienes recorren los mil metros más largos de su vida: mil metros que ya siempre los mantendrán lejos de aquellos a quienes nunca les ha disparado nadie*».

Ahora releo esas líneas y me quedo absorto, con una incómoda congoja dentro, y pienso que ya han pasado siete años desde que Miguel Gil Moreno se presentó aquella noche en Split, y que su carrera fue como él quiso que fuera: dura, rápida, brillante y peligrosa. Empezó buscándose la vida como chófer de periodistas, luego cogió una cámara para ir a sitios donde nadie se atrevía a ir, y al fin se hizo una reputación asumiendo riesgos enormes en zonas muy difíciles, trabajando por cuatro duros para las televisiones inglesas. Reportero de guerra de la Associated Press TV, le gustaba trabajar solo, le dieron un premio Rory Peck por sus imágenes de Kosovo, le rompieron dos costillas y le abrieron la cabeza en el Congo, y dejó boquiabierta a la tribu de zánganos que transmitía desde los campos de refugiados cuando fue el único periodista que, al cuarto o quinto intento, logró meterse en Grozni a base de perseverancia y de huevos. Y hay algo que casi nadie sabe, salvo Márquez y yo, y también Paco Nistal, el páter, capellán de los cascos azules: era católico creyente, y siempre que podía se confesaba antes de entrar en combate.

Estuvo siete años debiéndome cien marcos que le presté un día que andaba tieso, y siempre bromeábamos sobre esa eterna deuda, que me negaba a cobrarle si no era en forma de bayoneta de Kalashnikov, que él siempre juraba traerme en el siguiente viaje. Sólo tengo dos fotos suyas: una con Carmelo Gómez e Imanol Arias, el día que estuvimos juntos por última vez en zona de guerra, cuando a punto de rodar aquella película comanche lo acompañamos a filmar a los serbios incendiando las afueras de Sarajevo al retirarse. La otra es en Mostar, en una trinchera, con su chaleco de reportero y el pañuelo en la cabeza que daba aire de muyahidín islámico a su perfil de halcón flaco. Hablé con él hace tres semanas, cuando me llamó desde Londres para que le diese una entrevista a una periodista amiga suya. Me dijo que ya tenía treinta y dos, y que a veces estaba cansado. Poco dinero y mucho riesgo, añadió. Será malo envejecer así, y quizá deba buscarme algo por ahí. Ahora recuerdo esa conversación y me parece verlo reírse por el agujero del diente que le faltaba. También lo veo cruzando con su moto a través de la guerra y de la vida, veloz, impasible y valiente, del mismo modo que entró en Sarajevo cruzando el monte Igman. Y sé que me he quedado sin la bayoneta de Kalashnikov, y que cada vez tengo menos amigos y más canas. Unas canas que Miguel no tendrá nunca.

Aragón también existe

Que sí, hombre, que ya era hora. Que en toda esta lista de los más vendidos, en este concurso inaudito de ignorancia, manipulación y mala fe a la hora de reinventar la Historia, uno está hasta la línea de flotación de oír siempre a los mismos, como si el resto hubiera oficiado de comparsas en la murga. Y hete aquí por fin que alguien reacciona como es debido, y dice venga ya, y decide que ya es hora de poner en su sitio a unos cuantos timadores y mangantes, de esos que les pagan pesebres a sus historiadores de plantilla para que descosan y vuelvan a coser la Historia a medida, y luego la meten en los libros de texto y se montan unas películas que ya las hubiera querido Samuel Bronston. Eso mientras los que saben se callan, porque son unos mierdecillas, o por el qué dirán, o porque les interesa. Y de ese modo terminamos viviendo en una España virtual, que no la conoce ni la madre que la parió.

Así que olé los huevos de Aragón, o de quien decidiera montar la exposición *Aragón, reino y corona,* que no sé si andará todavía por alguna parte, pero que durante el mes de mayo estuvo abierta en Madrid. En toda esa mentecatez de la que hablaba antes —ahora resulta que existió un imperio catalán que hasta hace cuatro días pasó inexplicablemente inadvertido a los historiadores, o que los irreductibles vascos nunca se mezclaron en las empresas militares ni comerciales españolas— Aragón había estado mucho tiempo callado, pese a tener muchas cosas que decir, o que matizar, desde aquel lejano siglo onceno en que Ramiro I, contemporáneo del Cid, sentaba las bases de un reino que abarcaría Aragón, Valencia, las Mallorcas, Barcelona, Sicilia, Cerdeña, Nápoles, Atenas, Neopatria, el Rosellón y la Cerdaña, y terminó formando la actual España en 1469, gracias al enlace entre su rey Fernando II de Aragón e Isabel, reina de Castilla. Ése es el hecho cierto, y no lo cambian ni el mucho morro ni el reescribir la Historia; incluido el manejo exclusivista y fraudulento de las famosas barras que eran Senyal Real no de un reino o territorio, sino de una familia o casa reinante que, como matizó Pedro IV en el siglo XIV, *tiene Aragón como título y nombre principal.* Casa reinante que absorbió a la casa de Barcelona, extinguida en 1150 por mutua conveniencia y deseo del titular de esta última, el conde Ramón Berenguer; que al casarse con Petronila, hija de Ramiro el Monje, rey de Aragón, adquirió como propio un linaje superior, *pero renunciando al suyo,* no titulándose más que *princeps* junto a su esposa *regina;* de modo que el hijo de ambos, ya con Barcelona incorporada a la corona, se tituló *rex* de Aragón, y nunca de Cataluña. Por suerte no todos los archivos han caído en manos de quien yo me sé —tiemblo al pensar qué será de ellos—, y aún quedan documentos donde comprobar lo evidente. Que por cierto, en cuanto a la propiedad histórica de las famosas barras, no está de más recordar que en 1285 la crónica de Bernard Desclot precisaba aquello de: *«No pienso que galera o bajel o barco alguno intente navegar por el mar sin salvoconducto del rey de Aragón, sino que tampoco creo que pez alguno pueda surcar las aguas marinas si no lleva en su cola un escudo con la enseña del rey de Aragón».*

Así que cómo me alegro, oigan, de que aquel digno y viejo Aragón olvidado, marginado, asfixiado por la perra política de este perro país, aún sea capaz de decir aquí estoy, desmintiendo a tanto oportunista y a tanto manipulador y a tanto mercachifle. Recordando que existió una corona aragonesa que constituyó el imperio más extenso del Occidente medieval, donde, bajo su nombre y sus barras, Aragón, Cataluña y Valencia compartieron aventuras, comercio, guerras e historia, enriquecieron sangres y lenguas con el latín, el catalán y el castellano, cartografiaron el mundo, construyeron naves, pasearon mercenarios almogávares y dominaron territorios que luego aportaron a lo que ahora llamamos España, con la manifestación de los fueros y libertades propios en aquella fórmula tremenda, maravillosa y solemne: el «*si non, non*» heredado de los antiguos godos, mediante el cual los nobles aragoneses —«*que somos tanto como vos, y juntos más que vos*»— acataban la autoridad del rey de tú a tú, reconociéndolo sólo como «*el principal entre los iguales*».

Por eso son buenas estas iniciativas y estas exposiciones y estas cosas. Son muy buenas, incluso higiénicas; y me sorprende que, como antídoto contra la manipulación y la desmemoria que están convirtiendo este lugar llamado España en una piltrafa y en una casa de putas insolidaria y estulta, no se les dediquen más esfuerzos, ocasiones y dinero. Por ejemplo, el que se ha utilizado en la imprescindible urgencia de sustituir *La Coruña* por *A Coruña* en los rótulos de las carreteras y autovías de toda España. Incluida, supongo, la N-340 a la altura de Chiclana.

La historia de Barbie

Juan Carlos Botero, escritor, amigo, hijo del pintor y escultor colombiano, se detiene en el umbral del hotel Casa Medina de Bogotá y retrocede, instintivo, al ver pasar a dos sujetos con mala catadura. «Joder —murmura—. Creí que eran sicarios». Y es que hay barrios de esta ciudad que de noche recuerdan ciudades en guerra, con las calles desiertas, alguna sombra que se mueve furtiva, los coches que circulan con los seguros de las puertas puestos y los bares cerrados por la ley Zanahoria. El objetivo de esa ley es evitar que la gente, con alcohol y coches y artillería, beba y se mate entre sí a partir de la una de la madrugada. Ahora bebe y se mata antes de la una.

Hemos estado bebiendo ginebra azul mientras hablábamos de barcos perdidos, de piezas de a ocho, de cazadores de tesoros y de libros. Y también hemos estado hablando de Barbie Quintero. Barbie tiene veintiocho años, y se parece a lo más sombrío de esta Colombia descompuesta por el narcotráfico, la corrupción, la guerrilla y la miseria. Barbie es guapísima, pese a su escasa estatura, y resulta fácil imaginar la muñeca que era a los trece, cuando aún se llamaba Adriana Alzate y su madre la metió a puta en los bares de Medellín. Su madre había tenido diecisiete hijos, uno por año, casi todos con hombres diferentes, y desde los siete le daba a fumar bazuco. El padre era de cuchillo fácil, y todavía andará por ahí, alcoholizado y soplando droga, si es que no lo han matado ya. Salió de extra en la película *La vendedora de rosas,* y quiso violar a Barbie cuando ésta tenía once años. En la vida real lo llamaban el Rata.

Eran los tiempos en que Pablo Escobar pagaba dos millones de pesos por cada policía muerto. Barbie se acostumbró a los tipos duros: le gustaban. Hacía strip-tease para los Calvos, los Nachos, los Priscos. Fumó marihuana, metió pepas y tuvo abortos antes de tener documento nacional de identidad. Con su aire de muñequita rubia, los prójimos se la rifaban. Se espabiló rápido: cuando una banda visitaba el club donde ella abría las piernas, siempre elegía al más bravo y peligroso de todos; de esa forma sólo se la cepillaba uno y se ahorraba a todos los demás haciendo cola. Oyó decir muchas veces: «Tumben a ese hijueputa faltón», y luego, bang, bang. Allí los palmados se celebraban con tragos, droga, mujeres y canciones. Como los goles del Nacional, dice. Igualito que los goles del Nacional.

Un día, jugando a la ruleta rusa con uno de sus novios, al fulano se le fue un tiro de refilón que le dejó a Barbie una cicatriz en la sien izquierda. A los de los Nachos los acompañaba en los asaltos y robos, recargándoles los fierros en las balaceras. Dice que ella nunca mató a nadie, sólo chuzó una vez a un taxista; aunque, eso sí, a veces pedía a sus amigos gatilleros que bajaran a algún faltón que se pasaba varios pueblos con ella. En ésas anduvo cuando una noche llegaron doce de otra banda —los Calvos, precisa desapasionadamente— y les dieron plomazos y matarile a todos los hombres de la suya, abrasándolos de rey a sota. «A mi hombre le tocó perder. A mí me llevaron a un solar y me violaron. Los doce.»

De allí, Barbie pasó a hacerse novia de los tombos, que es como aquí llaman a los policías, sin dejar de ser al mismo tiempo soplona de las bandas; y de esa forma, infiltrada, ayudó a hacerles emboscadas a unos y otros. «Les picaba arrastre —cuenta— y los llevaba hasta donde los bajaban a tiros». Luego se hizo mujer de el Ñatas, un sicario de medio pelo y pistola fácil, pero la estrella de éste se fue apagando y liaron el petate de Medellín; y cuando el Ñatas tuvo el segundo hijo con su propia hermana, Barbie lo dejó y se puso a putear de nuevo en las zonas rojas de Muzo y Puerto Boyacá. Luego anduvo de cárceles por historias confusas que cuenta muy por encima, una de un robo de un millón de pesos y otra por el robo de un fusil y una granada a un policía. Terminó en el parche de la carrera 18, con una hijita a su cargo, otra con su madrina, y dos más grandes que le quitó el Bienestar Familiar para que las adoptara Dios sabe quién. La plata se la gastaba en ropa, maquillaje y drogas.

La vida de Barbie cambió cuando conoció a Nohra Cruz, la presidenta de la fundación colombiana Nueva Vida, que intenta rehabilitar a chicas perdidas. «Para qué vender el cuerpo cuando hay talento, me dijo. Y yo lo tenía.» Barbie dejó la calle por un trabajo en la fundación. También ha dejado la droga y a los hombres: «Conocí a Dios y me alegro, porque no creía en él». También entendió, dice, que es bueno perdonar a la gente. Que no siempre es necesario matarla por lo que te hace. Y cuando le preguntas por qué cuenta todo esto en público, sin miedo a que se lo cobren, te clava muy fijos los ojos azules y dice: «Porque todos los sicarios que eran amigos míos están muertos».

Una de moda y glamour

Les juro a ustedes por mis palmados más frescos que este año no quería. Por una vez, y ya en plena temporada, había hecho firme propósito de enmienda, dispuesto a no tocar, ni siquiera de refilón, el tema tradicional en esta página de la indumentaria veraniega. Estaba dispuesto a escribir sobre cualquier otra cosa: a darle un puntazo al clero integrista y ultramontano, por ejemplo, para amargarle las vacaciones a mi santa madre, so pretexto de los obispos brasileños y el preservativo; o a pedir formalmente el exterminio sistemático de los hinchas de fútbol ingleses, los hooligans o como se llamen, mediante la puesta en el mercado oportuno de hectólitros de cerveza fermentada en ácido prúsico. Incluso tenía previsto, por aquello del rifirrafe del otro día entre mi vecino el rey de Redonda y el beligerante académico euskaldún que lo acusaba de ser nostálgico del duque de Alba, coger las *Décadas de la guerra de Flandes* del padre jesuita Famiano y dedicar un rato a contar los innumerables apellidos vascos que figuran entre los capitanes y soldados españoles que con el de Alba participaron en esa guerra, como en todas las demás, en un tiempo en que la mili —aunque lo mismo ahora resulta que los libros de texto de esa comunidad autónoma afirman lo contrario— era cualquier cosa menos obligatoria.

Estaba dispuesto a abordar uno de esos temas, repito, eludiendo piadosamente la serpiente multicolor veraniega. Pero hete aquí que acabo de darme de boca con uno de los miles de apasionantes reportajes que publican los suplementos dominicales —ahora que caigo, puede que fuera éste— dando consejos especializados sobre el indumento que deben adoptar quienes deseen ser tenidos por sofisticados y glamourosos a la hora de pasear por el mercadillo de la playa o tomarse copas en el lugar idóneo. Y, claro, me ha saltado el automático, incluyendo abundante goteo del colmillo. Si usted quiere estar a la moda estos meses de calor y no ser un tiñalpa de mierda, aconseja el texto glosado, póngase un smoking fucsia de Vagina Schmeisser si es hembra, y estará genial. Y hágalo en el acto, porque una mujer con smoking —se afirma literalmente— sigue siendo lo más ultrafemenino y sexy. En cuanto a los hombres, que no se les ocurra bajo ningún concepto ponerse tejanos de Izaskun Sánchez que no lleven la vuelta doblada tres palmos; ni, si viste formal, otros zapatos que no sean los de color caramelo que valen treinta mil pesetas, siempre y cuando, naturalmente, se acompañen con un chino claro y calcetines de colores. Salvo, oído al parche, que usted utilice un traje oscuro de Chochino y Vicentini, en cuyo caso usará, so pena de que lo miren mal en Puerto Banús, mocasines de vivos colores, ora rojos, ora verdes, o de piel de serpiente o cebra, por los que habrá abonado otras treinta mil. Mucho ojito ahí con ponerse calcetines, que no se llevan. Y en caso de que se decida por el traje claro, entérese de una puta vez de que los mocasines no valen, ni la camisa tampoco. Imprescindible usar una camiseta de Armancio Sopla Poglia, azul celeste por más señas, y sandalias que podrá adquirir en No Te Jode's Shoes por veinte billetes de a mil.

Y es que tiene cojones, oigan. Si uno, o una, acepta la dictadura del diseño y el fashion, o como se diga —hasta hay canales de tele por cable que sólo pasan a tíos y tías desfilando, y ahora los diarios incluyen la moda en las páginas de cultura—, y quiere quedar bien y que los gorilas de la puerta lo dejen entrar en los bares de copas, está condenado a vestir como un perfecto tonto del culo, y encima gastarse una pasta. La otra presunta alternativa, la de la liberté, la egalité y la fraternité, que tampoco la regalan, no deja otra opción que la camiseta de colorines, el calzón-bañador multiuso y las chanclas, adobado con los michelines tatuados, el ombligo en rodajas a la vista y el arito de oro haciendo piercing en una teta. En cuanto a la vía normal, la del vestido corriente, y la blusa o la honesta camisa, y el pantalón y las zapatillas de tenis o los zapatos con calcetines, acompañados de noche con una chaqueta, una rebeca o un suéter, eso queda para los abuelos puretas y los antiguos, y según los cánones al uso —nuevo barroco, se llama la moda esta temporada, con permiso de Quevedo y Velázquez y Valdés Leal y Alonso Cano— vestido así no hay quien se coma una rosca ni se gane el respeto de los camareros ni de los Charlies que te venden abalorios en los tenderetes. De ese modo vivimos, un verano más, entre el glamour de la gilipollez galopante y el museo de los horrores peludos; y así van los abuelos como van, despendolados por Benidorm, con camisetas de Pokémon y enseñando las varices. Y es que —como decía no recuerdo si un ministro de Cultura o un presidente de club de fútbol, que es lo mismo— en este país siempre terminan poniéndote entre la espalda y la pared.

Las preguntas de Octavio

Ocurrió allá por marzo y en Galicia, así que a muchos de ustedes se les habrá olvidado. A los que seguro que se les ha olvidado de verdad es a los golfos y las golfas, quiero decir a los políticos, que se dejaron caer por el entierro con cara de circunstancias para decirle a los periodistas que la terapia era correcta. Hagan memoria. El hijo era esquizofrénico, el padre era taxista y la madre estaba al límite de los límites. Habían removido cielo y tierra para conseguir un poco de ayuda que les permitiera seguir vivos con dignidad y con decencia. Con la mínima. Sumaban ya años de palabras vacías, de palmaditas en la espalda, de mucha sonrisa y mucha larga cambiada. El diagnóstico era trastorno mental grave, con accesos de violencia. Para el chico, cuanto se movía delante era enemigo. Para hacerle frente al problema, todo lo que la Administración de mierda de este país de mierda proporcionaba a esa familia —sin recursos para irse a un sanatorio de Miami— eran drogas para dormir a un toro de lidia y buenas palabras, y cejas comprensivamente enarcadas de 9.00 a 16.00. El resto del tiempo, amén de las noches, que con un majara en casa se hacen más bien largas, aterriza como puedas.

Segunda y última puntata: después de años así, un día la madre se levanta de la cama tras pasar la noche en blanco y pensándolo. Luego le corta el cuello al hijo, escribe una nota para su marido, coge el mismo camino por el que cada día llevaba a su zagal hasta el centro terapéutico o como carajo se llame, va a la playa, se mete en el agua y nada hacia adentro sin preocuparse de volver. Luego, cuando la sacan tiesa, el taxista los entierra a ella y al hijo, y todavía tiene que oír en el funeral cómo la conselleira, o la subsecretaria, o la Bernarda y su chichi, o quien carajo fuera la que estuvo largando allí, le da capotazos a la prensa y se lava las manos en una jofaina del tamaño de una plaza de toros: que si el entorno familiar no era el adecuado —evidentemente no lo era—, que si la terapia —a cualquier cosa la llaman terapia— resultaba indicada en esos casos, etcétera. Y para apuntillar, la tele se descuelga con reportajes presentados por compungidos presentadores, diciendo hay que ver, pero claro, la cosa estaba mal, el chico tenía poca solución. Incluso la madre, insinúa un médico, también necesitaba asistencia psiquiátrica. Nos ha jodido. Y cualquiera. Al final, casi resulta que la culpa fue del taxista.

Al hilo de todo este asunto, mi amigo Octavio, el celta irreductible, con quien estuve el otro día tomando copas en Santiago de Compostela, me hacía a la tercera ginebra unas preguntas ingenuas. ¿Es lícito —inquiría, en esencia— que con este panorama, los señores diputados se suban el sueldo cada quince días, para pagarse con la Visa Oro putas que les metan un pepino en la recámara? ¿Es lícito —seguía preguntando mi amigo, siempre en esencia— que no haya asistencia eficaz para la familia del taxista, y no se construyan centros adecuados porque el dinero hace falta, por ejemplo, para pagar los viajes de Fraga a Cuba? Octavio es joven, claro. Roza la palabra desesperación, como todo ser humano lúcido; pero aún no llega a asumirla del todo. Algunos, yo mismo, habríamos podido añadirle unos cuantos es lícito más. ¿Es lícito —verbigracia— que después del entierro el taxista coja el hacha de cortar leña o la escopeta de caza y se dé una vuelta por algunas entidades y despachos oficiales para agradecer los servicios prestados?...

Hoy me va quedando ya poca página, así que dejaremos que las respuestas las decida cada quisque. En cualquier caso, déjenme meter la mano al azar en el correo y sacar una carta, una cualquiera de esos cientos que no contesto nunca, y anticiparles una nueva función para que la conselleira, o el subsecretario, o quien carajo sea el bocazas de turno, pueda salir en un próximo telediario. Ella, cincuenta años, Alzheimer grave, encamada, que vive sola con su marido. Él, más o menos de su edad, lleva meses sin dormir más de cinco minutos seguidos, porque ella no para de noche ni de día entre gritos, terrores que le van y le vienen, días que come y días que no. A ella no la quieren en una residencia privada —que además habría que pagar a tocateja—, y no puede ir a una pública porque es demasiado joven. A él, cada vez que peregrina en busca de una solución, lo único que le dan son sonrisas comprensivas para su tragedia. Resignación, ya sabe. La vida es dura. Nosotros tenemos normas, bla, bla. Ojalá pudiéramos ayudarle. Etcétera. Todo tan clásico y previsible que da náuseas por anticipado. Y luego, ya saben: después del entierro, o de la foto del furgón policial, ustedes, yo, todos nosotros, tendremos quince segundos de telediario para horrorizarnos como es debido, antes de zapear de nuevo entre la liga de campeones y el Gran Hermano y la puta que nos parió.

El hombre de la esquina

La verdad es que no sé cómo se llama. Es un tipo menudo, con cara ratonil, bigotito ralo y ojos claros. Tiene en los pies un defecto de nacimiento que le impide caminar bien. Ahora debe de andar por los sesenta y pocos. Durante más de veinte años lo estuve saludando con un buenos días o un buenas tardes cada vez que me lo cruzaba en la cafetería Fuyma, en la plaza del Callao de Madrid. No era camarero, sino una especie de hombre para todo; pero alguna vez sustituyó a los camaretas de verdad cuando se iban de vacaciones. Vendió décimos, hizo de limpia, y la mayor parte del tiempo metía y sacaba cajas, barría el suelo, echaba serrín los días de lluvia, traía tabaco y cosas así. También —y es lo que más me gustaba de él— era amable y respetuoso con las lumis maduras, decrépitas bellezas gloriosas del cercano Pasapoga, que ya en plan de francas marujonas resignadas a los estragos de la vida, aposentaban los restos de su palmito en la cafetería por las tardes, haciendo punto mientras esperaban a improbables clientes. En cuanto al tipo del que les hablo, algunas noches, cuando yo era casi un crío y regresaba del diario *Pueblo,* o después, al salir tarde de los cines de la Gran Vía y entrar en Fuyma para el último café, me lo encontraba allí recogiendo las sillas o echando las persianas metálicas. Siempre me pareció buena gente, aunque en este perro mundo nunca se sabe.

Fuyma lo cerraron hace no sé cuántos años: seis o siete, tal vez más. Una tarde estuve en la barra, trasegando algo antes de meterme en un cine; y al día siguiente había un cartel diciendo que iba a abrirse allí la sucursal de un puto banco, como siempre. Cajanosequé. Ahora —paradojas de la vida— justo al lado del banco, donde antes no había ni cafetería, ni bares ni nada, hay abiertos dos o tres de esos de diseño, de la Compañía de las Indias Tibetanas o algo así, muy agradables y siempre llenos de bote en bote, pero que nada tienen que ver con el ritmo tranquilo del viejo Fuyma, el sol entrando por los ventanales, la clientela antigua, gente pureta que parecía anclada en Celia Gámez y el bayón, y los camareros clásicos: esos fulanos serios, eficientes y con modales, capaces de hacer del suyo un digno oficio. Y entre ellos, siempre trajinando discretamente de aquí para allá, aquel curioso tipo con bigotito y cara de ratón.

Les cuento todo esto porque me lo encontré hace unos meses, en una esquina de la calle de Alcalá, pidiendo limosna. Estaba sentado en un banco que hay allí, con una caja de cartón y unas monedas a los pies. Me quedé tan estupefacto que no pude menos que preguntarle: «Pero, hombre, ¿qué hace usted aquí?». Mi cara de sorpresa era tal, y el tono tan crispado, que debió de sonarle a reproche, porque pareció avergonzarse, y levantó las palmas de las manos como si se excusara porque lo viese de aquella manera. Ya sabe, dijo. Lo de siempre. Le pregunté qué era lo de siempre, y me contó a retazos, en efecto, lo de siempre: una historia confusa de amarguras y mala suerte que nada tenía de original tratándose del país miserable en que vivimos. Una maniobra de un banco, un cierre y la jodía calle. Por suerte, contó, el dueño tuvo el detalle de arriarle alguna viruta, y ponerlo en el paro. Pero el sonante y el paro se habían acabado, y tenía hijos, creo, y una legítima; y a los sesenta años ya me contarán quién le va a dar trabajo a un inválido devuelto al corral. Así que aquí estoy, buscándome la vida en el mismo barrio. Recordando mejores tiempos. De cualquier manera —se reía con mala leche bajo su bigotillo de ratón derrotado— dicen que España va bien.

Le di lo más que pude de lo que llevaba encima, y estreché la mano que me ofrecía antes de irme. Más avergonzado yo mismo que él. Desde entonces lo vuelvo a ver siempre que paso por esa esquina, y cada vez me saluda, me detengo, cambiamos unas palabras, le estrecho la mano y deslizo en ella un talego. Pero es una situación incómoda; y me deja tanta desazón dentro que a veces procuro evitar esa esquina y doy un rodeo para no encontrármelo. Y bien sabe Dios, o quien sepa de esta mierda, que no es por ahorrarme un Hernán Cortés, sino por otra cosa que resulta difícil explicar aquí. Yo sé lo que me digo. Sin embargo, a veces, cuando eludo esa esquina varias veces seguidas, me siento peor aún. Entonces vuelvo a pasar, y a detenerme, y a estrechar su mano. Y mientras charlamos unos segundos, igual que si se tratara de un gesto casual de los viejos tiempos, vuelvo a ponerle en ella un billete. Lo hago casi furtivamente, entre nosotros, igual que hace años le dejaba en los dedos cinco duros al traerme la vuelta del paquete de tabaco. La verdad es que no me atrevo a dejarlo al pasar, en la caja de cartón que hay en el suelo, junto a sus extraños zapatos de cuero deforme. Hacerlo de ese modo sería darle limosna. Y yo a ese hombre no le he dado limosna nunca.

Aún puede ser peor

No sé qué será peor, si la enfermedad o el remedio. Me aterra imaginar el debate sobre la enseñanza y las humanidades, cuando se reanude el curso político. No se trata de que unos tengan razón y otros no, porque las cosas nunca son simples. Lo inquietante es que el problema existe desde hace tiempo, y a ningún gobernante ni miembro de la oposición pareció preocupar nunca lo más mínimo hasta que, vualá, por necesidades tácticas sale ahora a relucir con el daño ya hecho. De cualquier modo, es sospechoso que ese rifirrafe sobre los trileros de pueblo que engañan a los niños en el cole no se haya planteado antes. Porque no pretenderán convencernos, los sucesivos ministros de Educación y Cultura de los últimos quince o veinte años, de que ellos acaban de saber hace dos días que en algunos libros de texto el Ebro nace en tierra extraña, y Felipe II era un genocida, y cosas así.

Lo que me preocupa es que, ya en el conflicto planteado a principios de verano con el informe de la Academia de la Historia, a cada perro se le vio la oreja. Quiero decir que, del mismo modo que la cultura ha sido siempre aquí instrumento manipulable por los golfos de turno, en el debate que se avecina florecerá una vez más la semilla de la guerra civil que este país de hijos de puta lleva en el alma. Ya ahora, según el periódico que uno se eche a la cara o la radio que oiga, es posible advertir ajustes de cuentas, maniobras de desmarque o aprovechamiento de los huecos para meter el pasteleo, la larga cambiada y la mala leche de cada cual. En previsión de que se exijan responsabilidades, los que gobernaron durante trece años y se fueron de rositas dejando la educación y la cultura patas arriba ahora matizan cautos que ojo, mejor analfabetos que afiliados al club de fans del Cid Campeador, como si no existieran las distancias medias. Al otro lado están los que se pasaron esos trece años en la oposición, calladitos mientras Solana y Maravall nos dejaban sin memoria y sin vergüenza; y ahora llevan legislatura y pico gobernando igual de mudos, no vayan a llamarlos fascistas por hablar de Indíbil o de Almanzor o de Blas de Lezo; y sólo cuando tienen holgura parlamentaria osan, tímidamente, hablar de la conveniencia, quizás, que por su parte no quede, por supuesto de modo nunca coactivo —no sé por qué cojones no puede coaccionarse cuando se hacen las cosas con derecho legítimo, consenso general y cordura— de devolver a los libros de texto cuanto aquellos irresponsables, ayudados por el silencio cómplice de la propia derecha, o centro derecha, o lo que carajo sea ahora, y de todos los demás, quitaron, o dejaron quitar a cambio de votos para ir tirando de legislatura en legislatura. Mejor gobernar una España desmantelada, se decían, que no gobernar nada de nada. Y ahí quedó eso.

Lo malo es que sobre los libros de texto revisados por bandos vencedores ya tuvimos unos cuantos ejemplos en el pasado reciente; y no sabes qué es peor, si esto o aquel folletín excluyente de esencias patrias, reyes buenos, curas santos y conquistadores heroicos y piadosos. Para agravar el panorama, y resueltos a sacar partido del envilecimiento de unos y otros, están los caciques de pueblo con eruditos a sueldo dispuestos a reescribir la Historia a su gusto, a ponerles en el catre a su señora, o a lo que se tercie: mierdecillas que plagian una leyenda negra que ni siquiera tuvieron el talento de inventar ellos —quien no pare Césares mal puede tener Plutarcos— y tan mediocres en su fanatismo que, a su lado, fray Prudencio de Sandoval o el padre Mariana eran Tácito y Suetonio. El caso es que, con el hueso de las humanidades disputado por la jauría habitual —imagínense a ciertos diputados (y diputadas), con esa sintaxis y esa fluidez retórica que los caracteriza, defendiendo las *Etimologías* de san Isidoro—, mucho me temo que quien no tendrá voz ni voto en estos asuntos será la gente decente: los historiadores que exigen una revisión crítica pero rigurosa, que se sienten asqueados con la coexistencia de diecisiete historias de España diferentes, y que defienden una disciplina educativa que no sólo consiste en fechas, reyes y emperadores, sino que pasa también por los museos, las bibliotecas, los teatros: por la huella que todo el pasado, sin exclusión, dejó en nuestro presente. Por la noble complejidad que nos permite comprender que somos lo que somos porque fuimos lo que fuimos.

Pero ya verán como no. Verán como el debate será estéril y ahondará el daño, al pretender contentar a los tres vértices de ese triángulo viciado y miserable: la insolidaria mezquindad y mala fe de los caciques provincianos, el nefasto refranero y el casticismo noventayochista de una derecha elemental y analfabeta, y el bobo psicologismo educativo de los imbéciles que pretenden igualarnos a todos en la cultura de la nada.

Caín y Abel

Pues eso. Que Abel trabajaba como un auténtico hijo de puta, dale que te pego, todo el día con el rebaño para arriba y para abajo, esquilando, y ordeñando, y levantándose con el canto del gallo para irse a currar a los campos de su padre. Tenía callos en las manos y agujetas en los ijares, y el sudor le goteaba por la nariz, clup, clup, con aquel solanero que le caía en la espalda como una manta de plomo. Luego, cuando volvía a casa a las tantas, estaba tan hecho polvo que no le quedaban ganas ni de ver *Cine de Barrio,* ni de cumplir con la parienta ni de nada, y la verdad es que al pobre le importaba un pimiento que el humo de los sacrificios subiera recto al cielo, se desparramara por la tierra, o se pareciera a las señales en morse de los apaches. Pasaba mucho. Era un currante nato, vaya. Un estajanovista.

Caín era todo lo contrario. Tenía una jeta que se la pisaba, había salido más vago que el peluquero de Ronaldo, y no es que el humo de los sacrificios a Yahvé le saliera por la tangente; es que ni humo, ni sacrificios, ni nada de nada. Se pasaba el día tumbado a la bartola y tocándose los huevos. Su parcela ni la pisaba, y estaba toda sin sembrar y hecha un asco de zarzas y matojos, porque además Caín se había hecho enlace sindical —que en España es título vitalicio—, y con tanta asamblea y tanto agobio y tanto luchar por los compañeros y compañeras, hacía años que se había olvidado de para qué sirven un legón y un arado.

Total. Que Adán, el padre, estaba encantado con Abel y hasta las narices de Caín, y tenía unas broncas espantosas con Eva, su legítima. Al mayor lo has malcriado con tanto mimo y tanta puñeta, decía. Estoy a punto de jubilarme y ya ves el panorama agropecuario, maldita sea mi estampa: lo de las ovejas va medio bien, pero la cosa hortofrutícola es un desastre, que si no fuera por los moros de las pateras ya me contarás quién cojones iba a ocuparse de los tomates y las lechugas, leñe, que tu Caincito no da palo al agua, y yo estoy a punto de jubilarme, y como en los años del Edén no coticé a la seguridad social, resulta que vamos a quedarnos con lo mínimo. Eso largaba el paterfamilias, muy mosqueado. Así que para ajustarle las cuentas al viva la virgen del hijo mayor, resolvió ir a un notario y hacer testamento dejándole a Abel, además de las ovejas y los chotos, las mejores tierras, las de adentro, con hierbas para pastar y campos para arar. Y a Caín, para darle por saco, le dejó las secas y áridas que estaban junto al mar, arenales llenos de sal, donde no había llovido nunca, ni llovería aunque cayera un Diluvio. Y luego de testar, Adán fue y se murió, descojonándose de risa. A ése le he jugado la del chino, decía. Ja, ja. La del chino.

Ha pasado el tiempo, y Abel sigue allí, sudando la gota gorda. Se pasa el día encima del tractor. La sequía le ha arruinado seis cosechas, las lluvias torrenciales cuatro, los girasoles que había plantado este año para trincar subvenciones comunitarias se los ha dejado hechos una mierda la plaga de la cochinilla de la pipa, y además, para redondear la temporada, la enfermedad de las ovejas clónicas locas le ha vuelto majara a la mitad del rebaño. Para más inri, su mujer lo obliga a veranear un mes entero en La Manga, y encima le ha salido un hijo neonazi y una hija finalista del concurso Miss Top Model 2001 de Almendralejo del Canto.

Pero lo que peor lleva es lo de su hermano. Porque, con aquellas tierras secas y salinas que heredó casi en la orilla del mar, Caín fue a conchabarse con un constructor

del Pesoe y con un alcalde del Pepé tan analfabetos como
él, pero listos y trincones que te cagas, y las hizo parcelas,
y consiguió permisos de construcción masiva y se inventó
playas donde no las había, y en poco tiempo lo llenó todo de adosados y de bloques de pisos hasta el horizonte.
Y aunque no hay agua, ni cañerías, ni cloacas, ni infraes-
tructura adecuada, y todo cristo bebe agua del mismo tubo y
chupa luz del mismo enchufe, aquello, hasta que revien-
te, parece Manhattan, con manadas de guiris y veraneantes y abueletes jubilados, ingleses con una cerveza en la mano
y treinta en el estómago, alemanes que —como honrados
alemanes— denuncian al vecino porque el perro ladra, y
subnormales nacionales que conducen con las ventanillas
abiertas para que se oiga bien la música de bakalao en diez
kilómetros a la redonda. Y de vez en cuando, para restregár-
selo por el morro, Caín invita a su hermano a comerse una
paella en el club náutico del que es presidente fundador, y
le enseña el último Mercedes comprado con dinero B que
acaba de traerle uno de sus socios de Zúrich, y a bordo del
yate le pone los vídeos grabados en la casa que tiene en
Miami, justo al lado de la de Julio Iglesias, hey. Y Abel mira a su alrededor, desesperado, preguntándose dónde carajo
puede conseguirse a estas alturas una quijada de asno.

Piratas chungos

Estoy seguro de que el otro día los huesos de Barbanegra y el Olonés se revolvieron en sus tumbas, y la cofradía de fantasmas de los Hermanos de la Costa sin Dios ni amo gimió indignada desde la penumbra de su cementerio marino, entre votos a Belcebú y al Chápiro Verde. Porque era un atardecer tranquilo y mediterráneo, con el cielo rojo, la mar rizada y el levante campanilleando suave con las drizas contra los palos de los veleros amarrados en el puerto. Era exactamente eso, y yo estaba a la puerta de un bar, mirando ese mar que fue camino de naves negras, de legiones romanas y de héroes zarandeados por los mezquinos dioses. Era uno de esos momentos en que la vida lo reconcilia a uno con la vida, y en que todo lo que leíste y viviste y soñaste encuentra su lugar en el mundo, encajando en él de modo asombroso.

Estaba así, digo, cuando al otro lado del pantalán empezó a oírse una música atronadora e infame —pumba, pumba, hacía la música—, y vi que acababa de abarloarse al muelle una zodiac con seis o siete individuos que en aquel momento saltaban a tierra. La zodiac remolcaba una de esas repugnantes motos de agua que tan famosas ha hecho el intrépido cuñadísimo Marichalar Junior, llevaba una antena alta, y en ella ondeaba una bandera pirata con su calavera y sus dos tibias. Pero no fue el insólito pabellón, prohibido a bordo de embarcaciones en cualquier puerto del mundo, el que más me llamó la atención, sino el aspecto de los recién llegados y su parafernalia general. La música y la bandera se completaban con una colección selecta de tipos veraniegos de los que a mí me hacen tilín: cuarentones, bañadores floridos multiuso, camisetas ad hoc sobre orondas tripas cerveciles, chanclas, riñoneras, gafas de sol de diseño anatómico forense, aretes en las orejas y pañuelos piratescos en las cabezas, tipo Espartaco Santoni que en paz descanse. Y yo me dije: anda, tú. Qué feroces y qué miedo. De dónde habrá salido esta banda de gilipollas.

Luego, viéndolos sentarse a mi lado en el bar, pensé hay que ver. Qué dirían ahora el capitán Blood o Pedro Garfio o el Corsario Negro o el Cachorro; o, ya metidos en veras, el capitán Kidd, Edward Thatch, el pelirrojo Morgan, Natty el Limpio, las mujeres filibusteras Anne Bonny y Mary Read, el tímido Rackham, o incluso el fraile Caracciolo y el capitán Misson, los piratas buenos del Índico, de este deplorable espectáculo. Sea usted hace tres o cuatro siglos un cabrón como Dios manda, asalte galeones españoles, saquee Maracaibo, cuelgue a capitanes enemigos del palo mayor, pase a los prisioneros por la tabla o por la quilla, viole a la sobrina del gobernador de Jamaica, abandone a tripulantes amotinados en una isla desierta, vuele su barco desarbolado para no caer en manos de los jueces del rey, o termine sus días como digno pirata, ahorcado, y ponga tan amena y edificante biografía bajo la bandera negra de los bucaneros, para que esa misma enseña, cuya vista antes helaba la sangre, termine en número de circo, enarbolada por media docena de Cantinflas de playa.

Qué tiempos estos, me dije, en que cualquier cagamandurrias puede tirárselas de pirata. No hay derecho a que también metan mano en eso, y ya no se reverencie ni lo más sagrado. A que la bandera más respetable de la Historia, elegida voluntariamente por lo mejor de cada casa, por los salteadores y asesinos y golfos y canallas que en nombre de la libertad, de la codicia o de la aventura se pasaban por la bisectriz todas las otras banderas inventadas por reyes y por curas y por banqueros, termine en la zodiac de unos tiñalpas espantando a las gaviotas con música discotequera. No hay derecho a que los sueños de niños que todavía miran el mar buscando su memoria en viejos libros escritos por Exmerlin y por Stevenson y por Defoe, con espeluznantes grabados de abordajes, ejecuciones, saqueos y orgías, sean profanados de este modo por una panda de retrasados mentales. Y entonces lamenté de veras, voto a tal, que el velero amarrado algo más allá no fuese un bergantín de antaño con la tripulación adecuada, y el nombre escrito en la patente de corso auténtica y en blanco que una vez me regaló un amigo. Porque entonces, me dije, esa misma noche mandaría a tierra al contramaestre con un trozo de leva de los gavieros más duros, a fin de que cuando esos capullos de la banderita estuviesen bien mamados en un bar, los reclutasen a hostia limpia como en los viejos tiempos. Y luego despertaran a bordo en mitad del océano, comiéndose por el morro una campaña de quince meses en las Antillas, tirando de las brazas bajo el rebenque, subiendo a las vergas para tomar rizos con vientos de cincuenta nudos, antes de obligarlos a cavar sus propias fosas junto al cofre del tesoro, con el loro *Capitán Flint* gritándoles guasón en la oreja: «*¡Piezas de a ocho!... ¡Piezas de a ocho!*».

Sobre patriotas y palomitas

Hay que ver cómo se han mosqueado los súbditos de su majestad británica con la película *El patriota*, protagonizada por Mel Gibson. Historiadores, parlamentarios y periodistas han puesto el grito en el cielo, protestando por la imagen cruel y deformada que de ellos da el filme, ambientado en las peripecias de un colono durante la guerra de independencia de los Estados Unidos. Es una manipulacion histórica, dicen. Nosotros no éramos tan villanos ni malvados. Como el director es de origen alemán, nos la ha metido doblada. Etcétera.

Supongo que algunos de ustedes han visto la película. A mí me pareció muy bien hecha y muy entretenida, interesante para un público formado, como se decía antes, que no se llame a engaño con un producto claramente destinado a conmover la fibra patriótica gringa —de eso habla el título precisamente— con mucha bandera y mucha gesta nacional. Quizá se pasa un poquito en eso de que los ingleses esclavizan de nuevo a los pobres negros a quienes los bondadosos y humanitarios colonos habían manumitido por iniciativa propia. Pero, con todo y con eso, *El patriota* es, a fin de cuentas, una película clásica de buenos y malos, como hemos visto tantas, con buenos que tienen un envidiable —a mi juicio— amor por su patria, y con malos que son malos que te rilas, Domitila; sobre todo un coronel inglés muy saín y muy perro al que le priva fusilar, matar por la espalda y achicharrar a gente indefensa en iglesias incendiadas. Y encima se ríe, el hijoputa.

Comprendo que se hayan mosqueado los ingleses. El cine norteamericano los tenía mal acostumbrados. Antes los buenos siempre eran ellos: lo mismo cruzaban el paso de Jyber tocando la trompeta que salvaban al hijo del marajá siendo audaces lanceros bengalíes, defendían a la reina Victoria frente a la chusma bóer o zulú, mataban nazis, se hacían piratas por amor al arte, o defendían a Occidente con licencia para matar. Incluso cuando palmaban haciendo el primavera, como en Balaclava, siempre estaba allí Errol Flynn para convertir el evento en gloriosa derrota; de modo que hasta eso parecía, encima, una victoria.

Pero los tiempos cambian, y ahora les fastidia que se haya acabado el chollo, y van y se chivan al profe. No están acostumbrados a que Hollywood los saque feos, malos y perdiendo, y se niegan a aceptar que el héroe británico tomando el té en el puente de Arnhem ya no se lleva. Norteamérica necesita a toda leche villanos en cantidad para sus pelis, y la industria quema velozmente las existencias. El único héroe de cine que de verdad cuenta para Hollywood es el gringo; y para darle cuartelillo los guionistas ya han abusado mucho de los indios, tan exterminados dentro como fuera de la pantalla, y también de los alemanes, de los negros africanos, de los asiáticos, de los árabes, de los hispanos y de los rusos, que son los últimos y han dado mucho juego con eso de las bombas nucleares despistadas, y las mafias, y el vodka de Yeltsin. Pero la cantera se agota, y además se produce el efecto boomerang. Ahora sale un mafioso ruso en una película, con ese acento de doblaje que te descojonas —«*yo matar eniemigo amiericano*»—, y el público va y se pone de su parte porque le parece conocerlo ya de toda la vida.

Así que lo siento por mi vecino Marías, pero les ha tocado el turno a los perros ingleses. Ya se acostumbrarán. Si les sirve de consuelo, el otro día estaba yo viendo un programa de la televisión británica sobre la Invencible y la empresa de Inglaterra, y tuve que tragarme sin pestañear cómo ese país libre y patriota, gobernado por una reina inteligente y moderna, resistió las ambiciones imperiales, la codicia y la rapiña del siniestro imperio español gobernado por un rey inculto, fanático, cruel, oscurantista e inquisidor; y cómo alegres muchachos amantes de la libertad liberadora se echaron a los mares para beneficiar a la humanidad doliente, liberando a los pueblos oprimidos de América del yugo colonial de aquella España que era un peligro público. Lo que en versión Hollywood se tradujo durante muchas décadas en un pirata rubio que se hace pirata por ansias de justicia y por odio a la Inquisición que quemó a su hermano, y que saquea el oro de españoles morenos, sucios, grasientos y cobardes —encarnados siempre por actores mejicanos— no por codicia, sino por darle al tirano donde más le duele. Y además el rubio se liga siempre a la sobrina del gobernador, que es la única española guapa de la película. No te jode.

Así que me parece de perlas que también a ellos les haya llegado el turno de cobrar las suyas y las del pulpo. Y puestos a que me cuenten películas, debo decir que con la de Mel Gibson me lo pasé de cine. Comí palomitas, y me encantó aplaudir cuando matan al inglés.

Calle de las personas humanas

La verdad es que no sabía en qué terminó la cosa. Pero un amigo despejó la incógnita al contarme el otro día que la iniciativa de cambiar el nombre de la calle Séneca de Barcelona por el de Ana Frank reposa en el baúl de los recuerdos. Sin duda alguien cayó en la cuenta, a última hora, de que don Lucio Anneo, aunque era de Córdoba, no escribía en castellano sino en latín; y que, bien mirados —pese a las vulgares influencias de Salustio, Cicerón, Fabiano y Eurípides en sus epístolas, tragedias, diálogos y otros escritos—, los méritos literarios y filosóficos del preceptor de Nerón, pese a tratarse de un charnego nacido en la Bética, no estaban muy por debajo del *Diario* de la joven judía austríaca asesinada por los nazis.

Aun así, no crean que lo tengo muy claro. Hasta que se cortó las venas, Séneca sirvió al poder central de Roma, y por aquello de que no es lo mismo predicar que dar trigo, fue también un poco putero, le hizo la pelota a Mesalina, y durante una buena temporada se pegó la vida padre, pese a que en sus papeles sostenía la necesidad de la moderación, la sencillez y la vida beata. Imagino que los promotores del cambio de nombre para la calle estaban al corriente de todos estos pormenores, y, con el aplomo que da el conocimiento de la cultura clásica, consideraron un acto de justicia moral borrar del callejero un nombre sujeto a tales ambigüedades. Este Séneca no era trigo limpio, dijeron. Seguro que iban por ahí los tiros, y, el nombre de Ana Frank se les ocurrió igual que se les podía haber ocurrido cualquier otro. Calle del ameno novelista Baltasar Porcel, por ejemplo. O calle de los Hermanos Tonetti.

Por eso creo que la iniciativa tiene su puntito y no debe caer en saco roto. No estaría de más que los ayuntamientos aprobaran presupuestos extraordinarios para ese tipo de eventos, y encomendasen al certero criterio de sus concejales (y concejalas) de cultura una revisión exhaustiva de los callejeros locales, a fin de poner las cosas en su sitio. Y a fin, sobre todo —porque la modernidad también es un grado—, de adaptar tanta nomenclatura apolillada que campea en los rótulos de las esquinas a los tiempos de esta España moderna que mira hacia el futuro y que, según el presidente del Gobierno, va tan de puta madre. Y para que luego no digan ustedes que soy un insolidario y un cabrón, heme aquí, dispuesto a echar una mano.

Verbigracia. Sugiero que a todas las calles con nombres desfasados por la realidad se les actualice el asunto. La plaza de la Marina Española de Madrid, sin ir más lejos, debería llamarse, sin lugar a dudas, plaza de las Marinas Autonómicas. Y las connotaciones sexistas de la calle Caballeros de Valencia —calle Cavallers— deberían paliarse convirtiéndola en calle de las Señoras y Caballeros —de las Dones i Cavallers—. En cuanto a las calles con nombres de resonancias bélicas, que como los juguetes ad hoc sólo sirven para fomentar la violencia y el odio, y además acordarse de ellas no sirve para nada, el nombre se les cambiaría por el de acontecimientos de índole fraterna. En lugar de calle Bailén, o calle Batalla del Salado, podrían llamarse, por ejemplo, calle de la Calma Chicha, calle de la No Violencia, calle Greenpeace, calle de la Prestación Social Sustitutoria, calle de las Personas Humanas y cosas así. A otras bastaría con aplicarles pequeñas modificaciones que las pusieran a tono. La calle de la Batalla del Jarama, por ejemplo, podría llamarse calle de los Mansos de Jarama,

en bonito homenaje a dos bandas al gran don Pedro Mu-
ñoz Seca. O, respetando las connotaciones históricas, la calle
Navas de Tolosa pasaría a llamarse calle de los Hermanos
Magrebíes Asesinados por el Fascismo Medieval. O calle de
la Patera, que es más de ahora y no compromete a nadie.

El punto más peliagudo, claro, es el de las calles con
nombres propios. Y es ahí donde no debe temblar el pulso
de los concejales y concejalas. A estas alturas, a nadie le importa un huevo quiénes fueron Avicena, Maimónides, Co-
lumela o Nebrija, que además no salen ni en *Corazón de
Verano* ni en *Tómbola,* ni en el telediario. Así que propongo,
para sustituir las calles a las que todavía inexplicablemente
dan nombre, los más actualizados de calle Bill Gates, calle
Leonardo di Caprio, calle de Lady Di, y calle de los Moran-
cos de Triana, respectivamente. Para las calles Quintiliano y
San Isidoro podríamos reservar los nombres de calle Jesulín de Ubrique y calle Georgie Dan, sin olvidar que el fútbol también ofrece inmensas posibilidades. En Aragón
—que no se me crezcan mucho ésos— cualquier calle Almogávares pasaría a llamarse obligatoriamente calle de Marianico el Corto. Y en cuanto a los nombres de las calles Miguel de Cervantes y Francisco de Quevedo, se los reservo
personalmente a los ex ministros de Educación José María
Maravall y Javier Solana, a quienes con toda justicia podríamos considerar padres putativos del asunto.

Chusma de verano

Maldita sea su estampa, que el verano muere matando. Quiero decir, y digo, que hasta el final le hace sufrir a uno sus más espeluznantes horrores. No me refiero —aunque también pongan la piel de gallina— a la tradicional fiesta de cumpleaños de Rappel, ni a la mano en la cintura y el movimiento sex-sy, ni a los trescientos putones desorejados que han salido en la tele y los papeles contando cómo se lo hacían con Jesulín, ese ilustre garañón de media España, ni a Carmen Ordóñez, no menos ilustre ángulo de la bisectriz de la otra media.

Me refiero a los horrores sufridos en la propia carne, o casi. En realidad, la vida, que es muy borde, está llena de horrores de diverso tonelaje; lo que pasa es que, desde cierto punto de vista, los horrores de invierno suelen ser más llevaderos que los de verano, envueltos estos últimos en cremas bronceadoras, camisetas de South Park y vómitos de guiris e indígenas a las tres de la madrugada en la puerta del chiringuito. Por alguna ineludible ley de la naturaleza, agosto es un mes abundante en ese tipo de cosas, tal vez porque el calor hace fermentar la basura. En meses así, basta mirarnos a nosotros mismos con alguna lucidez para comprender la oportunidad ganada a pulso de las siete plagas de Egipto y el Diluvio Universal, y a los anarquistas majaras, y a los malos perversos que pretenden hacer estallar una bomba nuclear en los urinarios de Benidorm, y a los científicos mochales —no sé si se han fijado en que en las pelis tienen el mismo careto que Putin— dispuestos a meter virus mortales en los tarros de yogur de plátano de oferta.

Mi penúltima postal de verano me la sellaron la semana pasada en la gasolinera, entre la gente que se agolpaba en el mostrador para pagar la sin plomo, las barras de pan, las revistas o las botellas de agua mineral. Aguardaba paciente mi turno con la tarjeta de crédito en la mano, cuando un individuo que tenía prisa se metió casi por encima para adelantarse. No me importó el asunto, porque lo mismo daban cinco minutos más. Lo que me alteró el karma fue que el fulano, un tipo maduro y peludo que iba vestido con sólo un bañador y unas zapatillas pese a hallarnos a ciento cincuenta kilómetros de la playa más próxima, me restregó toda su sudorosa humanidad en el afán por arrimarse al mostrador, llegando a colocarme una axila en mitad del hocico. Una axila en la que un largo viaje por carretera había dejado inequívocas huellas. Nunca profesé en la regla de san Francisco, así que le aticé un codazo en el hígado con cuanta mala leche pude, que fue mucha, y luego dije «perdón» mirándolo con esa cara de loco que ponen aquellos a quienes ya les da lo mismo dos que veinte, y están dispuestos a romper un casco de botella y llevarse por delante a Cristo bendito, a Sansón y a todos los filisteos. Me miró como pensando anda tú, a ver qué le pasa a éste. Luego pagó y se fue tan campante. Pensando, a lo mejor, que ese chalado de la gasolinera se parecía un huevo al hijoputa del Reverte.

La otra postal es de una isla de la que hace cinco o seis años les hablé a ustedes, en un artículo titulado precisamente *El chulo de la isla*. Lamentaba entonces las maneras con que un marino de paisano había expulsado de la orilla —zona militar del Centro de Buceo de la Armada— a los barcos y botes que fondeaban demasiado cerca; aunque luego supe que no era culpa del pobre hombre, un suboficial de la Armada, y que el almirante de entonces, que estaba bañándose allí con la familia y con un morro que se lo pisaba, le había exigido que despejara el terreno porque le incordiaba la gente. El caso es que hace unos seis días volví al mismo sitio. Fondeé como muchos otros en seis metros de sonda, lejos, en el lugar adecuado, fuera de las balizas que marcan la zona prohibida. Pero comprobé que había docenas de barcos de todo tamaño pegados a la isla, chocando unos con otros y amontonados en la orilla, incluidos veraneantes (y veraneantas) que paseaban tranquilamente por la playa, bajo unos carteles enormes donde podía leerse sin ayuda de prismáticos ni nada: *«Zona militar. Manténgase a 300 metros»*. Y debo confesar que entonces lamenté no ser almirante de la mar océana, para ordenar a los marineritos que desde tierra asistían impotentes a semejante putiferio —nadie les hacía maldito caso— despejar aquello con unos cuantos torpedos. Bum. Tocado. Bum. Hundido.

Y sin embargo, de aquella isla conservo una imagen que disipa todas las otras. Un hombre y su perro se bañaban juntos, mar adentro. Se veía la cabeza negra del animal junto a la de su amo, siguiéndolo fiel, chapoteando a su lado, girándose a esperarlo cuando se retrasaba. Y esa cabeza leal, enternecedora, oscura y peluda, obró de pronto el milagro de reconciliarme en el acto con miles de cosas que en ese momento detestaba con toda mi alma. Por ese perro, pensé, lamentaría que se ahogara el amo.

La carta de Brasil

El otro día vino a casa Tico Medina, el Gran Tico, el último reportero, a quien el mutis lo pillará exactamente así, de viaje, con su chaleco y su maleta y esa eterna curiosidad profesional mezclada de bondad que desde hace casi medio siglo arrastra de acá para allá, incansable, de las guerras a las plazas de toros, la farándula, las aventuras en Sudamérica, la vida fascinante de esa vieja escuela de putas del oficio que fue el diario *Pueblo.* Por eso siempre me alegro al verlo de nuevo; pasa igual cuando veo en el café Gijón al querido Raúl del Pozo, prueba viviente de que se puede tener el alma golfa, culta y decente a la vez; un Raúl que también en los tiempos de *Pueblo,* cuando algunos demócratas de ahora todavía eran flechas de la OJE, ya escribía como Cristo bendito, si Cristo bendito fuera columnista.

El caso, decía, es que el otro día estuve con Tico, que sigue al pie del cañón. Ni se jubila ni maldito lo que le apetece, y siempre le digo que su divisa o su epitafio —como es supersticioso, nunca deja que hable de epitafios— podría muy bien ser: *«Si paro palmo, y si palmo, paro».* Estuvimos un rato hablando de los viejos tiempos, y revisamos fotos de los años setenta, donde aparece el arriba firmante con veinticinco tacos menos. Luego Tico se fue, y yo guardé las fotos, y estando en eso me quedé con una en las manos. Fue tomada en Beirut en 1976, durante la batalla del barrio de Hadath, y en ella estoy hecho un pipiolo junto a un joven armado hasta los dientes, Kalashnikov al hombro y granadas al cinto, que se llamaba —todavía se llama— Elie Bu Malham. Ahora ese mismo Elie tiene cuarenta y tantos, un par de hijos y vive en Francia, creo. Pero el día que nos hicimos aquella foto, tenía sólo diecinueve, era miliciano de las fuerzas cristianas libanesas, y desde hacía un año y medio llevaba en el bolsillo una carta escrita en portugués. Una carta que no había leído nunca.

Cierta noche en que el frío no dejaba dormir, agazapados en una trinchera de Abu Jaude a esa hora en que se intercambian confidencias y cigarrillos fumados con la brasa oculta en el hueco de la mano, Elie me contó la historia de la carta. En realidad era una sosa historia de amor juvenil: una chica brasileña de vacaciones en Beirut antes de la guerra, un beso furtivo, una despedida, y al cabo del tiempo una carta escrita en portugués que Elie nunca había podido traducir —sólo hablaba un poco de francés—, pero que llevaba consigo a todas partes, como un fetiche. Le dije que yo podía leérsela; y Elie, lleno de ansiedad, sacó de su cartera el sobre con la hoja de papel doblado y desdoblado cientos de veces. La única carta de amor que había recibido en su vida.

Nos pegamos al suelo de la trinchera y leí primero para mí, ocultando bajo mi cazadora la luz de la linterna. No era gran cosa: la chica agradecía las atenciones, aseguraba que era un chico muy simpático, y nada más. Una carta tonta, agradecida, casi de compromiso. «Tradúcela», pidió Elie, agarrándome del brazo. Me miraba como si le fuera mucho en ello, así que lo hice; pero a la mitad comprendí, por la cara que podía verle al resplandor de la linterna, que aquello era muy frío. Decepcionante. Así que decidí, sin exagerar demasiado, adornársela un poco. Hacia el final, el *«muchacho muy simpático»* se convirtió en *«muchacho encantador e inolvidable»*, y el *«afectuoso saludo de tu amiga»*, etcétera, acabó siendo *«un tierno beso de la que jamás te olvidará»*, o algo así. Fue mi buena acción —pocas hice— de aquel año. A Elie le brillaban los ojos, era feliz, y al terminar me pidió que le repitiera la carta al día siguiente, para copiarla al árabe y poder leerla cuantas veces quisiera. Se lo prometí, pero al día siguiente hubo un ataque palestino, Elie y yo tuvimos otras cosas en que pensar, y nos perdimos de vista.

Lo encontré seis años más tarde, en la misma guerra y en el mismo sitio. Para entonces, Elie ya era comandante. Sabía que yo iba y venía también con los otros bandos, palestino, sunita y chiíta; pero aun así hizo cuanto pudo para facilitarme el curro, y me llevó con su unidad de *kataeb* a lugares donde no dejaban ir a periodistas. Se había casado con una de las chicas Sneiffer, las hermanas más guapas de Hadath, tenía una hijita que lo abrazaba llamándolo por su nombre, y lo vi llorar una noche que volvíamos del frente hechos polvo y la encontró dormida en su cuna. Nos encontramos más veces hasta que en el 91, harto de la guerra, después de combatir durante dieciséis años, emigró con su familia a Francia sin un duro, en busca de trabajo. Me escribió un par de veces, y en ocasiones todavía recibo una postal suya. Nunca volvió a mencionar aquella carta brasileña. Sospecho que alguien se la tradujo de nuevo más tarde, y que la versión fue distinta.

El expreso de Milán

Hay una película de Joseph von Sternberg, protagonizada por Marlene Dietrich, que siempre me sedujo de
modo extraordinario. Se llama *El expreso de Shanghai,* y con
algunas novelas de Agatha Christie, Graham Greene, el
poema de Campoamor —*Habiéndome robado el albedrío /
un amor tan infausto como mío*— y cosas de Paul Morand
o Valéry Larbaud, contribuyó desde niño a alimentar en
mi imaginación un mito fascinante: el de la dama misteriosa a bordo de un tren. La belleza enigmática, viajera con
origen y destino desconocidos, que mi abuelo, viejo caballero hábil en el eufemismo y sus matices, definía como
una mujer con pasado.

Supongo que antes ocurría también a bordo de los
barcos, con extrañas pasajeras que miraban el mar; y en las
diligencias, como Amparo Rivelles en *El clavo,* esa magnífica película de Rafael Gil basada en el relato de Pedro
Antonio de Alarcón. Los viajes eran más largos y daban de
sí: uno veía a la dama y se disponía a vivir con la imaginación *El tren expreso.* Ahora todo queda resuelto en unas
prosaicas horas; y con los aviones, ya, ni eso.

El caso, les decía, es que cada vez que me crucé a
bordo de un tren con una mujer hermosa y elegante que
viajaba sola, no pude evitar encajarla en esos esquemas literarios, cinematográficos y casi sentimentales. Confieso
que las más seductoras me parecieron las que leían, porque
podía observarlas sin el incómodo tropiezo accidental con
sus ojos —siempre me aterrorizó que me confundieran
con un imbécil de los que se creen a punto de ponerle el

hierro a toda yegua—, y porque además añadían al misterio personal el del libro que estaban leyendo. Tampoco eran desdeñables las que miraban todo el rato por la ventanilla, con su reflejo en el cristal y la mirada ausente en vaya usted a saber qué. Tal vez, reflexionaba yo, porque no les gustaba el lugar de donde venían, ni el lugar a donde iban.

Recuerdo a esas mujeres inolvidables, con ninguna de las cuales cambié nunca una palabra: la del expreso de Lisboa que se parecía a Silvana Mangano, la que bebía coñac una noche en la estación de Burdeos cuando yo tenía dieciséis años, el pelo largo y una mochila al hombro, o la elegante sudanesa acompañada por una sirvienta que me ofreció un insólito cigarrillo en el tren desvencijado que nos llevaba de Jartum a Kassala, y que ni siquiera respondió a mi *thank you*. Durante toda mi vida las coleccioné una a una como en un álbum de fotos bello y enigmático. Y el otro día, en un vagón del tren rápido Roma-Milán, me creí a punto de añadir una imagen a todas las otras.

Subió en Florencia. Treinta años largos, calculé a ojo mientras la veía sentarse. Italiana en el espléndido sentido de la palabra: morena, ojos grandes, ropa sofisticada, zapatos de calidad. Pequeñas estridencias de moda, pero dentro de lo que puede tolerársele a una mujer hermosa que sabe llevar con el mismo gusto la ropa y los excesos. Había, observé, unos leves cercos oscuros bajo sus ojos, de insomnio o de pesar, o tal vez de simple fatiga; y eso bastaba para dar calidez y densidad al conjunto. Con diez años menos no habría sido tan atractiva. Es la vida lo que le da encanto, me dije. Lo que ella sabe de sí misma y de los demás, y lo que tú ignoras.

Entonces abrió el bolso y extrajo de él un teléfono móvil. *«Pronto»*, dijo en italiano. Hola. Estaré ahí dentro de un par de horas. Y a continuación, durante casi todo ese tiempo, estuvo hablando con media Italia pese a que la voz de la azafata recordaba por megafonía que los teléfonos sólo debían usarse en las plataformas de los vagones. Pero lo cierto es que a mí me daba igual. Asistía, fascinado, a la demolición ante mis ojos de todo un mito. La dama misteriosa, bella y elegante, la *belle dame sans merci,* la mujer que durante cuarenta años de mi vida lectora, espectadora e imaginativa, había poblado sueños viajeros, trenes y barcos que pasaban en la noche, tenía una charla ordinaria y frívola a más no poder. Aquélla en concreto era, para que me entiendan, absolutamente tonta del culo; y el misterio más apasionante que pude desvelarle fue que Grazia —que debía de ser otra importante gilipollas— estaba harta de un tal Marco, y que ella —mi ex dama misteriosa— dudaba entre comprar un Fiat diesel o uno de gasolina.

Estuve un rato mirando el vacío, me temo que con un apunte de sonrisa tonta en la boca. Y luego abrí el libro que tenía sobre las rodillas. Por fin averigüé, pensaba al pasar las páginas, lo que la seductora dama del expreso de Shanghai tenía en la cabeza cuando entornaba los ojos lánguidos entre el humo de su cigarrillo egipcio: la hora del colegio de sus hijos y una cita con la esteticista para depilarse las piernas. Y me sentí extrañamente ligero, como quien se divorcia después de cuarenta años de matrimonio con un fantasma.

Boldai Tesfamicael

Ayer estuve limpiando el Kalashnikov. Porque en casa tengo un Kalashnikov AK-47; un *cuerno de chivo,* como dicen los narcos mejicanos, recuerdo de aquellos tiempos del cuplé. Durante la mitad de mi vida estuve viendo, fotografiando, filmando, oyendo y esquivando ese artilugio, y a la hora de jubilarme de repórter Tribulete decidí conservarlo como recuerdo. Así que me hice con uno —hagan el favor de no preguntarme cómo— y luego se lo llevé a los picoletos de mi pueblo para que lo inutilizaran y legalizaran. Y ahí lo tengo, cerca del ordenador donde le doy a la tecla, uno de los pocos objetos —el casco de kevlar de Bosnia, el cartel *«Peligro, minas»* del Sáhara, la última botella de montenegrino Vranac que bebí con Márquez— que conservo como recuerdos profesionales. De todos ellos, quizá porque desde el comienzo estuvo presente en casi cada episodio, el Kalashnikov es tal vez mi preferido: negro y amenazador, precioso en su siniestra fealdad de madera y acero. Un clásico.

Fue Boldai Tesfamicael quien me enseñó a limpiarlo. Boldai era una especie de gigante eritreo, literalmente negro como la madre que lo parió, a quien en marzo de 1977 le encomendaron la fastidiosa tarea de mantenerme vivo mientras la guerrilla del FLE atacaba y capturaba la ciudad de Tessenei. A los eritreos un periodista fiambre no les servía para nada, así que a Boldai le dijeron que mucho ojito conmigo, para que yo pudiera volver y contarlo y publicar las fotos. Boldai debía de medir casi dos metros y hablaba italiano y francés, y era pintoresco verlo con su pantalón corto caqui, sus armas y puñales encima, el pelo a lo afro y aquella sonrisa que parecía un brochazo blanco en mitad del careto oscuro. El tío me daba unas broncas espantosas, casi maternales, cuando yo me paseaba por donde podía haber minas, o extendía mi saco de dormir sin comprobar antes si había serpientes cerca del lugar en donde iba a apoyar la cabeza. Imagínense a un pedazo de negro como un armario echándote chorreos todo el puto día. Llegué a pensar que en realidad lo que le habría gustado ser era institutriz británica, o estricta gobernanta. Era un auténtico pelmazo.

El caso es que durante las tres semanas que estuvimos esperando el ataque a Tessenei, para matar el tiempo Boldai me enseñó a montar y desmontar el Kalashnikov con los ojos vendados. Yo no tenía otra cosa que hacer más que estar tumbado bajo las ramas que nos camuflaban, con cincuenta grados a la sombra, leyendo las *Vidas paralelas* de Plutarco en un grueso y compacto volumen de la editorial Edaf, o entreteniéndome en limpiar los artilugios bélicos. A fuerza de practicar llegué a hacerlo tan bien que el hijoputa de Boldai llamaba a los colegas, y me hacía competir con los reclutas jóvenes cronometrando el tiempo que tardaba en desmontar y volver a montar a ciegas. Intimé así con Kibreab, Tecle, el pequeño Nagash y todos los demás del grupo con el que semanas más tarde entraría en Tessenei, y que luego, cuando los etíopes contraatacaron y la aviación cubana nos machacó hasta hacernos picadillo, se quedaron allí para siempre. Todavía tengo sus fotos, entre ellas la de Kibreab, muerto boca arriba y con los sesos encima de un hombro, el 4 de abril, tras el combate ante el Banco de Etiopía. Esa diapositiva es de las pocas que no vendí nunca. Por muy cabroncete y mercenario y toda esa película que uno se monte, o que sea, hay cosas que no pueden hacerse. Y ésa no la hice.

El caso, les decía, es que fue Boldai Tesfamicael, mi guardaespaldas eritreo, quien me enseñó a montar a ciegas el Kalashnikov. Y es curioso. Vi a Boldai asaltar trincheras etíopes, rematar heridos, saquear la ciudad y exigir —confieso que yo también lo exigí— a punta de fusil al italiano dueño del hotel Archimede que nos diera de comer o le cortábamos a él los huevos y violábamos y macheteábamos a su mujer. Lo vi hacer todas esas cosas y algunas más que no contaré nunca; y sin embargo, siempre que pienso en Boldai, la primera imagen es sentado frente a mí con las piezas del arma en las manos, maternal como dije. Casi insoportable de riguroso, y metódico, y paciente.

Han pasado veintitrés años, Eritrea es ahora independiente, y cada vez que limpio el Kalashnikov me pregunto por dónde andará aquel fulano, si es que todavía anda. La última vez que lo vi fue cuando nos internaron en Kassala, Sudán, a todos los que llegamos a la frontera después de un mes de combates con poca esperanza y aún menos fortuna, huyendo de la aviación y el ejército etíopes. Yo me iba de vareta con la disentería, me había identificado como periodista y los policías sudaneses acababan de soltarme. Boldai estaba al otro lado de la alambrada cuando nos despedimos. Le di la mano y le dije buena suerte; y él hizo un saludo militar, y poniéndose firme, todo negro, grande y harapiento, me dijo: «Estás vivo para que hables de nuestros muertos. Y para que te acuerdes de mí».

El malvado Carabel

Qué bonito, enternecedor y democrático, el espectáculo de esa Serbia oprimida que rompe sus cadenas y etcétera, todos besándose por las calles, los policías y los manifestantes, con las jóvenes y bellas Slobodankas poniéndoles florecitas en el fusil a los sicarios de Milosevic, y los maderos quitándose los uniformes para unirse al pueblo. Han pasado semanas pero todavía estoy con la resaca, snif, sorbiéndome las lágrimas con esa Serbia que, según coinciden en afirmar los medios informativos y los tertulianos de radio, al fin respira libertad y defenestra al dictador totalitario y maloso que tuvo al pueblo vejado, oprimido y engañado. Qué solidario se ha puesto todo, rediez, con Europa dispuesta a levantar las sanciones pero ya mismo, y con mi primo Solana apresurándose a cobijar al hijo pródigo bajo el ala protectora de sus inefables plurales. Nosotros hemos, nosotros vamos a tal y cual. Todo es tan simpático y tan melifluo, tan intenso el mensaje de esperanza balcánico-democrática, que da ganas de echar la pota. Glusp. Hasta la bilis.

Porque ahora resulta, alehop, que el único malo era Milosevic y lo hizo todo solito. Ahora resulta que fue Milosevic en persona quien estuvo dos años bombardeando con entusiasmo Sarajevo, quien ejecutó de un tiro en la cabeza a los prisioneros y heridos croatas de Vukovar, o quien exterminó a la población masculina de Sbrenica. Fue Milosevic, con sus manitas de funcionario probo y su cara de estar en otro rollo, quien disparaba desde los tejados a los niños, dejándolos agonizar sin rematarlos, como cebo para cazar adultos. Fue Milosevic, y nadie más que él, quien llevó a las mujeres bosnias a los burdeles donde se las forzaba y se las hacía bailar desnudas ante los chetniks borrachos, para rebanarles el pescuezo cuando la soldadesca se hartaba de ellas. También fue Milosevic quien le rompió el culo a los niños violados con bayonetas ante sus padres, a la pobre gente ametrallada y descuartizada con granadas mientras huía descalza por la nieve. Fue Milosevic, resumiendo, quien sometió la antigua Yugoslavia a la más salvaje carnicería de su historia, mientras Europa y la OTAN perdían el tiempo reuniéndose y volviéndose a reunir con él, sonriéndole y dándole la mano para hacerse fotos mientras se rascaban los huevos sin mover un dedo, hasta que ya fue tanta la barbarie y la vergüenza que salían por la CNN que no hubo más remedio que acabar con aquello. Fue Milosevic, en suma, quien mató a mis amigos Grüber, y Rado, y Jasmina, y Marco, y Luchetta, y a tantos otros, incluido el niño que en Dobrinja se me desangró entre los brazos y que nunca supe cómo se llamaba. Quien me puso en la memoria imágenes y fantasmas que no olvidaré en mi puta vida.

En cuanto a todos los otros serbios, ojo al dato, ahora resulta que eran inocentes y que no sabían nada de nada. Los pseudo-opositores cobardes que se bajaron los calzones por miedo a que les dieran matarile. Las bestias con estrellas de general y los artilleros rasos que apuntaban sus cañones a los hospitales y a las colas de infelices que buscaban agua y comida. Los curas que alentaron el degüello desde sus púlpitos. Los intelectuales que justificaban el genocidio. Los periodistas que mentían como bellacos. Los maestros que envenenaban a los niños con la murga del nosotros y ellos. Los soldados y los paramilitares que degollaban a mansalva. Los miles de patriotas que salían a la calle con banderas a jalear a su presidente y a sus generales y a los tigres de Arkan y el sueño de la gran Serbia, invicta y poderosa. Ahora resulta que todos ésos eran unos mandados, y no querían, y sólo pasaban por allí. Que todos esos cabrones estaban limpios, fueron manipulados y engañados en su buena fe, y por eso ahora pueden sin ningún rubor alzar la bandera de la democracia y de la decencia nacional. Joder.

Qué útil es tener malvados oficiales que carguen con las culpas colectivas. Qué fácil es luego el yo no quería, me engañó, me obligaron. Todo cristo puede lavarse las manos como se las lavaron esos alemanes rubios y disciplinados que sólo acataban órdenes, esas mozas con trenzas que lloraban emocionadas alzando el brazo cuando pasaba el Führer. Igual que se las lavarán, cuando todo se haya ido al carajo, los que ahora jalean en las campas de jubilado y boina, frente a los autobuses incendiados o ante los muertos con tiro en la nuca, a los mesías de vía estrecha, a los cerriles fanáticos que escupen odio por el colmillo, a los variados Milosevic que aquí nos crecen en el cogote. Al final resulta que nadie aplaudió, nadie votó, nadie sabía nada, nadie podía imaginar que. Inocentes, dicen. Venga ya. Nunca es inocente quien genera, vitorea y sostiene. Ni siquiera quien se calla. Así que déjenme de Milosevic y de leches. Yo estuve allí. La culpable es Serbia.

En la barra del bar

A veces, para tomarse una copa con los amigos basta abrir una carta. Es de Chema, y me manda dos fotos del café Gregorio de Gijón: una interior, de la barra y el rincón con mesa desde la que me escribe, y la otra exterior, brumosa, con un blanco y negro que difumina entre la niebla el rótulo del café, haciéndome recordar el Rick's de Casablanca, hasta el punto de que parecen a punto de asomar por la puerta Humphrey Bogart y Claude Rains, en mitad de uno de esos diálogos de amistad que todos habríamos querido protagonizar alguna vez en nuestras vidas. Para que luego digan que ya no tiene sentido la modalidad epistolar, y que el teléfono móvil e Internet se han cepillado el encanto de la cosa. Porque parece mentira lo que pueden sugerir una carta oportuna y unas fotos. Estoy aquí, tecleando, y llueve afuera sobre la sierra gris, y leo las palabras de ese amigo a quien no he visto la cara en mi vida, ni le he contestado una carta, ni sé qué pinta tiene, ni falta que me hace; y es como si estuviéramos los dos acodados en cualquier barra de cualquier bar de cualquier lugar del mundo. Sin prisas, a media voz, mojando los labios en el vaso. Ya lo he dicho: charlando.

Ni siquiera falta la música. Para completar la cosa y acompañar la presencia de Chema con la de otro amigo —ellos no se conocen entre sí— recurro a *La calle de la duda* de Iñaki Askunze, del Iñaki Askunze Sextet, que me la mandó el otro día y ahora suena en la minicadena llenando el lugar de jazz suave; ambientando el bar en donde estamos Chema, Iñaki y yo tomándonos esa copa, que en realidad puede ser cualquier otro sitio: el bar de Dani que ya no es de Dani, o el bar de Silvia, o el de Raquel, o el de Lola, o El Muro, por volver de nuevo a Gijón, donde en este preciso instante Chema se inclina sobre la cerveza, echa un vistazo y dice es un dolor, colega, míralas. Están todas buenas. Le contesto que sí, que siempre lo estuvieron y que ahí están, las mismas, desde hace siglos y siglos, y Chema asiente un par de veces y da unas caladas al cigarrillo —no sé si fuma, pero lo imagino dando caladas al cigarrillo— mientras a nuestro lado, tímido como tantos vascos cuando hablas de tías, y quizá para inhibirse un poco del tema, Iñaki arranca unas notas a su saxo reluciente. Notas que son una afirmación y una pregunta en esa calle de la duda por la que transitamos todos los hombres desde que el mundo es mundo.

Sigue escribiendo Chema su carta, y yo sigo leyéndola, y la música de Iñaki suena en esta mañana gris que no es gris ni es mañana, sino noche cargada de humo y círculos de vasos de cerveza sobre el mostrador del bar en el que estamos los tres y todos los amigos conocidos o por conocer, vivos y muertos, y que al final he decidido que sea El Muro; más que nada por no salir de Gijón. Y en este momento Chema está diciendo me rindo, tío, me rindo, porque siempre parecemos nosotros, pobres guiñapos en sus manos, los dignos de compasión. Todavía no me explico, añade, cómo es posible una sociedad machista declarada, tan discriminatoria con la mujer, y a la vez tan pendiente y tan dependiente de ella. Le dejo decir todo eso sin interrumpirlo mientras la música de Iñaki va llenando las pausas. Porque Chema escribe, o habla, lo que sea, con muchas pausas. Algo normal, a estas horas y con tantas cervezas.

Entonces Chema apaga la colilla en el cenicero, me mira y dice lo que dice, y hasta Iñaki se interrumpe en mitad de un *tirurirará* y nos observa, interesado —de Iñaki sí conozco el careto porque viene en la funda del CD—. Y lo que dice Chema, o más bien pregunta, es dónde está el fallo, colega. Dónde entonces, en qué punto extraño y misterioso del recorrido pierde la mujer esa ventaja con la que aparentemente juega desde el principio. Empieza mandando como madre, figura más respetable y creíble que la del padre. Luego todos tus pasos van en su dirección: conquistarla, complacerla, contentarla, mantenerla si puedes, aunque ella no se deje. Quieres ser el elegido, porque no olvides que eligen ellas —Iñaki, a punto de soplar de nuevo la boquilla del saxo, asiente con la cabeza—. Y sin embargo, en algún momento de la película que se me escapa —se nos escapa, le matizo— pierden su influencia y muchas pasan a ser dominadas, sin relieve, a veces casi unas parias. Tienen fecha límite, resumo yo: como los yogures. Y Chema e Iñaki se miran el uno al otro, en mudo asentimiento. Luego Iñaki empieza *La trampa*, Chema me ofrece un cigarrillo y fumamos en silencio. Debe de ser duro de cojones ser tía, dice. Si te dejas, apunto. ¿Y por qué se dejan las que se dejan?, pregunta él. Ésa es la gran pregunta, respondo al cabo de un rato. De cualquier modo, concluye Chema, parece que siempre son la misma, pero en realidad van pasando. Como nosotros, le digo yo. Como nosotros. La diferencia es que ellas se dan cuenta tarde, y los hombres nunca.

Carta a María

Tienes catorce años y preguntas cosas para las que no tengo respuesta. Entre otras razones, porque nunca hay respuestas para todo. Y además, he pasado la vida echando la pota mientras oía a demasiados apóstoles de vía estrecha, visionarios y sinvergüenzas que decían tener la verdad sentada en el hombro. Yo sólo puedo escribirte que no hay varitas mágicas, ni ábrete sésamos. Ésos son cuentos chinos. De lo que sí estoy seguro es de que no hay mejor vacuna que el conocimiento. Me refiero a la cultura, en el sentido amplio y generoso del término: no soluciona casi nada, pero ayuda a comprender, a asumir, sin caer en el embrutecimiento, o en la resignación. Con ello quiero sugerirte que leas, que viajes, y que mires.

Fíjate bien. Eres el último eslabón de una cadena maravillosa que tiene diez mil años de historia; de una cultura originalmente mediterránea que arranca de la Biblia, Egipto y la Grecia clásica, que luego se hace romana y fertiliza al Occidente que hoy llamamos Europa. Una cultura que se mezcla con otras a medida que se extiende, que se impregna de Islam hasta florecer en la latinidad cristiana medieval y el Renacimiento, y luego viaja a América en naves españolas para retornar enriquecida por ese nuevo y vigoroso mestizaje, antes de volverse Ilustración, o fiesta de las ideas, y ochocentismo de revoluciones y esperanzas. O sea, que no naciste ayer.

Para conocerte, para comprender, lee al menos lo básico. Estudia la Mitología, y también a Homero, y a Virgilio, y las historias del mundo antiguo que sentó las bases políticas e intelectuales de éste. Conoce al menos el alfabeto griego y un vocabulario básico. Estudia latín si puedes, aunque sólo sea un año o dos, para tener la base, la madre, del universo en que te mueves. Da igual que te gusten las ciencias: ten presente —como siempre recuerda Pepe Perona, mi amigo el maestro de Gramática— que Newton escribió en latín sus *Principia Mathematica,* y que hasta Descartes toda la ciencia europea se escribió en esa lengua. Debes hablar inglés y francés por lo menos, chapurrear un poco de italiano, y que el estudio del gallego, del euskera, del catalán, que tal vez sean tus hermosas y necesarias lenguas maternas, no te impida nunca dominar a la perfección ese eficaz y bellísimo instrumento al que aquí llamanos castellano y en todo el mundo, América incluida, conocen como español. Para ello, lee como mínimo a Quevedo y a Cervantes, échale un vistazo al teatro y la poesía del Siglo de Oro, conoce a Moratín, que era madrileño, a Galdós, que era canario, a Valle-Inclán, que era gallego, a Pío Baroja, que era vasco. Rastrea sus textos y encontrarás etimologías, aportaciones de todas las lenguas españolas además de las clásicas y semíticas. Con algunos de ellos también aprenderás fácilmente Historia, y eso te llevará a Polibio, Herodoto, Suetonio, Tácito, Muntaner, Moncada, Bernal Díaz del Castillo, Gibbon, Menéndez Pidal, Elliot, Fernández Álvarez, Kamen y a tantos otros. Ponlos a todos en buena compañía con Dante, Shakespeare, Voltaire, Dickens, Stendhal, Dostoievski, Tolstoi, Melville, Mann. No olvides el Nuevo Testamento, y recuerda que en el principio fue la Biblia, y que toda la historia de la Filosofía no es, en cierto modo, sino notas a pie de página a las obras de Platón y Aristóteles.

Viaja, y hazlo con esos libros en la intención, en la memoria y en la mochila. Verás qué pocos fanatismos e ignorancias de pueblo y cabra de campanario sobreviven a una visita paciente a El Escorial, a una mañana en el museo del Prado, a un paseo por los barrios viejos de Sevilla, a una cerveza bajo el acueducto de Segovia. Llégate a la Costa de la Muerte y mira morir el sol como lo veían los antiguos celtas del Finis Terrae. Tapea en el casco viejo de San Sebastián mientras consideras la posibilidad de que parte del castellano pudo nacer del intento vasco por hablar latín. Observa desde las ruinas romanas de Tarragona el mar por el que vinieron las legiones y los dioses, intuye en Extremadura por qué sus hombres se fueron a conquistar América, sigue al Cid desde la catedral de Burgos a las murallas de Valencia, a los moriscos y sefardíes en su triste y dilatado exilio. En Granada, Córdoba, Melilla, convéncete de que el moro de la patera nunca será extranjero para ti. Y sitúa todo eso en un marco general, que también es tuyo, visitando el Coliseo de Roma, la catedral de Estrasburgo, Lisboa, el Vaticano, el monte San Michel. Tómate un café en Viena y en París, mira los museos de Londres, descubre una etimología almogávar en el bazar de Estambul o una palabra hispana en un restaurante de Nueva York, lee a Borges en la Recoleta de Buenos Aires, sube a las pirámides de Egipto y a las mejicanas de Teotihuacán. Si haces todo eso —o al menos sueñas con hacerlo—, conocerás la única patria que de verdad vale la pena.

Paradogas de la vida

Supongo que ustedes se habrán dado cuenta de que cada vez hablamos y escribimos peor. Ayer, en el prospecto de un estreno teatral de esta temporada, me saltó a la cara la palabra *paradógicamente,* escrita así, con g de gilipollas. Y no se trata, como podría parecer a primera vista, de una *g* cualquiera, de esas que a menudo quedan disculpadas —todos metemos la gamba algún día— en la prisa de un momento o en el tecleo del ordenador. Porque esa *g* infame bailaba con todo descaro en el prospecto, impreso por cuenta del Ministerio de Cultura, de una obra estrenada por la Compañía Nacional de Teatro Clásico. Y para más inri, en un texto firmado por una señora sobre cuyas anchas espaldas recaía la delicada tarea de adaptar —de la adaptación quizás hablemos otro día— ese monumento de la escena nacional que es el *Don Juan Tenorio* de Zorrilla. Así que, con semejante prolegómeno, imaginen con qué ánimo vi levantarse el telón. Menos mal que estaba allí, en el escenario, ese magnífico actor que es Ginés García Millán, amigo mío y de Puerto Lumbreras: quizá la mejor presencia joven de la escena española, a quien recordaré siempre con el rostro y la voz del personaje *el Peque* de la película *Gitano*.

Pero nos desviamos. Comentaba lo mal que escribimos y que hablamos en España. Y no se trata ya de las chocholocos analfabetas y los chuloputas agropecuarios vestidos de Hugo Boss que salen en *Corazón corazón* o en *Tómbola,* o llorando —alucina lo que les gusta llorar a esas pedorras— en *El Bus* cuando a Paco lo echan o Pepa tiene muy mal rollo, tía. Porque tampoco la clase política se va de rositas. Pase que los etarras amenacen a los jueces con faltas de ortografía —a fin de cuentas el castellano es una lengua vil, opresiva y represora, hablada, según los curas carlistas de antes y peneuvistas de ahora, por el demonio y los de Madrid— y pase también que algunos sindicalistas, con eso de haberse pasado la vida en lucha por los compañeros y compañeras y los parias y parios de la tierra, no hayan tenido tiempo de leer un libro en su puta vida, y hablen con el espíritu y la prosa de Los del Río cruzados con Marianico el Corto. Se hace más cuesta arriba, la verdad, lo de los presidentes de autonomías, y políticos de relumbre que farfullan lo que farfullan, y además creen que el autor del *Poema del Cid* y del *Lazarillo de Tormes* eran la misma persona —un tal Anónimo—; pero la gente los vota cada cuatro años, así que allá cada votante con sus actos y sus respectivas consecuencias.

Lo que ya no tiene perdón de Dios es lo nuestro. Lo de columnistas, periodistas, tertulianos y otras especies. A veces uno abre los periódicos, pone el telediario, o la radio, y se pregunta qué lecturas y qué referencias culturales tendremos, o sobre todo no tendremos, para ser capaces de perpetrar semejantes atrocidades con la herramienta, en este caso la lengua, que nos da de comer. Me refiero a sujeto, verbo, predicado, ortografía y cosas así. Recuerdo que en mi juventud nos choteábamos de los periodistas deportivos que decían madridista, y Torino. Ahora ciertos periodistas deportivos —el dignísimo Gaspar Rosety es un ejemplo— son Castelar y Larra comparados con algunos de los que firman en páginas de Cultura; y eso por no hablar de secciones más prosaicas, como el redactor de Internacional que titulaba el otro día: *Se repite el cuenteo en Florida*. Imaginen eso en otro oficio. Imaginen a un delineante que ignore la línea recta, a un mecánico de la NASA que meta los tornillos a martillazos, a un músico tocando el violín con un serrucho, o a un atracador de bancos apuntándole al cajero con un plátano.

Antes, en las redacciones de los periódicos, y de las radios, y de los telediarios, había siempre un viejecito muy educado que se pasaba el tiempo leyendo las cosas de los demás. Ese señor se llamaba el corrector de estilo, y era simplemente un caballero con cultura, lecturas y conocimientos que lo capacitaban para ser juez supremo e inapelable de lo que los redactores tecleábamos en las viejas Olivetti, manteniendo un nivel mínimo de corrección y limpieza. Me acuerdo sobre todo de dos: uno en el diario *Pueblo* —lamento no retener su nombre— y otro en TVE: Jorge Cela Trulock, hermano del nobel Cela y más agradable que él de aquí a Lima. Conservo excelente recuerdo de ambos, de las tertulias improvisadas en torno a un verbo, un adjetivo, un acento o una palabra. Conversar sobre *le* mató o *lo* mató, en horas de poco trabajo, podía dar lugar a una larga charla, útil, interesantísima y grata. Ahora, sin embargo, ese venerable y necesario personaje ha desaparecido de casi todas las redacciones. Para ahorrarse un puesto de trabajo, las empresas miserables lo sustituyen por esos imperfectos y estúpidos autocorrectores del Wordperfect, y del Word, robots sin alma ni conciencia que convierten el estilo de quien los usa en algo tan limitado como el de quienes los crearon. O esas reglas de estilo de ahora —no sé qué es peor—, tan políticamente correctas, pretenciosas y modernas que te rilas, donde pone *carné* y *sicología,* redactadas por ovejas Dolly de la Logse, por fans de Marchesi, de Maravall y de Solana. Por soplapollas de diseño que conocen a Cervantes por traducciones al inglés.

Un día monárquico lo tiene cualquiera

Hoy tengo el día monárquico. Eso no es normal en sujetos de mi catadura, cuya única devoción a la realeza consiste en un amor platónico por Ana de Austria —la de los herretes de diamantes—, que me dura desde los nueve años, tierna edad a la que aullé de júbilo cuando el puritano Felton le dio las suyas y las de un bombero a Buckingham, ese perro inglés, y lo puso mirando para Triana a puñalada limpia. El amor menos platónico se lo sigo reservando a Milady de Winter. Y podríamos resumir la cosa diciendo que Ana de Austria estaba chachi para pasear a la luz de la luna, devolverle herretes y hablar de Bécquer y cosas así, y Milady para lo otro. Quiero decir exactamente para lo otro. Para lo que don Francisco de Quevedo resumió en dos soberbios versos: *«Aquella hermosa fiera / en una reja dice que me espera»*. Etcétera.

Pero me desvío de la cuestión. Lo de hoy, estaba contándoles, se debe a que Fernando Rayón acaba de mandarme su libro sobre la reina de las Españas. Fernando —alias *Monsignore*— es subdirector de este colorín semanal, pero lo que en realidad debería subdirigir, o dirigir, es *L'Osservatore Romano;* pues ya quisieran muchos de la peña tener su penetración y su finura florentinas, propias de un purpurado del Renacimiento. Además, Fernando es mi amigo y mi compadre; y encima, cuando saco un libro nuevo, me da mucho cuartelillo. Así que lo menos que puedo hacer hoy es contarles a ustedes que su tocho se llama *Sofía, biografía de una reina,* que lo edita Taller de Editores y que es una cosa decente, sin peloteo, en plan riguroso, con muchas fotos, sobre ese personaje que, según lo que cuenta Fernando, es una profesional y una señora, y corta mucho más bacalao en su cocina del que venden en la pescadería. El libro tiene otras cosas que me han hecho pasar un buen rato; y alguna inquietante, como averiguar que el nefasto conde Lequio —manda huevos— ocupa el lugar número treinta y tantos en la lista de sucesión al trono de España, para el caso de que una epidemia o algo por el estilo diezme a la familia real y su cada vez más nutrida periferia. Reconozcan que esto de la sangre azul es para echarse a temblar. En semejante tragedia nacional, lo de menos sería la epidemia.

Por supuesto que me he ido derecho en el libro a buscar lo de Isabel Sartorius, hermosa mujer de la que lamento profundamente no sea mi Ana de Austria. Fernando y yo hablamos a menudo de esa todavía joven dama, con la que sólo mantuve una conversación en mi vida, hace años y en una mesa del café Gijón, y me pareció alta, guapa, encantadora e inteligente: lo que en otros tiempos se decía una señora estupenda. Fernando sostiene la idea de que habría sido una impecable reina de España, y estoy de acuerdo con él. A fin de cuentas, durante y después de todo aquel rifirrafe a que la sometió la prensa del corazón, Isabel Sartorius se condujo siempre con la discreción y el aplomo de una señora. Y en estos tiempos de chusma, después de que entre el Orejas y la Lady Di —que era más tonta que Forrest Gump saltándose semáforos— le hicieran un daño a las monarquías que ya lo querría Fidel Castro como director del *Hola,* una reina como esa bellísima moza, que a Fernando y a mí nos pone dos docenas extra de latidos en los pulsos, le habría ido bien a la cosa monárquica nacional, o como se llame ahora. Una hembra como Dios manda, con clase y con hermosas caderas para parir zagales. Que es, a fin de cuentas, lo que se le pide a una futura reina que conozca su curro. O sea, una jaca de bandera que ponga a don Felipe de Borbón a cumplir con su obligación de procrear chicos sanos, altos, rubios y educados. Don Felipe, con quien también conversé sólo una vez en mi vida, me cae bien, sobre todo porque siempre sabe estar y parece de buena casta. Por eso le deseo una profesional con maneras, que no eche pasto a la prensa basura y prepare a sus vástagos para cumplir con dignidad, y no le salgan luego tontos del haba como el león de Britania, o niñatos irresponsables como ese de Noruega, o golfas verbeneras como la menor de las dos pájaras de Mónaco, que en vez de desposarse sucesivamente con un playboy con mucho morro, con un tío de pasta aficionado a hacer el bobo en lancha y con un aristócrata tronado, a la manera de su hermana mayor —que es la formal—, salió aficionada a liarse con guardaespaldas y chulos de discoteca que le dan estiba, y encima le gusta.

Porque la idea monárquica a estas alturas y en España no tiene otra justificación que considerar que, en este país de caínes, paletos, fanáticos, analfabetos y navajeros, la única referencia colectiva, el único marco común que permanece razonablemente intacto, es el de la monarquía como símbolo del Estado, por encima y a salvo —de momento— de toda la mierda en la que tan a gusto parece hallarse el personal. Si no, a ver de qué íbamos a pagarle por la patilla a la familia real y aledaños el sueldo y el alquiler. Una monarquía es injustificable salvo por su utilidad práctica; y sólo será útil mientras siga haciéndose acreedora de respeto. Por eso es bueno recordar que aquí se trabaja en el alambre y sin red, que debajo acechan muchos cocodrilos con la boca abierta, y que cualquier patinazo puede ser mortal para todos. Así que ya es hora, digo yo, de que don Felipe se gane el jornal.

Esto es lo que hay

Es curioso. Deben de ser los años, pero a medida que envejezco me siento cada vez más incómodo con la Navidad. Te llama tu anciana madre, los hermanos y los primos y los sobrinos y toda la parafernalia, y te dicen felices fiestas, y qué lástima que no estemos juntos, etcétera; y tú piensas que debes de haberte vuelto un perfecto cerdo asocial, porque en realidad te apetece menos el jolgorio familiar que ver *Río Bravo* en la tele. O puestos a comprobar cómo beben los peces en el río, prefieres verlos beber a veinte millas de la costa más próxima, con un libro de Conrad o de Patrick O'Brian entre las manos y la oreja puesta en el canal 16, atento a si las putas isobaras invernales vienen apretaditas o llevan holgura, antes que andar haciendo el chorra frente al belén, con esa presunta alegría doméstica que, en realidad, no sé en qué la justificas ni de dónde carajo la sacas, cuando acabas de llegar de la calle donde estuviste empujando a los semejantes en la cola de Carrefour o de Eroski —No se cuele, señora, etcétera—, o dando bocinazos en los semáforos para llegar antes a casa y derretirte en gilipolleces de presunto amor universal que no comprometen a nada, con la suegra dando por saco con la pandereta, la sobrina que quiere ser top model zapeando en la tele en busca de un videoclip de Tamara la de no cambié no cambié —que tiene delito—, y ese cuñado borrachín que te cae fatal, pero lo tragas porque es el marido de tu hermana y un día es un día, y que al final, con cuatro copas encima, termina siempre contando chistes verdes y tocándole el culo a tu mujer. No sé. Tal vez resulta que los años te secan el corazón, o que pasaste demasiadas navidades en sitios donde el nacimiento de Cristo era lo de menos. O quizás lo que ocurre es que el tiempo cambia ciertas cosas, y también tú cambias con ellas. Y al final unas te importan mucho y otras te importan un testículo de pato.

Llevas vivido medio siglo de este que termina el 31 de diciembre —dónde están, te preguntas, los capullos que tanta barrila dieron el año pasado con lo del presunto cambio de milenio—; y cuando miras hacia atrás compruebas que sólo hubo una clase de navidades que de veras parecieran Navidad: las de tu infancia. Aquéllas, tan lejanas, tenían la luz de los escaparates iluminados —entonces los escaparates sólo se iluminaban en esas fechas—, el color de los troncos crepitando en la chimenea, la textura del musgo que tapizaba el suelo del nacimiento, el olor del pavo asado y las voces de tus hermanos leyendo en voz alta los pasajes correspondientes del Nuevo Testamento: *«Lo envolvió en pañales y lo acostó en un pesebre, por no haber sitio para ellos en la posada»*... Después, buena parte de las otras navidades que ocupan tu disco duro ya nada tienen que ver con eso: desde la de 1970 a bordo del petrolero *Puertollano* con temporal duro de levante frente al cabo Bon, a la de 1993 con Márquez en una trinchera de Mostar, hubo inocencias que se desvanecieron e imágenes que se superponen sin remedio a otras. Ahora no puedes ver un portal de Belén sin asociarlo con un tanque Merkava israelí, ni pensar en la nieve navideña sin recordar lo que cuesta cavar fosas en el suelo helado después de que haga su trabajo la policía de Ceaucescu. *«Es oscura la casa donde ahora vives»*, oíste rezar un 25 de diciembre a una viuda junto a una de esas tumbas, en el cementerio de Bucarest. Y ya me dirás qué villancico sobrevive a eso.

Quedan, claro, los críos. Te los quedas mirando con sus gorros de lana y sus bufandas y te dices que bueno, al fin y al cabo son los que justifican el asunto. Criaturitas. La inocencia y todo lo demás. El problema es que, si observas mucho rato seguido a los zagales, terminas viendo cosas que maldito lo que te apetece ver. Y comprendes que en este tiempo de perra tele y de consumo desenfrenado y de superficialidad irresponsable, los niños se han convertido en absurdas caricaturas de ti mismo. Que la Navidad que les deparas es un timo hecho a tu medida: cajas vacías y envoltorios arrugados al pie de un abeto imbecilmente cortado en un país que apenas tiene árboles, y los que tiene los quema. O tal vez lo que ocurre sea que los malditos cabroncetes ya no aceptan otra cosa porque son hijos tuyos, imagen y semejanza de una sociedad con la Navidad que merece: egoísta, venal, demagógica, estúpida, insolidaria y más falsa que un papá Noel a la puerta de El Corte Inglés. Y los adultos hemos perdido la capacidad de depararles a esos hijos hermosas navidades como las que nuestros padres, más honrados o menos mierdecillas que nosotros, nos hicieron vivir con su amor y con su esfuerzo. Cuando no se arreglaba todo con la tarjeta de crédito, y el juguete se dejaba para la noche de Reyes, y aquella noche entrañable no era cuestión de regalos o dinero, sino de calor, amistad y familia.

Así que, impotente, derrotado, consciente de la imposibilidad de creer en esto o mejorarlo, incapaz de vivir sin despreciarla una fiesta en la que eres a la vez convidado de piedra y culpable, decides pasar mucho de pastorcillos y de zambombas. Y puesto a vivir falsedades —que al final son más auténticas que toda esa farfolla—, te sigues quedando esta noche con Jack Aubrey y el doctor Maturin a bordo de la fragata *Surprise,* o con la trompeta de los malos tocándole *Degüello* a John Wayne en *Río Bravo.*

El rezagado

Se acaban el siglo y el milenio. Ahora sí que se acaban de verdad, y no saben cuánto agradezco que todos los grandes almacenes, y todas las agencias de viajes, y todos los hoteles y restaurantes que doblaron los precios, y todos los soplapollas que hace justo un año montaron aquel grotesco numerito del festejo con doce meses de adelanto, lo hicieran entonces, y no ahora. Así han dejado la fecha bastante despejada, dentro de lo que cabe, y estarán calladitos y tranquilos, y no habrá que soportar esta vez más estupideces que las imprescindibles. En cuanto a mis propias estupideces, tenía previsto hacer una especie de reflexión sobre cómo este siglo que acaba empezó con la esperanza de un mundo mejor, con hombres visionarios y valientes que pretendían cambiar la Historia, y cómo termina con banqueros, políticos, mercaderes y sinvergüenzas jugando al golf sobre los cementerios donde quedaron sepultadas tantas revoluciones fallidas y tantos sueños. Iba a comentar algo de eso, pero no voy a hacerlo porque hay una imagen que me acompaña estos días, coincidiendo —y no casualmente— con las fechas. La imagen es la de una historia real y breve, casi un cuentecito, que lleva mucho tiempo conmigo. Y tal vez hoy sea el día adecuado para escribirla.

Una gran bandada de pájaros se ha estado congregando durante días en un palmeral mediterráneo, antes de volar hacia el sur para buscar el invierno cálido de África. Ahora viaja sobre el mar, extendida tras los líderes que vuelan en cabeza, dejando atrás las nubes y la lluvia y los días grises, hacia un horizonte de cielo limpio y agua azul cobalto donde se perfila la línea parda de la costa lejana. Allí encontrarán aire templado y comida, construirán sus nidos, se amarán y tendrán pajarillos que en primavera retornarán con ellos otra vez hacia el norte, sobre ese mismo mar, repitiendo el rito inmutable y eterno, idéntico desde que el mundo existe. Muchos de los que viajan al sur no volverán, del mismo modo que muchos de los que hicieron a la inversa el último viaje quedaron atrás, en las tierras ahora frías del norte. Eso no es malo ni es bueno; simplemente es la vida con sus leyes, y el código de cada una de esas aves afirma en el silencio de su instinto que hay cosas que son como son, y nada puede hacerse para cambiarlas. Viven su tiempo y cumplen las reglas de ese dios impasible llamado vida y muerte, o Naturaleza. Lo que importa es que la bandada sigue ahí, viajando hacia el sur año tras año. Siempre distinta y sin embargo siempre la misma.

Una de las aves se retrasa. La bandada vuela delante, negra y prolongada, inmensa. Los machos y hembras jóvenes aletean tras el líder de líderes, el más fuerte y ágil de todos. Huelen la tierra prometida y tienen prisa por llegar. Tal vez el ave rezagada es demasiado vieja para el prolongado esfuerzo, está enferma o cansada. Salió al tiempo que todas, pero las demás la han ido adelantando, y se rezaga sin remedio. Ya hay un trecho entre su vuelo y los últimos de la bandada, los más jóvenes o débiles. Un espacio que se hace cada vez más grande, a medida que aquéllos se distancian en su avance. Y ninguno mira atrás; están demasiado absortos en su propio esfuerzo. Tampoco podrían hacer otra cosa. Cada cual vuela para sí, aunque viaje entre otros. Son las reglas.

El rezagado bate las alas con angustia, sintiendo que las fuerzas lo abandonan, mientras lucha con la tentación de dejarse vencer sobre el agua azul que está cada vez más cerca. Pero el instinto lo empuja a seguir intentándolo: le dice que su obligación, inscrita en su memoria genética, consiste en hacer cuanto pueda por alcanzar aquella línea parda del horizonte, lejana e inaccesible. Durante un rato lo consoló la compañía de otra ave que también se retrasaba. Volaron en pareja durante un trecho, y pudo ver los esfuerzos del compañero por mantenerse en el aire, primero cerca de la bandada y al fin a su lado, antes de ir perdiendo altura y quedar atrás. Hace rato que el rezagado es el último y vuela solo. La bandada está demasiado lejos, y él ya sabe que no la alcanzará nunca. Aleteando casi a ras del agua, con las últimas fuerzas, el ave comprende que la inmensa bandada oscura volverá a pasar por ese mismo lugar hacia el norte, cuando llegue la primavera, y que la historia se repetirá año tras año, hasta el final de los tiempos. Habrá otras primaveras y otros veranos hermosos, idénticos a los que él conoció. Es la ley, se dice. Líderes y jóvenes vigorosos, arrogantes, que un día, como él ahora, aletearán desesperadamente por sus vidas. Y mientras recorre los últimos metros, resignado, exhausto, el rezagado sonríe, y recuerda.

(Lo vi llegar y posarse en el balcón de proa, junto al ancla. Estuve un largo rato inmóvil, por miedo a inquietarlo. Quédate, le dije sin palabras. No te haré daño. Pero al cabo tuve que moverme para reglar las velas, y el movimiento de la lona lo asustó. Observé cómo emprendía de nuevo el vuelo, siempre hacia el sur, a muy baja altura. Apenas podía remontarse, pero seguía intentándolo. Y así lo perdí de vista.)

2001

Sobre ingleses y perros

Me escribe un lector inglés, con afecto y buen humor, tirándome de las orejas con mucha gracia —tanta que no parece inglés— mientras se interesa por mi afición a llamar perros ingleses a los hijos de la Gran Bretaña. Por qué, pregunta, no trago a los chuchos de sus compatriotas. Así que intentaré explicárselo: los perros ingleses son respetabilísimos. Me refiero a los que hacen guau, guau. Ésos, sean ingleses o no, merecen todo mi respeto: como varias veces he tecleado en esta página, más respeto que los humanos. Que ya me gustaría tuvieran —tuviéramos— la misma lealtad y la misma inteligencia. En cuanto a los cánidos estrictamente ingleses, mi afecto por ellos lo abona el hecho de que mi perro pertenece a la raza labrador, que es una raza inglesa. Los mismos que posan acompañando al Orejas cuando se hace fotos.

En lo que se refiere a los bípedos británicos, ése es otro cantar. Pero no quisiera que mi amigo inglés lo atribuyese a razones patrióticas o sentimentales. La patria, a estas alturas y tal como se ha puesto el kilo, me importa un huevo de pato. Al menos la patria tal y como la entienden los fanáticos, los soplapollas, los mercachifles y los asesinos. Lo que pasa es que uno tiene sus lecturas, y su criterio. Y hasta su personal sentido del humor. Y ahí es donde situamos el asunto. A fin de cuentas nací en una ciudad vinculada al mar y a la Historia, donde el inglés fue siempre la amenaza y el enemigo. En los libros, en los relatos de mi abuelo y de mi padre, aprendí a respetar a esos cabrones arrogantes como políticos, diplomáticos, guerreros y sobre todo marinos; y también a despreciar su hipocresía y su crueldad. A desconfiar sobre todo de su manera de reescribir la Historia a su conveniencia, y de su soberbia frente a los otros pueblos. En cada libro sobre la guerra de la Independencia española, la guerra en el mar o la piratería en América que me eché al cuerpo, toda mención a mis compatriotas se basó siempre en la descalificación y el insulto. Si uno lee las memorias de cualquier militar inglés en la campaña peninsular, concluye que Inglaterra venció a Bonaparte en España a pesar de los propios españoles, siempre sucios, perezosos, viles, cobardes, aún más fastidiosos y ruines como aliados que el enemigo francés. Cosa, por otra parte, que es perfectamente posible, porque quien conoce a mis paisanos conoce el paño. Pero de ahí a decir que Wellington liberó a España de Napoleón media un abismo.

Luego está la perfidia histórica, real y documentada, que no fue moco de pavo: los golpes de mano contra posesiones españolas, siempre disfrazando con razones humanitarias lo que fue rivalidad colonial o simple piratería. La canallada de las cuatro fragatas atacadas sin declaración de guerra en 1804. Los asaltos contra Gibraltar, La Habana, Manila, Cartagena de Indias. El silencio sobre los fracasos y el trompeteo sobre las victorias. Recuerdo a un profesor inglés afirmando en clase que Nelson no había sido derrotado nunca. Pero yo sé desde niño que Nelson fue derrotado dos veces por españoles: en 1796, cuando con la *Minerve* y la *Blanche* tuvo que abandonar una presa y huir de dos fragatas y un navío de línea, y cuando un año después quiso desembarcar en Tenerife por las bravas y perdió un brazo y trescientos hombres.

No hablo, y espero que lo entienda el amigo inglés, de patrioterismo ni peras en vino tinto, sino de simple memoria. Conozco mi Historia tan bien como algunos conocen la suya, y sé que si España tuvo Trafalgares otros tuvieron Singapures. Del mismo modo puedo afirmar que honrados hispanistas británicos llamados Parker, Kamen o Elliot, me ayudaron a comprender mejor mi propia Historia. Gracias a todo eso, cuando miro atrás no tengo orejeras ni complejos, pero sí buenas referencias. Eso me permite, entre broma y broma, poner un par de puntos sobre las íes, cuando las íes me las escriben hijos de puta con letra bastardilla. Por supuesto que no me siento enemigo de los ingleses, que además leen mis novelas. Vivo en mi tiempo y a mi aire, y sé que la memoria es una cosa, y la guasa al teclear esta página, otra. En lo de la guasa, por cierto, el culpable es mi vecino el rey de Redonda, que hace tiempo me regaló un grabado antiguo titulado *Perros ingleses.* Y como él sí es anglófilo de pata negra, buena parte de nuestras murgas suelo arrimárselas por esa banda. También puntualizaré que la mentada referencia canina tiene solera: entre el XVI y el XIX era expresión habitual: simple toma y daca para quienes, como dije, dispensaron siempre motes despectivos a todo enemigo o vecino, reservándonos a los españoles lo de *grasientos moros* —Turner nos dibujó con turbantes en Trafalgar, quizás a mucha honra—, *fanáticos papistas, demonios del Mediodía* y cosas así. Algo que, con las obligadas actualizaciones, sigue haciendo la prensa amarilla de Su Majestad.

El bar de Lola

Hoy van a permitir ustedes que vuelva a tomar unas cervezas con un amigo, esta vez en el bar de Lola. Ese bar es imaginario sólo hasta cierto punto. Tiene antiguos azulejos en las paredes, un par de barricas de roble que huelen a vino añejo, y dos viejos carteles: anís del Mono y Fundador. Hay otro anuncio en la fachada, también de azulejos, que dice: *Nitrato de Chile*. En cuanto a Lola, es una belleza morena, cuarentona, ajada pero reteniendo mucho poderío, con esa callada lucidez que dan la vida y los años en la barra de un bar. La clientela es fundamental: borrachines que desayunan vasos de vino o carajillos de Magno a las nueve de la mañana, alcohólicos anónimos sin complejos, trabajadores del puerto, albañiles y fontaneros con bocatas y botellines, y tipos así. Hasta el Piloto asoma de vez en cuando, enciende un pitillo y se toma su caña, silencioso, en un rincón. Por las noches, los fines de semana, el sitio se anima con jóvenes que van de vinos y coexisten pacíficamente con la parroquia de diario. Ése es el bar de Lola.

La cerveza de hoy la paga Antonio, Toni para los amigos. Y yo soy su amigo. Antonio tiene veintisiete tacos, y es un pegahierros, o sea, un soldador sin más estudios que los justos, con todas las pasiones oportunas, y todavía capaz de soltar la lágrima, cuatro copas por encima de la línea de flotación, con el *Canto a la libertad* de su paisano Labordeta. Aunque conviene precisar que, por lo general, las lágrimas de Antonio son lágrimas de rabia. Porque hay lloros y lloros, y cada cual llora según como es y se siente.

Antonio es y se siente lancero del cuadro de Velázquez, pero de los del fondo. De los que sólo se ve la lanza.

Antonio le mira las tetas a Lola entre tiento y tiento a las cañas. Las tetas de Lola, dicho sea de paso, son espléndidas, y según los escotes de sus blusas, morenas y sabias. Todos se las miramos y a ella no le importa porque lo hacemos con respeto, de forma objetiva, igual que contemplas una hermosa puesta de sol o a un crío jugando en un parque. El caso es que Antonio mira lo que mira, pide otras dos cañas, y me dice: fíjate, colega, el problema es que ni yo ni mis alrededores existimos en este puto país. Llevo currando desde los dieciséis como un cabrón. He leído encuestas, estudios demográficos y otras murgas, y la verdad es que no sé de qué país de Walt Disney hablan cuando nos hablan. Cada vez que llego a casa reventado y pongo la tele, me salen niñatos guapos, listos, con buen rollito, o sea, unos pijos de diseño que te cagas. Y al loro cantimploro, tío, nunca se les ve trabajar —mucho menos como yo, con mono—, porque eso sí, estudian siempre aunque tengan treinta tacos, y con unos problemas trascendentales que te descojonas de risa. Y la gente va y se lo cree y encima termina pareciéndose a ellos, fíjate. Se lo tragan todo con patatas y España va bien, y somos europeos y la pera limonera, porque luego te encuentras a sus clones como ovejas Dolly, guapitos de cara que salen en las encuestas y en los telediarios, todos super-realizados, con curros súper-súper, que resulta que ahora todos los que veo en el metro a las siete de la mañana con cara de zombis, camino del andamio o del taller, son alucinaciones mías. Así que cuéntame qué coño pasa, tú que tienes estudios. Porque o la gente no es gente y son marcianos, o yo soy gilipollas, o el marciano y gilipollas soy yo, y lo que veo todos los días es mentira.

Lola nos ha puesto otras dos cervezas, y por un momento he pensado en pedirle que ponga también algo de Iñaki Askunze, que me gusta tenerlo de fondo cuando me las tomo con los amigos; pero al fin medito y decido que Antonio no está para músicas. Así que me calzo media caña, asintiendo de vez en cuando porque comprendo que mi amigo no busca respuestas sino desahogo. Y así lo sigo oyendo decir, colega, que en este país tan europeo y que va tan de puta madre, hasta los principitos y las principitas tienen dieciséis carreras y la del galgo, y les gusta esquiar y montar a caballo e ir en yate de lujo, no te jode, y a mi mujer y a mí también —Antonio está casado con una morenita de pelo que le quita el sentido—; pero ella y yo tenemos la mala costumbre de comer todos los días y pagar el piso. Ya ves. De manera que, bueno, quizás lo mejor es manifestarse pacíficamente cuando hay ocasión, reclamar por los cauces legales y demás, ya sabes. Pero siempre te pegas con el muro de los golfos y los aprovechados y los mangantes, y lloras de rabia y de impotencia ante las perrerías que te hacen, y encima acojonado por si te echan del curro y te quedas mojama, mirándote la parienta. ¿Cómo lo ves?... Y yo, en lugar de decirle cómo lo veo, que maldito lo que necesita que lo diga, le pido a Lola otras dos cañas. Y Antonio termina así: *«Hay días en que oyes eso de que España va bien, y te dan ganas de hacerte maquis, echarte al monte, y el que más chifle, capador».*

Eso es lo que me dice Antonio mientras tomamos cañas en el bar de Lola.

Seréis como dioses

Pues no sé lo que pensarán ustedes, pero llevamos casi un mes del nuevo milenio y no lo veo nada claro. Igual es que me precipito un poco, y hay que dar un margen de confianza de cien o trescientos años, o qué sé yo. Pero lo cierto es que después de encajar hasta la náusea todos los buenos augurios y etcétera, salgo a la calle, miro el careto de cierta gente y el mío propio, y concluyo que, bueno, pasado el momento de euforia de las fechas redondas y demás, no hay motivo para tirar cohetes. Así que no me vendan motos con eso de que en los siglos venideros el hombre, tras abastecerse de capacidad técnica, va a dedicarse a ensanchar sus proyectos humanos. Porque el hombre —no hay más que vernos— va a ensanchar una puñetera mierda.

A ver si consigo explicarme. Hoy le he mirado la cara a un policía. Un careto normal, con un ligero toque agropecuario, estólido y profesional como todos los policías del mundo: esperando órdenes de ayudar a la gente, incluso a costa de su vida, o esperando orden de molerla a palos y que el coste de la vida lo pongan otros. Todo según respire quien paga el jornal. Y por una extraña asociación de ideas —o no tan extraña—, me he puesto a pensar que en el siglo xx los hombres hicimos realidad, o casi, viejos sueños e ideales: el reconocimiento de la democracia como forma menos mala de gobierno, los derechos humanos, la condición de la mujer, el avance de la ciencia y la tecnología, el acceso a la cultura, y cosas así. Conseguimos —ustedes, porque yo sólo miraba— que las democracias liberales derrotaran, o al menos recortaran las alas, a tres de los cuatro peores enemigos de la libertad: el fascio-nazismo racista, el comunismo de gulag planteado como negocio de Stalines y mangantes, y la multinacional oportunista, reaccionaria, nefasta cuando se la considera en un contexto histórico, que preside el Papa de Roma (cuyos pastores españoles, por cierto, mojan otra vez en todas las salsas y subvenciones, con la tranquilidad de quien tiene pías ovejas en los ministerios y seguras las espaldas. Por eso *derrotar* lo escribo con las debidas reservas).

Al cuarto jinete —el dinero aliado con la infame condición humana—, a ése no lo derrotó nadie. De modo que, agotadas las utopías y las revoluciones impulsadas por ideologías, la única revolución que ahora parece posible es la del rencor y la desesperación: la de los parados, los hambrientos, los infelices que se asoman al perverso escaparate de la tele, soñando con participar de un mundo artificial e injusto que ya no pretenden cambiar, sino gozar. Parias de la tierra que se han ganado el derecho a ser crueles cuando afilen el machete; y a los que, cuando al fin su rencor estalle en devastadora intifada, no bastarán para contener todas las policías del mundo. Creíamos que el progreso abriría otra clase de caminos; pero ahora sabemos que la ciencia y la facilidad de acceso a la cultura no garantizan nada. Incluso pueden pervertirse y coexistir con el mal o la barbarie, y fomentarlos: había científicos en Auschwitz y melómanos en el Kremlin. En un mundo consciente de su capacidad de destruirse a sí mismo, el ser humano sigue sin aprender la lección terrible de su experiencia. El lema sigue siendo ahí me las den todas. En mis biznietos.

Y sobre todo está la divisa de este tiempo: la ambición. El afán del hombre por ser más de lo que razonablemente puede llegar a ser. Esa locura desmedida es la que convierte cualquier experimento cultural o científico, cualquier clave de progreso, en arma de doble filo. No hay tanta diferencia entre el bodeguero golfo que arruina una marca de prestigio añadiendo uva bastarda, o el que atiborra las carnicerías de basura mortal por usar piensos baratos, con el científico que aspira a clonar al ser humano y juega al doctor majareta bajo el pretexto de que así podremos prevenir las enfermedades, el dolor y la muerte. En el fondo, el móvil es el mismo: las vacas locas, la contaminación, la capa de ozono, la lluvia ácida, las leyes que se aprueban para clonar bichos, embriones o lo que se tercie, so pretexto de que así se prevendrá el cáncer, el Alzheimer o la gonorrea, los transgénicos sospechosos que justificamos con el pretexto de dar comida a los hambrientos, mientras quemamos las cosechas para mantener los precios. Todo responde a la ambición: queremos ganar dinero rápido, y además no morirnos nunca. Y somos tan arrogantes, tan irresponsables, que para conseguirlo osamos alterar las leyes de la Naturaleza. Por la soberbia y el capricho de vivir más a cualquier precio, abrimos peligrosas cajas de Pandora, apelando a la ética y al sentido común del ser humano —unas garantías que te tronchas, colega— para establecer los frenos y los límites. Por eso, en lo que a mí se refiere, prefiero que el doctor Frankenstein vaya y clone a la vaca loca de su puta madre. Adoro mi incógnita fecha de caducidad. Y prefiero no estar aquí cuando este laboratorio imbécil se vaya a tomar por saco.

Mordidas y chocolate

Ya les he contado alguna vez que me gusta Méjico. Me gustan el paisaje, la comida, el tequila y la gente. Allí te atracan, por ejemplo, y, con la Colt 45 apuntándote al entrecejo, un fulano con bigotazos va y te dice, muy suavecito: «Amigo, deme el reloj y las tarjetas de crédito o se muere ahorita». No dice «lo mato», o «le pego un tiro», no. Dice «se muere». O sea, que te mueres tú solo, y él no se hace responsable de nada. Incluso esos peligrosos policías que te dan el sablazo en un callejón oscuro con la cazadora cerrada hasta el cuello para que no veas el número de la placa —«Por ahí dice usté no más cómo quiere salir del problema»—, y no aflojan hasta que sueltas de mordida el diez por ciento de la multa que nunca se propusieron ponerte, pueden llegar a tener su relativa gracia si lo cuentas luego ante una botella. La otra noche, en la esquina de Paquita la del Barrio, Antonio —el chófer que mi compadre Sealtiel Alatriste me presta a veces para callejear el DF sin que me atraque un taxista— pidió al estacionar el coche «veinte pesos, patrón, para la policía». Se los di, resignado a contribuir a las necesidades particulares de la madera capitalina. Y a la salida, cuando cinco tequilas más tarde regresé haciendo eses y canturreando *Mujeres divinas* seguido por dos fulanos que me pisaban la huella con evidentes intenciones, comprobé que la mentada policía no era el cuerpo de Policía local, sino una policía concreta, o sea, una uniformada gorda con pistola enorme al cinto, que me sonrió y detuvo el tráfico para que nuestro coche pudiera salir, tras dirigir una mirada disuasoria a mis dos sombras, como diciéndoles: busquen a otro, cuates, que este gachupín rumboso ya dio el cachuchazo y está en regla.

Quiero decir con todo eso que Méjico, si uno tiene el aplomo razonable y tiene suerte, es una aventura apasionante. Porque como dice otro amigo mío, el escritor y periodista Xavier Velasco —empedernido noctámbulo y golfo de cojones—, «comparado con esto, Kafka era un costumbrista provinciano». Que se lo pregunten al fotógrafo del diario *Reforma* al que encañonó un atracador, y al decirle que trabajaba para ese periódico, el otro lo pensó y dijo: «Pues tírame una foto». Y entonces, en mitad de la calle y con la gente pasando por allí, el caco posó tranquilamente con la 44 magnum en alto y una pose chulesca, la otra mano en la cadera y sonrisa de oreja a oreja. «Si no la publican, te bajo a plomazos», advirtió antes de irse. La foto se publicó, por supuesto. Yo la he visto. En primera. Y a estas horas, el de la 44 es la estrella de su barrio.

Méjico también es otras cosas. Es, sobre todo, la forma singular en que coexisten la crueldad, la pobreza y el orgullo, a menudo en la misma gente. Me encanta el relámpago que encabrita los ojos del camarero cuando un gringo imbécil —y no siempre los imbéciles son gringos— confunde su cortesía con sumisión. O cómo cambia el ambiente cuando, en un tugurio, unos tipos hasta arriba de pulque y con más peligro que un sicario majara, meten mano a las navajas o los fierros para abrirte ojales suplementarios: «Usted dijo o no dijo, señor, y en estas mismas lo trueno», etcétera. Y en ésas les ponen una botella de tequila sobre la mesa después que tú, con mucha mili mejicana en las conchas, pronuncies la fórmula que aquí nunca falla: «Soy extranjero y no conozco las costumbres, pero tengo mucho gusto en invitar a una copa a los señores». Y al final sales de allí vivo y a las tantas, con una castaña de órdago y media docena de nombres más —alias incluidos— en tu vieja agenda de viaje.

Fascina, sobre todo, la dignidad de los humildes, que de pronto surge incluso entre la violencia y la miseria. Hace unos días estaba a la puerta de una cantina de la plaza de Santo Domingo, mirando lo más infame y lo más noble que España trajo a América: el palacio de la Inquisición y las imprentas que ya funcionaban en el siglo XVII. Entonces se acercó una pobre mujer con una cesta. Vendía chocolate, y antes de que abriera la boca le di cinco pesos. Me miró muy seria: «No estoy pidiendo, señor. Yo vendo mi chocolate». Me disculpé en el acto. Claro, respondí. Y con mucho agrado se lo compro. Pero ahora me incomoda llevarlo, así que guárdemelo para luego. Eso la convenció, y se fue toda digna con sus cinco pesos. Y me quedé pensando que quizá, de tener ocasión, esa misma mujer me habría robado la cartera a la vuelta de la esquina. Pero en Méjico cada momento tiene su momento, y cada cosa es cada cosa. Y es bueno que así sea. A veces hay que cruzar un océano, sentarse a la puerta de una cantina e invertir la módica suma de cinco pesos para recobrar palabras y actitudes que en la madre patria —también los hijos de puta tienen madre; y las putas, hijos— parecen haberse esfumado hace mucho tiempo.

De algo hay que morir

Me encantan la foto y la frase. La foto es de hace unos pocos días, la tengo recortada de un periódico y sujeta con chinchetas junto al ordenador, y en ella se ve a un paisano cincuentón, o sea, uno corriente, de infantería, con la boca abierta, tenedor en una mano y cuchillo en otra, mientras se calza un chuletón de ternera que da gloria verlo, de dos por dos palmos, tostado por fuera y poco hecho por dentro, como debe ser, canónico, con su correspondiente botella de vino. Pero lo mejor es el titular que recoge las palabras del gachó: *«De algo hay que morir»*, dice mientras engulle. Tan campante. Con un par.

Confieso que cuando miro esa foto no puedo evitar un calorcillo de simpatía. El del chuletón, según cuenta el texto, ha estado comiendo carne toda su vida, y no está dispuesto a cambiar de costumbres, a sus años, ni por las vacas locas, ni por la ministro de Sanidad ni por la madre que la parió. En eso me recuerda al autor de mis días, un caballero que palmó a los setenta y tantos largos, y cuando en las últimas de Filipinas lo trincábamos fumándose un cigarrillo en plan clandestino decía: «Más vale morir de pie que vivir de rodillas». Y por lo visto, el del chuletón opina lo mismo. Espongiforme o no, estuvo comiéndoselo con mucho gusto y provecho toda su vida, cada vez que se lo permitía el bolsillo; y a estas alturas no va a cambiar de costumbres porque una peña de gobernantes golfos y ministros sinvergüenzas europeos, españoles incluidos, con su imprevisión, su táctica del avestruz y su miedo a afrontar la realidad, hayan puesto patas arriba la confianza de los consumidores. Y a lo mejor no es mal modo de encarar el asunto. Uno sigue comiendo chuletones como si tal cosa, zampa que te zampa, y cuando dentro de unos años le diagnostiquen que el cerebro se le está deshaciendo a miguitas por las orejas, se come el último chuletón, se fuma un puro, pasa por El Corte Inglés para comprar un bate de béisbol o un buen garrote de nudos, y luego se da una vuelta por los ministerios de Agricultura y de Sanidad; y si puede, también por la presidencia del Gobierno. La ventaja en España es que no hay riesgo de equivocarse, porque como aquí nunca destituyen a nadie si no está en la puerta misma del penal, los responsables seguirán sentados en sus despachos como si tal cosa, o como mucho habrán cambiado de ministerio, o estarán en algún sitio oficial, enganchados a la teta de la otra vaca —la vaca que siempre ríe— como Rómulo y Remo a su loba. Así que será fácil topar con ellos y darles, zaca, zaca, las gracias.

De cualquier modo, en algo va encaminado el del chuletón. Tal y como está el patio no puedes ir por la vida obsesionado con todo lo que comes, porque entonces el acto de jalar se convertiría en absoluta paranoia, e ibas a pasar más hambre que un divorciado sin abrelatas. Además, si uno lo piensa, resulta que de toda la vida hubo epidemias, peste, cólera, viruela, infecciones, triquinosis, envenenamientos por setas y cosas así, y la gente no armaba tanto escándalo con eso de morirse. De vez en cuando venía la mala racha, uno palmaba solo, por docenas o por millares, y punto. Lo único que ha cambiado es que antes el óbito individual o colectivo era por azares naturales y por causas más o menos primitivas que corrían a cuenta de los designios divinos; y cuando había mediación humana o se atribuía a alguien, con razón o sin ella, cogían al presunto responsable y lo asaban en la plaza pública o lo descuartizaban entre cuatro caballos. Ahora las causas suelen ser la irresponsabilidad y la codicia de golfos, comerciantes y políticos sin escrúpulos, a los que lamentablemente ya no se descuartiza, sino que se ampara con subvenciones estatales o se los confirma en sus cargos para evitar crisis gubernamentales que dan mala prensa en Europa. En lo demás, las cosas no son tan diferentes de lo que eran. Lo que pasa es que nos hemos amariconado mucho, y ahora nadie quiere trabajar duro, ni que le duela nada, ni morirse ni harto de vino, y no fumamos ni bebemos, y andamos mirando las etiquetas para que todo sea aséptico, incoloro, inodoro e insípido, y vivamos lo suficiente para que entre los hijos y los yernos nos lleven al asilo a hostias y allí sigamos viviendo veinte años más, por lo menos, tan felices con nuestra sonda y nuestro marcapasos y nuestro braguero, viendo al chófer de Rociíto en *Tómbola* y pellizcándole el culo a las enfermeras cuando nos traigan el puré de guisantes. Y olvidamos, como bien nos recuerda el paisano del chuletón, que una cosa es cuidarse y otra obsesionarse; y que a fin de cuentas de algo hay que morir. Que a cada generación le toca bailar con la más fea que le deparan el azar o la época. Y que durante siglos los seres humanos han vivido los vaivenes de la existencia y luego se han muerto como al fin, con chuletón o sin él, nos moriremos todos. Pero sin darle tanta importancia y sin armar tanto escándalo. A ver quién cojones nos hemos creído que somos.

Sobre imbéciles y champaña

Supongo que se habrán fijado, como yo, en la manía que le ha dado a la gente que gana premios y carreras y cosas así de coger una botella de champaña, agitarla bien para que coja fuerza, splash, splash, y luego regar a la concurrencia con el chorro de espuma, poniendo perdido a todo cristo. Ahora ya no hay Gordo de lotería, ni fiesta de cumpleaños, ni carrera de motos, de coches o de lo que sea, que no termine con espuma de champaña a diestro y siniestro mientras el personal parece encantado de que lo chorreen, yupi, yupi, y todavía pide más, dispuesto a gastarse lo que haga falta en lavandería con tal de participar en la fiesta. Uno, es un suponer, recorre cinco mil kilómetros haciendo el niñato gilipollas en un coche que vale una pasta, y después de atropellar a un dromedario, dos perros y siete negros, llega el primero de vuelta a Madrid o a Dakar o a donde le salga de la punta del clarinete, y entonces, para expresar su alegría, al muy imbécil no se le ocurre otra cosa que agarrar un magnum de cinco litros y poner perdidos a los fotógrafos y a las cámaras de la tele, y a las topmodel pedorras esas que suben al podio para dar el premio y dos besos y siempre sonríen caiga lo que caiga, a la espera de poder contar en *Tómbola* cómo se lo hicieron con Jesulín, trámite imprescindible para hacerse famosas y enseñar el felpudo en *Interviú*.

Aunque peor es lo de los premios. Porque el del Gordo que acaba de embolsarse trescientos kilos, para dejarlo claro y que sepan lo contento que está y la marcha que lleva en el cuerpo, entra en el bar de la esquina, invita

I don't believe there has been an era
                         ever
in which cretins have been so evident
nor in which the crazies have been
~~so insane~~ so influential, nor ~~insane~~ one
in which idiocy has introduced
itself like dampness through all
the windows of our houses, ~~and~~ or
through ~~and~~ the ~~bodies~~ pores of our skins
Manolo Vincent
— quoted by Reverte in a 2001 column.

a los amigos, agarra el Codorniú o el Gaitero, según haya cobrado ya o todavía deba pasar por el banco, y a todos los que no han tenido premio ni han tenido nada y andan por allí cerca blasfemando para su coleto, los salpica con el chorro de espuma para que compartan su alegría, el muy soplapollas. Y si hay cámaras delante y posibilidad de verse en el telediario, entonces, en vez de agarrar al de la botella e inflarlo a hostias, que es lo natural y lo que antes solía hacerse en tales casos, la gente se ríe, y baila, y se abraza y aplaude al borde mismo del orgasmo, y dice suerte, suerte, que esta espumita trae suerte, y hasta saca a la suegra con un vasito de plástico en la mano para que salga con la permanente chorreando en lo de María Teresa Campos. Los subnormales.

Decía el otro día el gran Manolo Vicent, que es amigo y es marino y es mediterráneo, algo que no me resisto a transcribir literalmente: «*No creo que haya existido una época en que los cretinos hayan sido tan apabullantes, ni los tontos hayan mandado más, ni la idiotez haya tratado de meterse como la humedad por todas las ventanas de las casas y los poros del cuerpo*». Y eso es algo rigurosamente cierto. Nunca en la historia de la Humanidad hubo un tiempo como éste, en el que gracias a ese multiplicador perverso de conductas que es la puta tele y sus consecuencias, gracias al mimetismo social que imita hasta el infinito la propia imbecilidad y nos la devuelve bien gorda y lustrosa, alimentada de sí misma, el ser humano ha alcanzado cotas en apariencia insuperables, pero que demuestra ser capaz de superar día a día.

Hubo otros tiempos, claro, de memez y fanatismo, porque eso va ligado a lo irracional de la condición humana. Hubo, naturalmente, histerias colectivas, epidemias mentales, modas ridículas y todas esas murgas. Pero nunca hasta ahora fue tan rápido el contagio ni tan devastadores sus efectos. Cualquier gilipollez, la más tonta frase, canción, gesto, moda, difundida por la televisión a una hora de máxima audiencia, es adoptada en el acto por millones de personas a quienes uno supone en su sano juicio; y luego te la tropiezas aquí y allá, en todas partes, imitada, superada, desorbitada hasta límites increíbles, machacona y definitiva, cantada, bailada, repetida en el metro, en el autobús, en boca incluso de quienes por su posición o criterio deberían precisamente mantenerse al margen de todo eso. Y así terminas viendo a Clinton bailar *Macarena* en vísperas de que la OTAN bombardee Kosovo, a un ministro justificando su gestión política con una frase de *Gran Hermano,* a presuntos respetables abuelos de ochenta años bailando los pajaritos en Benidorm, a irresponsables cretinos conduciendo cual si llevasen de copiloto a Carlos Sainz, o a un gilipollas con un décimo de lotería en el bolsillo salpicando a los transeúntes como si estuviera en el podio del Roland Garros, con los salpicados mostrándose felices con la cosa, y locos por que les llegue el turno para hacer lo mismo. Y comprendes que unos y otros no son sino manifestaciones del mismo fenómeno y de la misma estupidez colectiva, que nos tiene a todos bien agarrados por las pelotas. Y miras todo eso y te preguntas, si tú lo ves tan claro, cómo es que no lo ven claro los demás. Hasta que un día, como el padre Damián en Molokai, te miras al espejo y dices: maldita sea mi estampa. También yo he trincado la misma lepra.

Se van a enterar

Ay, qué risa, tía Felisa. Resulta, según los expertos que saben de estas cosas, que a medida que avance el siglo, y hacia el 2050, España se irá convirtiendo en un país con ocho millones y pico de habitantes menos y la población más pureta del mundo: pocos yogurcitos y la tira de vejestorios decrépitos. Para que se hagan una idea: si esto tenía en 1951, cuando yo nací, el triple de habitantes que Marruecos, dentro de otro medio siglo los vecinos de abajo tendrán el 60% más de tropa. Y también un porcentaje similar añadido de ganas de comer caliente. En cuanto al panorama que para esas fechas tendremos aquí arriba, no saben lo que me alegro de no estar para verlo, entre otras cosas porque la sola idea de durar tanto me da una pereza enorme. Además, prefiero hacer mutis a tiempo, ahorrándome las incómodas vivencias que experimentarán los españoles cuando aquí no trabaje ni produzca ni cristo bendito, y no haya quien pague las pensiones, y la sanidad pública se haya convertido en una perfecta casa de lenocinio, y los concursos y programas musicales de la tele estén llenos de abuelos bailando cosas de Georgie Dan, y los asilos no den abasto, y nueve de cada diez ciudadanos vayan por ahí con la próstata hecha una mierda y la sonda puesta, sin otros temas de conversación en la cola del autobús que el reúma y la artrosis y el Parkinson y el hijoputa de mi hijo, oyes, que hay que ver cómo pasa de mí, el canalla.

Lo malo, como siempre, es que algunos responsables de todo eso tampoco estarán aquí para que alguien les parta la cara. A unos, a los ciudadanos de a pie, por permitir con nuestro silencio cómplice y nuestros votos mal aprovechados que la improvisación, la imprevisión y la poca vergüenza de gobiernos, patronales y sindicatos desparramen impunemente los polvos que traerán tales lodos. A otros, a los mentados, por ser incapaces de adelantar medidas inteligentes, políticas sociales activas que reduzcan el vía crucis en que se ha convertido la vida profesional-familiar, y den a la gente cuartelillo para el futuro. Porque calculen cuántos hijos van a atreverse a tener quienes viven en la precariedad de contratos basura, rehenes en manos de empresarios cuya impunidad avala el Estado, con bancos sin escrúpulos que chupan hasta la última gota de sangre, con absurdas universidades que vomitan miles de parados sin trabajo estable ni perspectiva de tenerlo, en este país de insolidarios, chapuceros y mangantes donde para recoger tomates hay que contratar a abogados ecuatorianos, para encontrar un fontanero hay que llamar a un ingeniero polaco, y donde todos nos quejamos del desempleo, pero sale una convocatoria de puestos de trabajo para subir ladrillos a una obra y no se presenta nadie, porque las palabras europeo y albañil resulta que ahora son incompatibles, cosa de negros, y de moros; y lo que todos queremos, no te fastidia, es trabajar tres días a la semana, a ser posible tocándonos los huevos como representantes sindicales, y que nos paguen una pasta.

Así que en realidad no me da mucha pena que todo se vaya al carajo, porque nos lo hemos ganado a pulso. Y si nuestros hijos se ciscan en la madre que nos parió cuando se den cuenta del panorama que les dejamos como herencia, que se fastidien o que se espabilen. Y una forma de espabilarse será abrir las puertas de una vez, con criterio pero sin reservas y sin tanto la puntita nada más, a esa inmigración que para entonces ya no sólo será útil, sino imprescindible. A nuestros nietos no les quedará otra que

acoger a todos esos africanos, magrebíes, hispanoamerica-
nos y ucranianos que vendrán en oleadas cada vez mayores
a buscarse la vida, dándole marcha de una repajolera vez a
este apolillado, reaccionario y miserable lugar. Y se mez-
clarán con nuestros nietos y nietas, y habrá, como en otros
países, policías negros y ejecutivos sudacas y militares moros, y perderemos unas cosas y ganaremos otras, porque
así es la vida y la historia de los pueblos. Y España, que pese a lo que sostienen cuatro fanáticos y cuatro tontos del
culo fue siempre tierra común y de mestizaje, lo seguirá
siendo con mayor intensidad aún. Y tendremos unos nietos cruzados de mandinga y de tuareg que estarán como
quesos, y unas biznietas mulatas con ojos eslavos y cuer-
pazo colombiano que van a hacer que cada vez que un turista inglés vuelva a Manchester le pegue una paliza a su
Jennifer, como revancha. Y todos esos Heribertos, Egíbares,
Ferrusolas y demás paletos imbéciles que andan obsesio-
nados por la pureza racial de su parroquia y las costumbres
ancestrales del pueblo de Astérix y de la fiesta patronal de
Villacenutrios del Canto, se van a joder pero bien jodidos
cuando sea un moro maketo de Tánger el que les cambie
los dodotis en el asilo, o cuando a su Ainhoa le altere el
RH su novio peruano al preñarla, o su Jaume Lluís tenga
una nieta que se llame Montserrat Mustafá Ndongo. Vayan y háganles una inmersión lingüística a ésos. A ver si se
dejan.

La forja de un gudari

Pues la verdad es que no sé de qué carajo se sorprenden. Parece que los haya pillado de sorpresa el hecho de que los gudaris tengan ahora veinte años y sean analfabetos y fanáticos. Parece mentira, dicen. Todos esos jóvenes descarriados y manipulados, etcétera. Los oyes y parece que todo haya sido un descubrimiento reciente, un fenómeno espontáneo del que nadie se hace responsable. Cada vez que veo al lehendakari Ibarretxe llorando en público —el político más valorado del País Vasco, ojo— sobre lo malos que son los malos y cómo se niegan a portarse bien cuando se les piden las cosas por favor, y veo a Anasagasti, que toma distancias desde que a su señora madre quisieron hacerla carbonilla en un autobús, o veo a Arzalluz irritado porque los chicos de la gasolina se han vuelto chicos de la pistola y chicos del mando a distancia y lo están fastidiando más a él y al PNV que a los ocupantes españoles, que es a quienes tendrían que fastidiar —por lo menos— si tuvieran las ideas claras, sigo preguntándome si alguien se siente culpable de algo en este país de caraduras y primaveras en el que tengo la desgracia de vivir. Si alguien conoce el significado de las palabras *responsabilidad* y *remordimiento*.

A estas alturas no es ningún secreto que el retrato robot del etarra de nueva generación es el de un individuo muy joven, fanático, educado en el odio y la violencia, de bajísimo nivel cultural e intelecto no demasiado vigoroso. Y cada vez que aparece en la tele una foto, los datos biográficos confirman ese perfil. El detalle en el que nadie entra es que esos jóvenes suelen tener exactamente el mismo número de años que el PNV gobierna en Euskadi con amplísimas atribuciones que han convertido el País Vasco en una de las dos autonomías —la otra es Cataluña— más avanzadas e independientes de Europa. Porque allí no son los malvados españoles centralistas los que forman a la juventud, ni quienes crean el ambiente político adecuado para que estos jóvenes anhelen liberar su patria oprimida. Es el PNV el que lleva dos décadas formando a la juventud como le sale literalmente de los cojones. Los planes de estudio, los libros de texto, el corro de la patata en las ikastolas cantando contra lo español y la chusma inmigrante invasora, funcionan hace mucho, no sólo con impunidad, sino con el aliento de los que controlan Ajuria Enea, y de la numerosa clientela que de la teta nacionalista mama y vive. Y con tales antecedentes, oh prodigio, resulta que ahora se sorprenden, mecachis en la mar, de que esos chicos violentos y fanáticos hagan lo que hacen. De dónde coño, se preguntan, habrán salido.

Pero no se trata de ellos solos. Porque en esta peña de fariseos, los otros, españolistas, o hispanovasquistas, o de izquierdas o de derechas, o como se llamen, parece que acaban de despertarse ayer. Hay que ver qué malos y qué falsos son los del Peneuve, dicen. Cómo han consentido y consienten. Pero ellos también han estado la mayor parte de esos veinte años que tienen Asier, o Edurne, o Mikel, dejando hacer y tocándose los huevos. Sabiendo adónde llevaba todo eso, pero bien calladitos para que no fueran a decir de ellos, por Dios, que entorpecían la libertad o el progreso de los pueblos. O para gobernar. Nadie dijo ni pío cuando aparecieron hace quince o veinte años —el Pesoe gobernaba, por cierto, con los votos del PNV, y viceversa— los primeros libros de texto que hablaban de la opresión hispana y de la diferencia racial, en una España donde gracias a la reforma educativa de Maravall y Solana cada perro se lamió su órgano. Todos se callaron como putas, atentos cada cual a lo suyo, y sólo las han piado cuando los que estudiaron —poco, encima— en aquel ambiente y con aquellos libros de texto han empezado a pegarles, como era de esperar, tiros en la nuca. La derecha, porque no se notase mucho que era derecha; y encima va y se despierta no en la primera, sino en la segunda legislatura, y entonces se le ocurre condecorar a Melitón Manzanas. El Pesoe, ya ven. Y la presunta izquierda —que tiene delito llamarse izquierda con el payaso Fofó dirigiendo Ezker Batúa—, sin reconocer todavía su gran pecado: el gravísimo error histórico, no asumido oficialmente por nadie, de ser boba compañera de viaje del nacionalismo paleto y excluyente, olvidando el hecho de que la izquierda es solidaria e internacionalista, que nunca ha habido un nacionalismo de izquierdas en la puta vida, y que los caciques de pueblo son siempre aliados objetivos de los curas y de la derecha más reaccionaria y cerril. Y no me vengan ahora con eso de que este Reverte qué anticlerical y qué cabrón es, porque ya me sé la copla. Acuérdense de monseñor Setién y del obispo de Solsona, y del bobo del obispo de Gerona, para quienes los buenos cristianos hablan la lengua local y votan nacionalista. Y cito otra vez, por si se les olvidó, aquello del cura en el púlpito, no recuerdo ahora si mencionado por Unamuno o por Baroja: «*No habléis español, que es la lengua de los liberales y del demonio*». Así que guárdense las demagogias. Aquí la culpa la tenemos todos. Y en especial los golfos, los cobardes y los imbéciles.

El comandante Labajos

El otro día encontré su nombre por casualidad, en un reportaje sobre el intento de volar el parador nacional de El Aaiún, en 1975, cuando los marroquíes entraron en el Sáhara. A un militar español se le fue la olla y quiso cepillarse al estado mayor del general Dlimi —un importante hijo de puta, dicho sea de paso—, y otro militar español, un comandante de la Territorial, fue al parador, desmontó la bomba y le dijo al dinamitero que como volviera a jugar a terroristas le daba de hostias. Ese comandante de la Territorial se llamaba Fernando Labajos, había pasado la vida en África con la Legión y con tropas indígenas, y era duro de verdad. Flaco, moreno, la cara llena de cicatrices y mostacho negro. No de esos duros de discoteca que van por ahí marcando cuero y posturitas, sino duro de cojones. Además era mi amigo. Lo era tanto que cuando escribí aquella gamberrada histórica titulada *La sombra del águila*, lo reencarné en el concienzudo capitán García, del 326 de Línea. Y le dediqué el librito, a él y a un saharaui que estuvo bajo sus órdenes antes de unirse al Polisario y morir peleando en Uad Ashram: el cabo Belali uld Marahbi. Ahora también Fernando Labajos está muerto. Y aunque tenía los tres huevos fritos de coronel en la bocamanga cuando dejó de fumar, yo siempre me refiero a él como el comandante Labajos. Así lo conocí, y así lo recuerdo.

Hay cosas de mi larga relación sahariana con el comandante Labajos que no contaré nunca, ni siquiera ahora que a él ya le da lo mismo. Resumiré diciendo que era de esos tipos testarudos y valientes que lo mismo aparecen en los libros de Historia con monumentos en la plaza de su pueblo, que se enfrentan a un consejo de guerra, se comen una cadena perpetua o son fusilados en los fosos de un castillo. También tenía sus lados oscuros, como todo el mundo. Y el hígado hecho polvo, porque era capaz de echarse al cuerpo cualquier matarratas. Muchos de sus subordinados no lo querían, pero todos lo respetaban. Yo lo quería y lo respetaba, entre otras cosas porque me cobijó en su cuartel cuando llegué al Sáhara de corresponsal con veintitrés años y cara de crío, porque me hizo favores que le devolví cuando se jugó la piel y la carrera, y sobre todo porque una noche que los marroquíes atacaron Tah, en la frontera norte, y el general gobernador Gómez de Salazar prohibió ir en socorro de los doce territoriales nativos de la guarnición para no irritar a Rabat —ya saben: esa digna firmeza española de toda la vida—, Fernando Labajos desobedeció las órdenes y organizó un contraataque. Para que quedase constancia de sus motivos si algo salía mal, me llevó con él en su Land Rover, a modo de testigo; y nunca olvidé aquellos setenta y cinco kilómetros rodando de noche hacia la frontera, los territoriales españoles y nativos embozados en sus turbantes en los coches, entre nubes de polvo, con el general histérico por la radio ordenando que la columna se volviese y Fernando Labajos respondiendo sólo con lacónicos «sin novedad», hasta que se hartó y apagó la puta radio, y a la vuelta no lo encerraron para toda la vida en un castillo de puro milagro, o tal vez porque había un periodista de testigo.

Ya he dicho que está muerto. De coronel, pues no quisieron ascenderlo a general. Muerto como lo está el cabo Belali, que aquella noche era uno de los doce nativos cercados en Tah. Como lo están el teniente coronel López Huerta, el teniente de nómadas Rex Regúlez y algunos otros que marcaron mi juventud y mis recuerdos. Muertos como el joven y apuesto Sergio Zamorano, el reportero Miguel Gil Moreno, el guerrillero Kibreab, el croata Grüber y algunos más —parece mentira la de amigos que llevo enterrados ya—. Qué cosas. Uno carga todo eso consigo sin elegir llevarlo. Simplemente porque forma parte de su vida; y a veces se encuentra, sin proponérselo, dialogando con sus fantasmas ante una foto, una botella de algo, un recuerdo inesperado. Nostalgia, supongo. A fin de cuentas somos lo que recordamos. Siempre hay uno que sobrevive para contarlo, decía el torero Luis Miguel Dominguín. Y un día, callado o ante otros, recuerdas. Lo cierto es que, aunque han transcurrido por lo menos quince años desde su muerte, el comandante Labajos es una de esas sombras más queridas. No sé si en los cuatrocientos cuatro artículos que llevo tecleados en esta página lo mencioné alguna vez. Pero al ver su nombre en el periódico, con la firma de otro, me he sentido extraño. Incómodo. Como si alguien hurgara en algo que me pertenece.

La última vez que lo vi acababa de casarse su hija. Él era el padrino. La boda era en Madrid, y yo fui a verlo al banquete de boda. Estaba con uniforme de gala y todas sus medallas, dejó plantados a los novios y a los invitados y nos fuimos al bar a emborracharnos, hasta que vinieron a buscarlo. Ya les he dicho antes que era mi amigo.

Eutanasia para todos

Pues eso. Que van los holandeses y aprueban la eutanasia, con lo que Jean Schalekamp, mi traductor hereje afincado en Mallorca —quien por cierto acaba de sacar un libro de reflexiones estupendo titulado *Sin tiempo para morir,* con un cuadro de Muriel, su mujer, en la portada—, puede regresar a la lejana patria dentro de unos años, cuando esté hasta la glotis de tropezarse con alemanes en la isla, y allí pedir que le arreglen los papeles y si te he visto no me acuerdo. Porque si envejecer se ha puesto chungo para un abuelete español, para un septuagenario holandés, vivir en España y además rodeado de alemanes —cuando invadieron Holanda, el duque de Alba a su lado fue un benefactor de orfanatos— puede terminar haciéndose muy cuesta arriba.

Precisamente estábamos el otro día comentando el asunto, y mi amigo el holandés errante me explicaba que la decisión tomada en su país es fruto de veinte años de reflexión, y que la eutanasia activa sólo puede ser utilizada de forma voluntaria por enfermos terminales con dolores insoportables sin perspectiva de mejora, que además hayan expresado clara y repetidamente su voluntad de hacer mutis por el foro. Para evitar abusos, añadió. Y yo le dije hombre, pues no sabes cuánto me alegro, va a ser cosa de que, ya que publicáis allí mis libros, a ver si os enrolláis un poquito y me dais la doble nacionalidad por *El sol de Breda,* oye, que nunca está de más tener disponible la puerta trasera. No sea que un día necesite yo de verdad, es un suponer, la espada de Catón o la cicuta de Sócrates, y no tenga a mano quien me facilite el trámite si me tiembla el pulso, como esos samurais que al hacerse *seppuku* tenían detrás a un compadre dispuesto para echar una mano si daban el espectáculo. Que en España, con el Pepé y los obispos y la demagogia de los cojones, y con cómo se ha puesto el patio con las pensiones y los diez millones de abuelos decrépitos que vamos a ser buena parte de los españoles de aquí a nada, nunca sabes dónde, cómo y cuándo van a darte por saco.

Eso le dije, más o menos. Y Jean, que aunque se ha pasado la vida fuera de Holanda —se la ha pasado aquí, que ya son ganas—, sigue teniendo los reflejos de un hombre práctico y civilizado, respondió: no, hombre, tranquilo, seguro que al final se impone el buen sentido, mira que Izquierda Unida ha planteado ya el tema en el Parlamento. Y yo, después de atragantarme con la cerveza, me lo quedé mirando y le dije peor me lo pones, camarada, que como tú de joven fuiste comunista y estabas de guardia para defender la sede del partido en Amsterdam aquella noche que los tanques rusos invadieron Hungría, crees que eso que antes llamabais izquierda tiene algo que ver ahora en España con la palabra izquierda. Mira al Pesoe, anda, y que no se te note la risa. O mira a Izquierda Unida cómo hace el chorra, y encima con esa apendicitis batúa que les ha salido, el tal Madrazo, que habría sido cabeza de cartel en el circo Price. Además, aquí en España no pasa como en otros sitios, o al menos pasa de forma mucho más descarada; y cuando algún político hace bandera de algo, ese algo puede darse por bien manipulado y bien jodido. Porque a demagogos y a hijos de puta te juro que no nos gana nadie.

Y es que, colega —añadí—, esto no es Holanda, ni Noruega; una vez puestos, haríamos la ley de eutanasia más moderna y avanzada del mundo mundial, para que no se diga. Eutanasia para todos, obligatoria, incluidos los inmigrantes y los patos del coto Doñana, por eso de las oenegés. A ver por qué no va a haber una ley puntera sobre eutanasia en un país que tuvo la ley de fugas y tuvo la Logse. Y me juego ahora mismo la mierda de pensión que me van a pagar cuando me corresponda, si es que me corresponde, que a los tres días cada comunidad autonómica y cada particular estarían rizando el rizo para su provecho, con las familias todo el día dando la barrila, ande, papá, que ya le toca descansar, hombre, y tiene a la pobre mamá aburrida de esperarlo en el Cielo. Y esos ancianetes soltando cagüendiez y cagüentodo mientras se los llevan en la camilla, llenos de tubos, diciendo oiga, que yo no quiero, que son mis hijos y mis yernos, esos cacho cabrones que me han hecho firmar no sé qué poderes y el testamento. O imagina las listas de espera de la Seguridad Social para obtener la pastilla que te libre del cáncer terminal que te hace blasfemar en arameo: tal como van las cosas por aquí, cuando llegue tu turno habrán pasado por lo menos seis meses desde que, chof, te tiraste del sexto piso. Y no veas ese primer día de vacaciones de Semana Santa o de verano, con el coche cargado con las hamacas, la sombrilla y los zagales en el aparcamiento del eutanatorio, y la madre diciendo: niños, esperad aquí un momento y sed buenos, comeos el bocadillo mientras llevamos al abuelito a que le den matarile.

Colección de primavera

Pues eso. Que ya se nos instaló el buen tiempo, y las chicas guapas pasean pisando fuerte como si no fueran a envejecer nunca, y las terrazas de los bares y de los cafés se llenan de mesas, convirtiéndose en atalayas privilegiadas para la gente a la que le gusta sentarse a ver pasar la vida. Ya conocen algunos de ustedes mi debilidad, tan mediterránea ella, por sentarme en las terrazas a mirar. Porque no hay observatorio más exacto. Te sitúas al acecho como un francotirador, con un libro, una revista o los diarios como parapeto, y de vez en cuando levantas la vista a ver qué se te pone delante. Por una terraza desfilan todas y cada una de las facetas de la condición humana: la vanidad, la juventud, la decadencia, el amor, la miseria, la soledad, la locura. Allí, mientras remueves el café con la cucharilla, lo mismo desprecias hasta la náusea al ser humano que te conmueves bien adentro porque algo, un rostro, un gesto, una palabra, hacen que de pronto te sientas solidario y cercano. La vida, he dicho antes. Y a veces me pregunto cómo se las arreglan aquellos a los que nadie, una persona, un libro, su propio instinto, enseñó a mirar.

El caso es que estaba el otro día en Málaga, en plena calle Larios, y tras saludar a mis viejos amigos los camareros del café Central, obligado ritual cuando llego a la esquina, fui a sentarme en una mesa de afuera. El Central es uno de los apostaderos privilegiados de Málaga, y el encanto que le dan matrimonios mayores y parroquianos habituales que toman el aperitivo no consiguen cargárselo ni siquiera los guiris de sandalias con calcetines y bañadores floreados —llega la temporada, querido vecino— que miran el menú con desconfianza y luego piden una pizza, y a lo mejor es por eso por lo que suelen dirigirse a los camareros remedando un poquito el italiano. De cualquier manera, uno comprende que los del Central tienen que vivir, como todo cristo, y tampoco es cosa de echar a los guiris a hostias para mantener el encanto local del sitio. Un cliente es un cliente. Y el que no quiera guiris que se acerque a Argelia, que allí las terrazas de los bares están, creo, con un color local que da gusto verlas.

Pero a lo que iba. Les contaba que seguía yo en la terraza malagueña, mirando, y los guiris allí, tan panchos, con sus litronas de Lanjarón que ya se traen puestas y el menú y demás. Y en eso empezaron a llegar. Me refiero a esa maravillosa colección de personajes que, si te sientas en una terraza española, desfila puntual ante tu mesa. Deme algo. Deme algo. Ocurre un poco por todas partes —Cartagena y Valencia, por ejemplo, están bien surtidas—, pero reconozco que no hay nada como Andalucía para material de primera clase. No vean esa Sevilla. Ese Cádiz. Esa Málaga. Y yo, que colecciono cierta clase de personal —hasta los apunto en pedazos de periódico y servilletas de bar para que no se me olviden—, disfruté como un serbio con un rifle repasando la colección de primavera que desfiló en sólo quince minutos. Tengo delante de mí media hoja del diario *Sur* escrita por los márgenes con el catálogo exacto. Primero fue un mendigo normal, de infantería, pidiendo para comer. Veinte duros. Luego una gitana con muy mala leche, que se puso como una fiera porque un guiri gordo con una camiseta de *Parque Jurásico* no la dejó pronosticarle su fascinante futuro. Tras la gitana vino una rumana jovencita y pelmaza, con esas faldas que llevan hasta los pies, que apenas desapareció de mi vista —yo estaba ocupado intentando inútilmente convencer a un limpiabotas de que mis zapatos ya estaban lustrados e impecables— fue relevada por otra gitana guapetona que vendía claveles. A todo esto, un loco, o sea, uno que estaba majareta perdido, se paseaba entre las mesas mirando muy serio a los que allí estábamos y de vez en cuando soltaba largas parrafadas con mal humor, como si tuviera algún problema personal grave e insoluble. Me distrajo del loco un flamenco flaco, con tejanos, camiseta y un peine en el bolsillo trasero del pantalón, que de buenas a primeras apareció y se puso a cantar bandolero, bandoleiro, con una cuerda menos en la guitarra y un morro que se lo pisaba. Otros veinte duros. Aún pasó una tercera gitana pidiendo para la leche de sus niños. El loco se había sentado en un escalón de la puerta de al lado y le contaba su vida a una familia guiri, padre, madre y tres niños rubios, que estaban tan acojonados que no osaban levantar la cabeza de los platos de hamburguesa. Es inofensivo de toda la vida, les decía el camarero, campechano, sin convencerlos del todo. Pero lo mejor de la serie fue un fulano muy moreno y sin afeitar que llegó a última hora pidiendo de mesa en mesa, con un pantalón remangado hasta el muslo y la pierna absolutamente sana. Sucia que te rilas, eso sí. Pero sana que daba gloria verla. El tío se ponía delante de ti, te enseñaba la pierna por las buenas, y la gente le daba. Yo mismo aflojé mis últimos veinte duros. Y es que, como dicen por allá abajo, ciertas cosas tienen mucho arte.

Danti e Tomanti

Dirán ustedes que últimamente la tengo tomada con la moda y los publicistas y el fashion, y a lo mejor no les falta razón. Aún diría más: tienen razón. Tanta inquina les profeso —lo que no está reñido con admirar su talento, porque hay cabroncetes muy inteligentes— que lo mismo que si hubiera un Nuremberg cultural español sentaría en el banquillo a Javier Solana, Maravall, Marchesi y a todos esos padres putativos de la Logse, estimo que, en caso de proceso judicial a los responsables de la imbecilidad que nos circunda, muchos virtuosos del glamour y las tendencias deberían ser pasados por las armas al amanecer. A fin de cuentas, dice el viejo principio jurídico, quien es causa de la causa es causa del mal causado. O algo así.

Lo último que se han sacado de la manga es el hombre femenino. Hojeen las revistas y suplementos dominicales, y sabrán a qué me refiero. Salta a la vista que la última estrategia de buena parte de las firmas de moda consiste en proponer una imagen de hombre cada vez más ambigua, más feminizada, que altere los cánones tradicionales. Algo así como cherchez la femme. Y debo confesar que la primera vez que vi un anuncio de ésos, me sentí frustradísimo. Uno se pasa la vida intentando parecerse a Rusell Crowe, o a Sean Connery; considerando incluso la posibilidad de afeitarse poco, para raspar, y hacerse un tatuaje en el brazo donde ponga «*Cartagena manda huevos*» o «*Madre, nací para haserte sufrir*». Hasta escribes una novela donde el bueno es un rudo marinero de toda la vida. En ésas te dejas la salud dándotelas de macho, procurando marcar paquete de recio bucanero en plan hola, muñeca, qué bueno que viniste, etcétera. Y de pronto, zas, a la hora del colacao y los crispis abres el *Hola* y te topas con un anuncio de perfume masculino donde sale un marinerito imberbe con camiseta a rayas y gorro blanco, y un corazón tatuado en el brazo, y unos morritos fruncidos, y una cara de guarrindonga que te rilas, que en vez de venir de los Rugientes Cuarenta parece que viene de hacerse una chapa. Y tú dices anda la leche, de qué van aquí, mis primos. Esto es lo que se lleva ahora. Y claro, te desorientas.

No puede ser, concluyes. Es mi mente enferma. Así que vas zumbado al kiosco y te compras todas las revistas. Y compruebas que tu mente enferma nada tiene que ver. Porque Calvete Klin te propone por el morro un efebo con camisa rosa abierto de piernas en una ventana; Ives In Potent, un rubito estrechín con una mano en la cadera y otra acariciándose la melena; y Cesare Cochinotti, un tío desnudo y con barba recostado lánguido en plan aquí te espero Manolo. El resto, lo mismo: Umberto Merino igual pero con jersey; Mosquino que te Fulmino un posturitas con pectorales de los que te pegan y te llaman perra; Dolce Melapela otro rubito con cinta en el pelo sosteniendo una fálica fusta sobre las piernas; Danti e Tomanti un par de ejemplares andróginos de líneas rectas y cabellos lacios que tardas diez minutos en averiguar por dónde dan y por dónde toman. Y así, tutti. Y entre tanta pasta flora, la clave la encuentras por fin en un suplemento dominical, donde se cuenta que los principales consumidores de moda son ahora las mujeres y los homosexuales, que entre varones europeos el consumo medio de los homosexuales es mayor que el de los heterosexuales, y que según sociólogos, psicólogos, e incluso tocólogos, ya no sólo la imagen tradicional del macho viril, sino también la del hombre demasiado masculino se considera políticamente incorrecta; negativa, incluso, en esta demagogia diaria de la que vive tanto especialista del camelo.

Todo eso es inevitable, supongo. Me refiero al camelo y a la teoría social de cada coyuntura. El problema es que tú vayas y te lo creas, seas homosexual o no, y des por sentado que a todos los gays y a todas las señoras les gustan ahora los nenes de mantequitas blandas, tipo Leonardo di Caprio, y además en tonos fucsia. Porque en eso de la moda puede pasar, por ejemplo, que digas vale, me han convencido. Voy a vestirme de maricón para no parecer un cerdo machista. Y entonces dejes de peinarte como Manolo Escobar, tires la camisa modelo el Fary, quemes el traje que luciste en el estreno de *Torrente-2,* y luego te adereces moderno según el look actualísimo de Fiu Fiu, lo completes con un pantalón de cuero Jilichois, te vayas al bar de Lola, y allí te apoyes con el cigarrillo en alto y un codo en la barra, lánguido como si fueras un modelo de Olivier Nemefrega, y pidas un jumilla para bebértelo en plan sensible, acariciándote el mentón. Y puede ocurrir, claro, que Lola —cuarentona, morena, hembra de bandera—, que tiene una foto de Harrison Ford clavada con chinchetas junto a la caja registradora, te mire muy seria, muy despacio, de arriba abajo, y luego te pregunte: «¿Tú te has vuelto gilipollas, o qué?».

El cazador de hachís

Hace tiempo, teniendo en casa a un colega norteamericano que estuvo en Vietnam, me contaba éste lo chachis que eran los pilotos de helicóptero de aquella guerra. Unos virtuosos del molinillo, decía. Aterrizando y despegando y tal. Así que, harto de oírlo tirarse pegotes aeronáuticos, para cerrarle la boca le puse una cinta de vídeo rodada hace doce años a bordo del helicóptero del Servicio de Vigilancia Aduanera de Algeciras, persiguiendo a planeadoras contrabandistas de noche y a cinco palmos del agua. Tus pilotos, le dije al gringo, eran una puñetera mierda. Chaval. *Éste* es un piloto.

Hace un par de días volví a ver a ese piloto. Entre otras cosas, porque lo veo de vez en cuando. Se llama Javier Collado, tiene cuarenta y pocos años, y es un hombre introvertido, modesto, silencioso, con nervios de acero templado en horchata. No bebe, ni fuma. Hasta es guapo todavía, el muy cabrón. Y de Cáceres. También tiene 11.000 horas de vuelo persiguiendo a traficantes en el estrecho de Gibraltar. Y es mi amigo. En realidad somos más que amigos, pues nos une cierta complicidad singular y fiel, fruto de antiguas aventuras. Por eso sé que si Javier vuela de día y de noche es porque le va la marcha: porque volar es su pasión y su vida. Porque es feliz allá arriba, lejos de una tierra firme que lo incomoda y en la que parece casi tímido. Sin embargo, cuando vuela se transforma en otro hombre, y hace con un helicóptero cosas que nadie hizo nunca. Ignoro si llegará a viejo; pero como él mismo dice, nadie lo sabe. Quizá por eso sube a jugársela a diario suspendido en el cielo, y sus tácticas personalísimas de rastreo y caza, combinadas con la actuación de los otros pilotos y las turbolanchas aduaneras del SVA, son pieza clave en la lucha contra el contrabando de droga en el Estrecho.

En aquel ambiente de tipos duros, tanto entre los teóricamente buenos como entre los teóricamente malos, Javier es leyenda viva: de los que entran en un bar donde hay contrabandistas y éstos dicen joder, y se dan con el codo, y alguno hasta le manda una copa que nunca se bebe. He visto a curtidos traficantes hablar con respeto de *«eze hihoputa de ahí jarriba»*, y a un piloto de planeadoras al que apresó en una playa llamarlo Javi, en plan familiar, como si lo conociera de toda la vida. Alberto Parodi, un joven gibraltareño que después pasaría años de pesadilla en una cárcel marroquí, me contó una vez la impresión que sentía cuando a toda velocidad, en mitad del mar y la noche —*«como un ghost»*, fueron sus palabras—, aparecía el helicóptero detrás de su planeadora. Javier localizaba las lanchas contrabandistas y se pegaba como una lapa, acosándolas y desconcertando a sus pilotos mientras las turbolanchas del SVA acudían para abordarlas antes de que se refugiaran en Gibraltar. Algunos de ustedes lo recordarán de la tele: persecuciones increíbles a ras del agua, a cuarenta y tantos nudos, a oscuras y con la única luz del foco oscilante, los rostros de los contrabandistas mirando atrás, los fardos arrojados por la borda, el aguaje de la planeadora cegando al helicóptero, la adrenalina, el miedo, la caza... En fin. Ahora escribo novelas. Qué tiempos.

Tengo en mi casa dos objetos preciosos, directamente relacionados con Javier. Uno es su casco de piloto, que me regaló la última vez que volamos juntos. La otra es un trozo de antena de una planeadora a la que perseguimos durante una noche negra de cojones, con Valentín —el cámara de TVE—, filmando con medio cuerpo fuera del helicóptero, tan a flor de agua que la estela de la Phantom nos empapaba a todos. Aquella noche tocamos con un patín una ola, y estuvimos a punto de irnos todos a tomar por saco, y se disparó un flotador y todas las alarmas, y Javier nos subió de allí con una sangre fría que todavía hoy me deja patedefuá. La misma sangre fría que en otra ocasión —fuerte marejada, a oscuras y en mitad del Estrecho— le permitió casi meter la panza del helicóptero en el mar mientras José Luis, su observador de a bordo, de pie en un patín, sacaba del agua a los marroquíes de una patera naufragada —ya se había ahogado la mitad cuando los encontraron en plena noche— que al subir a bordo lo besaban, muá, muá. La misma sangre fría con la que otro día, dejando la palanca al copiloto, Javier se tiró al agua para salvar a un contrabandista cuya lancha había zozobrado, aunque ahí llegó tarde y al pobre lo sacó ya tieso. O la que le hizo aterrizar hace pocas semanas en una playa persiguiendo a otro traficante, varar el malo su lancha y salir zumbando entre las dunas, bajarse Javier del helicóptero, correr tras él y darse de hostias —esta vez ganó el bueno—, como quien deja un coche con las puertas abiertas en mitad de la calle.

Así que ya lo saben. Ése es Javier, mi amigo. Y seguro que se mosqueará conmigo cuando publique esta página. Pero me da igual. A lo mejor, dentro de algunos años, alguien lee este recorte y dice: ése era mi papi.

Jorge Juan y la memoria

Hay cosas que lo reconcilian a uno con las cosas. Y con las personas. Tengo delante *El legado de Jorge Juan:* un magnífico libro-catálogo editado por el ayuntamiento de Novelda y la Caja de Ahorros del Mediterráneo —que supongo aflojó la pasta— con motivo de la exposición permanente que esa ciudad dedica a la memoria de uno de sus más dignos hijos, el importante marino y científico del XVIII don Jorge Juan y Santacilia: personaje fundamental para comprender su siglo en Europa, y prototipo de esos ilustrados —e ilustradas, que añadiría el lehendakari— que de vez en cuando levantaron y aún levantan la cabeza para dar a este país miserable la oportunidad de cambiar a bien. Eso, claro, hasta que llegan los de siempre, le sacuden un estacazo en la cresta al ilustrado o ilustrada —cuando no es un paseo hasta las tapias del cementerio—, y todo vuelve a quedar como siempre, entre curas reaccionarios y políticos analfabetos sin un ápice de vergüenza, que, eso sí, aluden siempre a sus ciudadanos sin olvidar a las ciudadanas, y ahora, además, también han puesto de moda decir esa estupidez de *escenario,* en vez de *situación,* que es, creo recordar, la palabra de toda la vida. El escenario cultural de los españoles y las españolas es una piltrafa, dicen, por ejemplo —aunque en realidad no vale como ejemplo, porque eso no lo dicen—, en vez de la situación es una piltrafa. Modernos que te rilas, o sea. Tan políticamente correctos, tan angliparlos y tan viajados ellos. Los soplapollas.

Pero a lo que iba. Hablaba de Jorge Juan, y de que el ayuntamiento de Novelda se ha apuntado un tanto de campanillas, sobre todo por lo raro que resulta en España que alguien invierta un duro en rescatar la memoria histórica que explica nuestro presente y nuestro —¿esperpéntico?— futuro como nación con 3.000 años de historia en las alforjas. Así que es bueno, e insólito, que una caja de ahorros o un banco, en vez de subvencionar a los compadres y a los golfos trincones de toda la vida, gaste la viruta en algo decente, útil y memorable. Porque rescatar la memoria del marino que junto a Antonio de Ulloa les quitó el protagonismo a los gabachos en la medición del grado del meridiano para determinar la forma de la tierra, que impulsó la construcción naval europea y la ciencia de la navegación, y que fue respetado hasta por los enemigos —el almirante inglés Howe, pese a que era enemigo, se detuvo en Cádiz para hacerle una visita y charlar un rato—, resulta mucho más que una iniciativa municipal aseadita. En esta España sin memoria y sin gana de tenerla, es una verdadera hazaña. Así que si pasan por Novelda, háganme el favor de darse una vuelta por el museo-casa modernista de la ciudad. La simple visita será una forma de agradecimiento a quienes la han hecho posible.

Por cierto que, con Jorge Juan de por medio, no deja de tener su triste guasa que el evento alicantino coincida en el tiempo con la destrucción, en Cartagena, del histórico dique construido en el arsenal de esta ciudad por ese mismo caballero y marino. Porque allí, después de que la alcaldesa Pilar Barreiro y sus presuntos concejales de presunta cultura —esos intelectuales del Pepé ante cuya gestión resulta inevitable preguntarse si alguno tiene el bachillerato— hayan dejado la ciudad y el puerto y media muralla de Carlos III hechos una mierda a base de ignorancia, torpeza y diseño, nuestra Marina de guerra acaba de echarle una manita al equipo municipal, cargándose por el morro una joya dieciochesca que en su momento fue la más avanzada del mundo en materia de ingeniería náutica: el primer dique naval sin mareas —había uno en Tolón, pero se drenaba con la marea baja—, vaciable mediante el uso de la bomba de fuego, lo que ahorró la vida de cientos de galeotes que debían hacer, hasta entonces, ese duro trabajo a mano. Un ingenio técnico milagrosamente conservado durante dos siglos y medio, que la Armada española del siglo XXI acaba de triturar —apenas pueden rescatarse ya algunos trozos de madera y parte de la antigua clavazón, a la sospechosa venta en anticuarios particulares— para la construcción de unos nuevos atraques para submarinos. Pero claro. Uno comprende que la preservación de un patrimonio cultural único tiene hoy menos importancia que la vigorosa, gallarda defensa de nuestra hegemonía naval y nuestras costas y nuestros pesqueros y nuestros intereses marítimos. Y que gracias a esos atraques para submarinos, que debían construirse precisamente así y no de cualquier otra manera, seguiremos siendo el terror de los mares, como hasta la fecha, y podremos seguir torpedeando audazmente si es menester, sin que nos tiemble el pulso, con viril decisión y con la más avanzada tecnología adquirida mediante *leasing*, lo mismo a esquinados marroquíes que a perros ingleses o a narcotraficantes malosos. En suma, a cuantos nos tocan la flor y la soberanía. Paseando bien paseado ese respetado pabellón nuestro, que no se puede aguantar, por la gloria de mi madre.

Francotiradores culturales

Les hablaba hace unos días de las iniciativas culturales privadas, o casi, que algunos francotiradores libran todavía en este país condenado al analfabetismo y a la desmemoria. A nadie medianamente lúcido se le escapa que, con nuestra infame clase política como garante de la cosa, esa guerra está más perdida que la batalla de Ayacucho. Es evidente que también esta vez ganan los malos, con la complicidad de los mierdecillas y los pazguatos. Pero es justo reconocer que eso le confiere grandeza a los combates finales; a las iniciativas de quienes no se resignan y forman el último cuadro, o con una cantimplora y un rifle suben a un tejado o se echan al monte, o en el mismo paredón escupen a los del piquete, gritándoles «viva el perder» en la puta cara.

Cada noche, cuando tiro a la basura kilos de papel inútil, no puedo menos que pensar en la cantidad de viruta pública que se malgasta editando estupideces que no interesan a nadie: folletos, papel de alta calidad bellamente impreso, antologías chorras, revistas subvencionadas, libros, catálogos, grabados, ediciones sobre los temas más idiotas con alardes tipográficos que cuestan un huevo de la cara, invitaciones para recitales y exposiciones absurdas, pagado todo eso con fondos públicos, y de fundaciones, y cosas así. Algo formidable, claro, si tuviera que ver con la palabra cultura. Me refiero a la cultura de verdad: la que mira hacia adelante apoyándose en lo de atrás, eslabón de una cadena magistral hecha de siglos, que transmite y genera, afinando el intelecto. De cualquier modo, en un país donde es posible oír a un político o a un tertuliano de radio hablar de la *cultura de la negociación,* o la *cultura de la violencia,* ya me dirán ustedes qué puede esperar uno de esa palabra.

Y claro. Con esa perspectiva, lo que el gobierno central, y los autonómicos, y los bancos y los ayuntamientos y las fundaciones entienden por lo general como cultura, es el *hip-hop* en la plaza Mayor de Madrid, los grafitis de las tapias de la Renfe en Albacete, el trabajo de fin de curso del sobrino del alcalde de Villasopla de Abajo, un concierto de Miguel Bosé con José Bono tocando la pandereta, una edición crítica lujosamente ilustrada de *El virgo de Visenteta,* un ciclo de apasionantes conferencias sobre los 587 escritores murcianos hoy en activo, la *Historia verdadera de los reyes de Cataluña (i Aragó) de toda la vida,* un libro de sonetos a la Macarena, o cualquiera de esos siete mil chollos anhelados por todo mediocre cultureta-botijero de capital y provincias, como son algunos infames cursos de los llamados de verano, ciertas escuelas de artes y letras, o plomazos como la descarada *Revista de Libros* que edita un tal Álvaro Delgado Gal con pasta de Cajamadrid. Inventos que, por lo general y salvo muy honrosas excepciones, son utilísimos para trincar subvenciones por el morro, mamársela a los amiguetes y ajustar cuentas con los enemigos quemando pólvora del rey. Que sale gratis.

Por eso tiene tanto valor la gente que se bate sola, o con cuatro cañas. Y por eso aprecio tanto, cuando me llegan o me las tropiezo por ahí, las otras hazañas, humildes a veces, de quienes de verdad se lo curran a cuerpo limpio, casi por libre, defendiendo un patrimonio local amenazado, una memoria, un sueño. Francotiradores como el buen Antonio Enrique, en su Guadix, el hombre de la armónica montaña. Luis Delgado, que en el museo de Marina de Cartagena sigue librando combates a tocapenoles contra la ignorancia y el olvido. El ayuntamiento de la Albuera, que cada año recuerda su histórico campo de batalla. Javier González y quienes hacen posible la excelente revista literaria andaluza *El Mercurio*. Los que todavía pelean en el asedio de Salses, esta vez para salvar el mural del Molino de los Frailes. El profesor Miguel Esteban y los chicos del instituto *Emperador Carlos* de Medina del Campo, con su magnífica revista *El Zampique*. Rafael Lema, que persigue libros, corsarios y naufragios en la Costa de la Muerte. José Antonio Tojo, a quien no conozco, de cuyo documentadísimo *Lobos acosados* —los submarinos alemanes hundidos frente a Galicia en la segunda guerra mundial— no he visto una maldita reseña en casi ninguna parte, como tampoco la he visto de Julio Albi y su *De Pavía a Rocroi,* rigurosa historia de la infantería española en los siglos XVI y XVII. Hablo de ellos y de tantos otros cuyos nombres no caben aquí, amigos conocidos o desconocidos que siguen batiéndose por la única patria que merece la pena. Paladines de causas perdidas, que en ocasiones logran izar su bandera en lo alto del monte Suribachi, como aquellos marines de la foto. Y cuando los veo allí, exhaustos, a veces malheridos, no puedo menos que calentarme al calor de ese combate desesperado por la dignidad y la memoria. Recordando, como recordaba Íñigo Balboa ante los muros de Breda, que la honra de un país o una nación no es sino la suma de las menudas honras de cada cual.

Esa guerra crué

Vaya panorama bélico y castrense tenemos a la vista. Primero lo de los vigilantes jurados para cuarteles, que por lo visto llaman a eso experiencia-piloto. Luego lo del armamento en alquiler. Después, un general dice que, tal y como se han puesto las cosas, el día de las fuerzas armadas deberían desfilar majorettes. En ésas, un centinela abandona la guardia de noche en no sé qué cuartel y se va a dormir por la cara, y algunos ponen el grito en el cielo porque le caen seis meses de trullo. Tendría sueño el chaval, dicen. Y ahora, para rematar, leo en los periódicos que el modelo de ejército español que se perfila en el horizonte es el de la Legión Extranjera. Como la experiencia-piloto de Millán Astray, Valenzuela y Franco, pero ahora a base de reclutas hembras que igual se llaman Vanessa, y con emigrantes —a ser posible de mayoría hispanoamericana, se matiza—. Porque si la soldada o estipendio, o sea, la mierda de paga que cobra un mílite, no le da a un español ni para unas cañas, nuestros maquiavelos de la milicia han llegado a la conclusión de que con la nómina de uno de Cáceres se apañan de cojones tres bolivianos, un ecuatoguineano y un moro; y eso siempre es más humanitario que recoger fresas o que te quemen la chabola en El Ejido.

Pero todo tiene su arte. Y no crean ustedes que a esos futuros novios de la muerte los van a reclutar al buen tuntún. Nada de eso. Por el contrario, según un portavoz del ministerio de Defensa, *«estamos estudiando fórmulas para que no se debilite el vínculo patriótico»*. Y es que eso es importante, claro, y más en los tiempos que corren. Sin duda serán fórmulas eficacísimas, modernas, basadas en estudios psicológicos de honda finura y amplio espectro, como los de la Logse. Ahora que hemos descubierto, gracias a la panda de sinvergüenzas que nos rigen y corrigen, que España es una mentira absurdamente mantenida durante tres mil años, y cada perro se lame su cipote, con esas jóvenes generaciones liberadas por fin de tanta memoria colectiva inútil y del lastre de saber de dónde vienes —qué carajo importa eso cuando no sabes adónde vas—, es importante, en efecto, que al menos los reclutas extranjeros de nuestras futuras fuerzas armadas tengan el espíritu patriótico lo más sólido posible. Supongo que en ese ultramoderno ejército español del futuro habrá por lo menos escopetas; aunque igual tampoco, porque las armas, ya se sabe, son políticamente incorrectas, y qué dirían las oenegés. Pero en cualquier caso, con escopetas o sin ellas, no estaría de más que esos caballeros legionarios extranjeros, futuros cabos, y tal vez sargentos —de tenientes para arriba nos apañaremos de momento con lo de aquí, porque jefes sobran al menos quince por cada indio—, tengan claro el concepto de patria, de nación y de todas esas cosas, y dominen las entretelas intelectuales de España, lo español y sus esencias. Esencias varias, coherentes en nuestra pintoresca pluralidad multiplural de maricón el último en irse, y ése que apague la luz. A lo mejor cuesta un poquito explicárselo a nuestros flamantes reclutas, pero hay que intentarlo cueste lo que cueste. Porque ojo. Ahí es fundamental que los bolivianos, el ecuatoguineano y el moro, por lo menos, lo tengan claro. No vaya a ser que la caguemos.

Y es que ya me estoy imaginando esa guerra crué, con el enemigo atacando por todas partes. Esas hordas eslavas desembarcando en la cabeza de playa de Estepona, esos rifeños bajando por el Gurugú, esos portugueses reconquistando Olivenza, y Javier Solana en el telediario, como siem-

pre, declarando en plural mayestático que la situación es
compleja y que todo se andará. Y mientras, aquí, la mitad
de la gente de puente en la playa, y la otra mitad viendo
Gran Hermano. Y en ésas, el enemigo malevo invadien-
do los cuarteles y posiciones estratégicas y violando a las
majorettes de Galapagar que vigilan los tanques de la Bru-
nete —tanques inmovilizados por falta de combustible y
de pago a la empresa que se los alquila al Ejército—, porque los vigilantes jurados de Securitas Soldadito Pepe S.A.
están en huelga laboral y encogen los hombros y dicen, ah,
se siente. Y en la línea de fuego, en el regimiento Honde-
ros Baleares Nº 5, defendiendo su vínculo patriótico hasta
la última gota de sangre mientras cantan banderita tú eres
roja, banderita tú eres gualda, la sargenta Vanessa —caba-
llera legionaria, con tatuajes hasta en las tetas—, la cabra
del Tercio y los tres bolivianos, el ecuatoguineano y el moro luchando como leones de la Metro. Cúbreme, Moha-
med. Ay. Vivaspaña. Y digo yo si no sería mejor abolir el
ejército de una puta vez, y dejar que nos defiendan o nos
invadan, ya da igual, esos gringos que tan bien se llevan
con el Pepé después de haberse llevado igual de bien con
el Pesoe que nos metió en la OTAN. Por lo menos dejaría-
mos de hacer el payaso.

Mecánica y Termología

Entra al bar de Lola, se acoda a mi lado en la barra y pide una caña. Mecánica y Termología, dice al segundo sorbo, con espuma en la nariz. Me ha quedado para septiembre, maldita sea. Y sin embargo —añade—, hoy acabo de encontrarme algo en el libro de texto que me ha puesto esta sonrisa en la cara, y aún me dura. Un libro de Física. Problema: *Los soldados españoles llamaban «pacos» a los moros porque el sonido de sus fusiles recordaba dicha palabra. ¿A qué se debía esto?* Respuesta: *El soldado español (blanco del disparo) oía primero un sonido fuerte y seco (¡pa!), que era la onda de Match, y después un ¡coo! más bajo y prolongado ocasionado por la onda expansiva del disparo. Su propio fusil les sonaba de modo distinto, porque todo tirador se halla fuera de la región en que se propaga la onda de Match y no oye más que el estampido del disparo, ya que dicha onda se propaga paralelamente a sí misma, alejándose de la trayectoria de la bala, y, por tanto, del tirador.*

Lola se acoda al otro lado del mostrador, interesada. ¿Y adónde lleva todo eso, chaval?, pregunta. Lleva, dice mi amigo, a que es reconfortante encontrar que hay gente capaz de poner un ejemplo así en un libro de Física. De decirte, ojo, tío, que estamos hablando de cosas que se vinculan no a un laboratorio, sino a la vida. Cosas razonadas durante siglos por gente que se sentaba a mirar, a extraer conclusiones de su entorno, en vez de congelar ese entorno en una probeta. También tiene que ver con que ahora la Educación es cada vez más específica y se nos orienta a ser técnicos en una sola materia. Se nos enseña la manera más barata y eficaz de apretar tuercas, sin preocuparnos de si esa tuerca pertenecerá a una lavadora o a un misil tierra-aire; y por supuesto, a nadie le importa quién inventó la puta tuerca. El sistema, o sea, esos imbéciles que nos imponen los planes de estudio, hacen que pasemos cuatrimestre a cuatrimestre sobre asignaturas de muchos créditos, que nos convertirán en científicos especializados, pero sin darnos una perspectiva de lo que es el mundo de ahí afuera... ¿Me siguen?

—O sea —apunta Lola—, que te enseñan a follar pero no a enamorarte.

Le pido a Lola que no se meta, o que no se meta tanto. Sin embargo, a mi amigo le debe de haber gustado el ejemplo, porque dedica a la dueña del bar una sonrisa ancha, reconocida. O igual lo que de verdad le gusta es Lola, con sus treinta muy largos o sus cuarenta casi cortos y su escote moreno, y sus ojos un poquito cansados a estas horas de la vida. Algo así, confirma. No nos enseñan a pensar. Ni siquiera nos dejan tiempo, ni verano, ni invierno, ni resquicios para mirar más allá de los textos, ni para reflexionar sobre lo que aprendemos. ¿A quién le importa que un moro se llame Paco?... Cuando entras en la facultad caes en la trampa: un remolino que te arrastra hasta que acabas la carrera hecho un robot, si es que antes no lo mandas todo a tomar por saco o te pegas un tiro.

—Qué mal rollo, ¿no? —tercia Lola.

Malísimo, confirma mi amigo. Y sólo si tienes voluntad y cojones, si arrancas ratos perdidos, si te preocupas de lo que te rodea, y lees, y viajas si puedes, y miras, acabarás sabiendo algo de lo que es el mundo. Pero ésa es una opción personal que no está al alcance de todos; se lleva mucho del poco tiempo que te dejan, y a veces se paga caro. Por eso no todos están dispuestos a intentarlo. Y te encuentras con gente estupenda quedándose en la cuneta, sin haber leído nunca un libro de Historia o una novela o un ensayo que nos digan de dónde venimos y hacia dónde vamos. Que nos recuerden, con los ejemplos terribles que el hombre ha fabricado durante siglos, lo peligroso que es el progreso en manos de almas vacías de humanidad, de malvados y de irresponsables. Y al final seremos científicos especializados sin valores ni memoria, brillantes, vanidosos, avaros e incultos. Y clonaremos vacas y personas y hasta nuestra propia alma, que no valdrá una mierda.

—¿Saben quién es Jan Malcom?

Le decimos que no, que no tenemos ni idea. Un cantante inglés, aventura Lola. Y mi amigo sonríe con juvenil suficiencia, y nos cuenta que Jan Malcom es un personaje de *Parque Jurásico,* y que allí dice: «*Ustedes sólo se preocuparon de si podían hacerlo, no de si debían*»... Por eso es raro y gratificante, añade, encontrarse de pronto un ejemplo perdido en un libro de Física, como el del soldado y el paco, tomado de una guerra de la que nadie se acuerda. Algo que se refiere a la conjunción de la historia y la ciencia, y que nos confirma que los teoremas, las leyes, las derivadas parciales y las integrales, forman parte de la vida real. Y que sin esas referencias, los seres humanos sólo serán ecuaciones y tuercas sin alma.

—Ese chaval se come demasiado el tarro —dice Lola cuando mi amigo termina su cerveza y se larga—. No creo que te dé para un artículo... Pero reconozco que lo del soldado y el moro tiene su puntito.

Haz algo, Marías

Querido Javier:

Llevo unas semanas pensando en pedirte que tomes cartas en el asunto. Tú que estuviste en Oxford y toda la parafernalia, y tienes influencias con los perros ingleses y con sus primos los gringos, y Su Graciosa Majestad la madre del Orejas te da premios, y además eres rey de Redonda y eso te faculta para hablar en la ONU, podrías hacer la gestión. Porque esto, colega, ya no hay cristo que lo aguante. Al final va a resultar que Lutero y Calvino y hasta Enrique VIII y todos aquellos herejes listillos tenían razón, y que este país de gilipollas —por si no caes, me refiero a España— perdió el tren hace cuatro siglos y ahí sigue, mirando la vía con cara de memo. He expresado alguna vez mi sospecha de que fue en Trento donde la jiñamos del todo; y mientras los holandeses, y los alemanes, y los anglosajones optaban por un Dios práctico, marchoso, que bendice el trabajo y se alegra de que ganes pasta honradamente porque así vas al cielo, aquí apostamos —o apostaron en nuestro nombre, como siempre— por otro Dios más llevadero, corrupto y propenso a enjuagues y trapicheos, sobornable con indulgencias, con confesiones y penitencias, con arrepentimientos de última hora. Y como toda religión configura su propio tejido social, a la larga terminamos aplicando esos puntos de vista a todo: a la política, a la economía, a la moral pública y privada. Y ahí seguimos, colega. Moviéndonos entre la cara dura, la incompetencia, el fanatismo, la demagogia y el más espantoso ridículo.

Estoy hasta la bisectriz, vecino. Sobre todo porque aquí nadie se hace ya responsable de nada. Lo peor no es que las fuerzas armadas no defiendan, que la policía no proteja, que la seguridad social no asegure, que los hospitales te atiendan ya de cuerpo presente. No. Lo más gordo es que los sinvergüenzas que tienen la obligación de garantizar todo eso se lavan las manos afirmando públicamente, sin rubor alguno, que esto es lo que hay. Que el Estado, incapaz de preservar la salud, el trabajo, la cultura y la vida de sus ciudadanos, renuncia porque se siente incapaz. Porque está muy ocupado haciendo que España vaya bien. Así que quien desee protección para su casa y su familia que se gaste una pasta en seguridad privada; quien desee salud que la adquiera en Sanitas o en una clínica de Marbella; quien se incomode porque le queman la farmacia o le ponen bombas-lapa bajo los huevos cuando va a la oficina que emigre. Y el que no pueda pagarse nada de eso, ni emigrar a ningún sitio, que se joda.

Si por lo menos te lo dedujeran de los impuestos, vecino. O si al menos dieran permiso para llevar encima una recortada con posta lobera y ser tú tan peligroso como cualquiera de los que dan por saco. Pero no. Encima de confesar su incompetencia, te chupan la sangre y te maniatan con una presunta España que nada tiene que ver con la real, con toda esa farfolla políticamente correcta que busca más un titular de prensa que un resultado práctico. Con toda esa demagogia, además, de ciudadanos y ciudadanas, jóvenes y jóvenas, como si todos fuéramos imbéciles e imbécilas. Y tu primo Álvarez del Manzano, al que estimas tanto como yo a mi alcaldesa de Cartagena y a su equipo municipal, no son sino manifestaciones cutres de la prepotencia y la incompetencia y la ordinariez de toda una plaga de mierdecillas que, sin distinción de colores políticos, nos está dejando hechos una piltrafa en mitad de la calle, desorientados y a merced del primer cabrón que pasa. Por eso recurro a ti, chaval, que con lo de Redonda tienes influencias en los foros internacionales. A ver si haces algo. Y ya que nuestra política exterior la llevan los norteamericanos, y la defensa no existe, y la seguridad interior es un bebedero de patos —pese a que la Ertzaintza es, como sabes, una de las mejores policías de la galaxia—, y encima resulta que España nunca existió, pues bueno, pues vale, pues me alegro. Que se ocupen los guiris. Disolvamos esto de una vez y que tus paisas anglosajones nos colonicen, o nos invadan, o nos rindamos, o nos adopten como hijos putativos, o lo que sea. Igual me da como miembros de los EE UU que de la Commonwealth, o como se llame ahora, merced a los antecedentes históricos de Puerto Rico, California, Gibraltar, Menorca, Moore, Wellington y todo eso. Que nuestra política exterior y la economía las lleve esa Norteamérica a la que el Pepé tanto le arrima el culo, que de Hispanoamérica se ocupe Bush, que el cine nos lo hagan en Hollywood, que la milicia corra por cuenta del Pentágono o del ejército británico, que la Royal Navy defienda nuestras aguas territoriales, que nuestras calles y bienes y personas los proteja la policía de Gibraltar. Cualquier cosa con tal de no pagarle el sueldo por la cara a esta chusma que nos tiene dejados de la mano de Dios, y encima lo dice. A esta panda de golfos. Y de golfas.

Le toca a Don Quijote

Ya podemos darnos por bien fastidiados, Sancho amigo. Las gentes que en España trajinan la cosa pública nos han asestado el ojo, so pretexto del cercano aniversario —cuatrocientos años ya, cómo pasa el tiempo— de la primera impresión, en 1605, de la novela más célebre del mundo. Y justamente por ser la más célebre, estar escrita en lengua castellana y haber tenido su autor la desgracia de nacer en España —que ya fue mala suerte—, extraño encantamiento sería que saliéramos bien librados de ésta. Ni el bálsamo de Fierabrás bastará para remediar lo que se avecina.

Dirás, mi fiel escudero, que a buenas horas mangas verdes, y que a santo de qué venir a incomodarnos en la tumba quienes tan ricamente nos enterraron en ella. Pero en materia de política de cualquier astilla se hacen lanzas; y el español es capaz de quedar tuerto con tal de que salga ciego su enemigo. Así ocurre que hasta el analfabeto que nunca pasó de firmar con una cruz, y eso con arduo esfuerzo, eche en cara de su adversario el descuido de artes y letras si de tal confrontación obtiene provecho; olvidando que cuando él o los suyos gobernaban, contribuyeron, y no poco, a reducir esas mismas artes y letras al estado lamentable en que ahora se hallan.

Tiembla pues como yo tiemblo, querido Sancho. En un país cuyas cabezas rectoras corrompen cuanto magrean con diseño faraónico de mal gusto y manipulaciones partidistas, imagina qué será de nosotros cuando empiecen los homenajes y contrahomenajes, los encomios y los denuestos; cuando el incienso de aquestos desencadene la execración de esotros. Piensa en la de dineros que caerán a los pozos sin fondo de comités y comisiones, publicaciones, folletos, conferencias, cursos varios, en parte para que los prebendados de rigor, aquellos que comen pan a manteles y maman de la ubérrima teta pública, puedan holgarse, pintar monas y atesorar. Imagina a esos padres conscriptos de la patria, incapaces de encadenar sin esfuerzo sujeto, verbo y predicado; desuellacaras con menos letras incluso que tú, querido Sancho, a quienes los jubones de Armani y el palafrén con chófer en la puerta no bastan para borrar el pelo de la dehesa. O a esas diputadas y ministras que harían pasar por Beatriz Galindo, la Latina, a tu mismísima consorte Teresa Panza. Imagina, te digo, a toda esa vil gallofa pronunciando tu nombre y el mío en vano, o erigiéndose en paladines de la memoria del hidalgo manco que narró nuestras hazañas. Imagina cómo quedaremos de aborrecidos tú y yo, amigo Sancho, tras pasar por sus viles manos y su retórica. Hay que joderse. Se me llagan las hidalgas asaduras sólo de pensarlo.

Y es que lo veo venir. Si lo nuestro sólo fuera a conmemorarse en Francia o en Inglaterra, todavía podríamos confiarnos. Pero en este país de etiquetas y demagogos sopladores de gaita llamado España, bastará que unos planteen el homenaje para que otros lo califiquen, según de dónde provenga, de negra reacción fascista o de mear fuera del tiesto socialista. Ya los oíste reír el otro día en el ágora, cuando salió el tema. Sin olvidar que las diversas pluralidades multiplurales que forman los simpáticos pueblos y tierras de esta casa de lenocinio, considerarán que celebrar el cuarto centenario del Quijote, obra escrita en castellano, o español, que osan decir en América, sería una agresión a las honras nacionales periféricas; una provocación más de esta lengua opresiva y reaccionaria que nos creó a ti y a mí, que tanto daño ha hecho al mundo, y que es —nadie se explica cómo— absurdamente hablada por cuatrocientos millones de seres humanos. Y claro, para no ofender, los responsables de la celebración cervantina procurarán cogerse la minga con papel de fumar, como suelen. Y, para que no se diga que no son más demócratas que la leche, harán cuanto puedan por equilibrar la balanza, porque en el término medio —cero grados: ni frío ni calor— está la virtud. Así, junto a los elogios, luminarias y fastos, se potenciarán, para compensar, públicas polémicas y opiniones adversas, inversas, conversas y hasta perversas. Destacados intelectuales podrán manifestarse a favor o en contra, los tertulianos de radio tomarán eruditas cartas en el asunto, y no me cabe duda de que surgirán numerosas propuestas alternativas, ciclos y cursillos y publicaciones sobre apasionantes aspectos inéditos de la cosa, con títulos como *Cervantes, intelectual orgánico,* por ejemplo, o *Espadas en alto (El antivasquismo español en los episodios del vizcaíno).* Tampoco faltarán obras imprescindibles como *Don Quijote y Sancho salen del armario, Un best-seller sin futuro, Don Quijote, héroe franquista* —lúcido ensayo del crítico de *El País* Ignacio Echevarría—, o la inevitable *Guía CAMPSA de las ventas y castillos del Quijote,* prologada —por amor al arte— por don Camilo José Cela. Etcétera.

Reconoce que acojona, amigo Sancho. La que se nos viene encima.

El oso de peluche

No sé ustedes, pero yo tengo mis remordimientos.
Cosas que hice o que no hice, fantasmas que a veces, aprovechando las noches calurosas de verano, vienen a sentarse
en el borde de la cama y te miran en silencio; y, por más
vueltas que das a un lado y a otro, siguen allí hasta que se
los lleva la luz del alba. Cuando andas por la vida con una
mínima lucidez respecto a tus actos, esa compañía es inevitable. A veces son fantasmas sangrientos y vengativos
como el espectro del Comendador, y otras son pequeñas
punzadas amargas, tironcitos de la memoria que hacen que
te remuevas incómodo. Paradójicamente, éstos pueden ser
los peores. Siempre encuentras excusas para justificar los
grandes dramas, cuando tomaste tal o cual decisión por
necesidad, por supervivencia. Sólo los seres humanos con
poca imaginación son incapaces de arreglárselas para tener
a raya ese tipo de remordimientos. El problema viene con
los otros: las pequeñas manchas de sombra en el recuerdo
que sólo pueden explicarse con el egoísmo, el cansancio,
la ingenuidad, la indiferencia.

Uno de mis viejos fantasmas tiene la imagen de un
oso de peluche; y, por alguna extraña pirueta de la memoria, esta noche pasada estuvo acompañándome durante el
sueño que no tuve. El recuerdo es perfecto, al detalle, nítido
como una foto o un plano secuencia. Tengo veintidós años
y es la primera vez que veo campos inmensos arder hasta
el horizonte. En las cunetas hay cadáveres de hombres y de
animales, y la nube de humo negro flota suspendida entre
el cielo y la tierra, con un sol poniente sucio y rojo que es

difícil distinguir de los incendios. En la carretera de Nicosia a Dekhalia, parapetados tras sacos de arena y en trincheras excavadas a toda prisa, algunos soldados grecochipriotas muy jóvenes y muy asustados aguardan la llegada de los tanques turcos, dispuestos a disparar sus escasos cartuchos y luego a escapar, morir o ser capturados. El nuestro es un pequeño convoy de dos camiones protegidos por banderas británicas. A bordo hay algunos ciudadanos europeos refugiados y cuatro reporteros en busca de una base militar con teléfono para transmitir: Aglae Masini con un cigarrillo en la boca y tomando notas con su única mano, Luis Pancorbo, Emilio Polo con la cámara Arriflex sobre las rodillas, y yo. Ted Stanford acaba de pisar una mina en la carretera de Famagusta, y a Glefkos, el reportero del *Times* al que hace dos días se ligó Aglae en la piscina del Ledra Palace, acabamos de dejarlo atrás con la espalda llena de metralla. Es el verano de 1974. Mi segunda incursión en territorio comanche.

Nuestros camiones pasan por un pueblo abandonado y en llamas, donde el calor de los incendios sofoca el aire y te pega la camisa al cuerpo. Y ya casi en las afueras, una familia de fugitivos grecochipriotas nos hace señales desesperadas. Se trata de un matrimonio con cuatro críos de los que el mayor no tendrá más de doce años. Van cargados con maletas y bultos de ropa, todo cuanto han podido salvar de su casa incendiada, y yo todavía ignoro que pasaré los próximos veinte años viéndolos una y otra vez, siempre la misma familia en la misma guerra, huyendo en lugares iguales a ése como en una historia destinada a repetirse hasta el fin de los tiempos.

Nos hacen señales para que nos detengamos. La mujer sostiene al hijo más pequeño, con dos niñas agarradas a su falda. El padre va cargado como una bestia, y el hijo mayor lleva a la espalda una mochila, tiene una maleta a los pies y con una mano sostiene el oso de peluche de una de sus hermanas. Saben que los turcos se acercan, y que somos su única posibilidad de escapar. Vemos la angustia en sus caras, la desesperación de la mujer, la embrutecida fatiga del hombre, el desconcierto de los chiquillos. Pero el convoy es sólo para extranjeros. El sargento británico que conduce nuestro camión pasa de largo —tengo órdenes, dice impasible—, negándose a detenerse aunque Aglae lo insulta en español, en griego y en inglés. Los demás nos callamos: estamos cansados y queremos llegar y transmitir de una maldita vez. Y mientras Emilio Polo saca medio cuerpo fuera del camión y filma la escena, yo sigo mirando el grupo familiar que se queda atrás en las afueras del pueblo incendiado. Entonces el niño del oso de peluche levanta el puño y escupe hacia el convoy que se aleja por la carretera.

Ni siquiera los mencioné en la crónica que aquella noche transmití para el diario *Pueblo*. Conservo el recorte de esa página y sé que no lo hice. Aquellas seis pobres vidas no tenían la menor importancia en la magnitud del desastre y de la guerra. Ahora, si sobrevivió, ese chiquillo tendrá cuarenta años. Y me pregunto si todavía nos recordará con tanto desprecio como yo nos recuerdo.

Pinchos magrebíes

Hay que ver la de tiempo libre que tiene la gente. En los últimos tiempos he recibido varias cartas afeándome el uso que hago de palabras políticamente incorrectas. Lo de negro, por ejemplo. Cuando me refiero a un negro diciendo que es negro —a mí me han llamado blanco en África toda la vida— resulta que soy xenófobo. Escribir que algo es una merienda de negros, por ejemplo, o que esa negra está para chuparse los dedos, o hablar de la trata de negros, me asegura media docena de cartas poniéndome de racista para arriba. Hasta decir cine negro o lo veo todo negro es peyorativo, argumentan; y pasarlas negras, sin ir más lejos, se asocia de modo racista con pasarlas putas. Por eso también debería evitar la palabra negro como sinónimo de cosas malas o negativas. Así que diferencie, cabrón. No influya perversamente en la juventud. Llámelos subsaharianos, sugieren unos. De color, sugieren otros. Afroamericanos, si son gringos. Etcétera. Y a veces, esos días en que uno se pone a escribir sintiéndose asquerosamente conciliador, intento contentarlos a todos y a mí mismo —negro me sigue pareciendo la forma más natural y más corta— y escribo, verbigracia, subsaharianos de color negro; pero entonces, encima de que me queda un poco largo y rompe el ritmo de las frases, algunos piensan que me lo tomo a cachondeo y las cartas se vuelven más explosivas todavía. Estoy desconcertado, la verdad. ¿Naomi Campbell es o no es un pedazo de negra?... ¿*El halcón maltés* es una película de cine subsahariano de color?... No sé a qué atenerme.

Y lo de moro, ésa es otra. Debería usted decir norteafricano o magrebí, apuntan graves. Lo de moro suena a despectivo, a reaccionario. Hasta un erudito lector me lo calificaba el otro día de término franquista: los moros que trajo Franco y todo eso. Sin embargo, ahí debo reconocer que, por muy buena voluntad que le eche, se me hace cuesta arriba prescindir de una palabra tan hermosa, antigua y documentada. Moro viene por vía directa del latín maurus, habitante de la Mauritania; figura en las Etimologías de San Isidoro y en Gonzalo de Berceo, y si hay una palabra vinculada a la historia de España, y que la define, es ésa. *Ganada a los moros en 1292 reinando Sancho IV el Bravo,* leemos —los que leen— en los muros de Tarifa. Olvidar esa palabra sería ignorar lo que en las ciudades españolas aún significa morería, por ejemplo. O lo que la palabra morisco supuso en los siglos XVI y XVII. De cualquier manera, ahora que todo el mundo anda reescribiendo el pasado a su aire, tampoco tendría nada de particular que revisáramos la historia y la literatura españolas, empezando por el xenófobo y franquista cantar del Cid, sustituyendo la palabra moro por otra más moderna. Las coplas de Jorge Manrique perderían algún verso bellísimo; pero ganaríamos, además de corrección política, palabras como pincho magrebí, que es aséptica y original, en vez de la despectiva pincho moruno. Y reconozco que decir fiestas de norteafricanos y cristianos en Alcoy también tiene su cosita.

En cuanto a lo demás, pues lo mismo. Fíjense en lo de maricón, por ejemplo. A ver qué cuesta decir, en vez de eso es una mariconada, eso es una homosexualidad. O para decirle a un amigo no seas maricón, decir no seas sexualmente alternativo, Paco. Ya sé, opondrán algunos, que no hay palabras malas ni buenas, sino por la intención y el uso. Y la responsabilidad de que haya menguados que las utilicen sólo en sentido despectivo no es atribuible a las palabras en sí, que suelen ser nobles, antiguas y hermosas, capaces además de adaptarse a todo con los límites que imponen el sentido común y la decencia de cada cual. Pero en los tiempos que corren, si no quieres que te llamen cacho cerdo —me extraña que ahí no protesten las protectoras de animales por la asociación peyorativa—, debes hilar muy fino. En este mundo artificial que nos estamos rediseñando entre todos, el café debe ser sin cafeína, la cerveza sin alcohol, el tabaco sin nicotina, los insultos no deben ser insultantes y las palabras deben significar lo menos posible. Además, ojo con quienes se sienten aludidos aunque nadie les dé vela en el entierro. No vean qué cartas recibo cuando llamo agropecuario a un político cateto. Qué tiene contra el campo y la ganadería, me dicen. So fascista. O si le digo subnormal a alguien. Ofende a los minusválidos, me reprochan, olvidando que imbécil, tonto o idiota expresan lo mismo, y que las palabras son vivas y ricas, utilizables como insulto o como muchas otras cosas sin que eso las aprisione o las limite en un determinado contexto. Lo mejor fue cuando hablé de sopladores de vidrio refiriéndome a unos perfectos soplapollas, y protestó uno que soplaba vidrio de verdad. O cuando califiqué a otro de payaso, y acto seguido recibí una indignada carta de una respetable oenegé llamada —cito sin ánimo de ofender— Payasos sin Fronteras.

El día de la patrona

El otro día amarré en uno de esos puertos del Mediterráneo español, con casas blancas y orillas azules. Quedaban un par de horas de luz, así que, después de arrancharlo todo y ponerle tomadores a la vela de la mayor para que estuviese más pinturera aferrada en su botavara, me dispuse a leer tranquilamente en la popa, disfrutando del lugar y del paisaje. Y en ésas estaba, prometiéndomelas tan felices —el libro era una vieja edición de *El canto de la tripulación,* de Pierre MacOrlan— cuando retumbó por la dársena un estrépito de megafonía con una canción machacona y veraniega, anunciando que el espectáculo taurino estaba a punto de comenzar. La jiñaste, Burt Lancaster, pensé, cerrando el libro. Luego me puse en pie para echar un vistazo y comprobé que no tenía escapatoria. Era el día de la Virgen de Nosequé, patrona local; y pegada a uno de los muelles había instalada media de esas plazas de toros portátiles, con barcos y botes con espectadores por la parte del agua, todo muy castizo y muy de fiesta de pueblo de toda la vida, con los graderíos ocupados a tope por algunos aborígenes locales y densas manadas de turistas guiris en calzoncillos y entusiasmados con el asunto. Y en la arena que habían extendido sobre el muelle, una vaquilla correteaba, desconcertada y torpe, entre una nube de animales bípedos que la atormentaban entre las carcajadas y el entusiasmo del respetable.

Que conste, como ya les he contado alguna vez, que me gustan las corridas de toros. Las veo más por la tele que en la plaza, pero siempre que puedo. Además, cada verano tengo una cita obligada en Burgos, donde mi amigo Carlos Olivares me invita siempre al mejor cartel de la feria; y gracias a eso viví hace un par de años la tarde inolvidable del toro de Enrique Ponce que fue indultado por su valor y su casta. Me gustan las corridas de toros, insisto, a pesar de que en mi caso sea una flagrante contradicción, pues juro por mis muertos más frescos que amo a los animales más que a la mayor parte de las personas que conozco. La razón no sé cuál es. Quizá tenga que ver con las ideas de cada cual sobre el valor y sobre la muerte, o vete a saber. En la plaza, en una corrida de verdad, el toro tiene la oportunidad —todos morimos— de vender cara su vida y llevarse por delante al torero. Con dos cojones. Y debo confesar que me parece de perlas que los toreros paguen el precio de la cosa viéndose empitonados y de cuerpo presente de vez en cuando. Me parece lógico y justo, porque si los toros traen cortijos en los lomos, como dicen, también debe pagarse un precio por eso. El que torea se la juega y lo sabe. Son las reglas. Del mismo modo que tampoco me altera la digestión, en un encierro de verdad, que un toro de quinientos kilos le ventile el duodeno a alguien que corra delante buscando emociones fuertes; y más si es un guiri al que nadie ha dado vela en su propio entierro, y luego en Liverpool le pongan una lápida donde diga, en inglés: *Aquí yace un soplapollas*. Resumiendo: quien quiera tirarse el pingüi con un toro de verdad, que se atenga a las consecuencias.

Por eso detesto tanto la vertiente chusma e impune del asunto, y me revuelve las tripas la charlotada de pueblo, cuando el toro, que suele ser una indefensa vaquilla, ni siquiera tiene la oportunidad de hacerle pagar cara la juerga a la gentuza que lo atormenta. Antes, al menos, quedaba la excusa de la incultura y la barbarie de esta España cenutria, cateta y negra. Pero ahora, que somos igual de tarugos pero un poquito más informados y un poquito más tontos del culo, las excusas ya no sirven, y no hay otra explicación que nuestra infame condición humana. Pocos espectáculos tan viles como el de un pinchalomos carnicero atormentando a un novillo con los cuernos aserrados, o una turba de gañanes borrachos correteando alrededor de un pobre animal asustado, al que, según las bonitas costumbres de cada sitio, a menudo se destroza impunemente en la plaza, sin el menor riesgo para nadie, a estacazos, a golpes, a pedradas, a navajazos. Ahí no hay belleza, ni dignidad, ni valor, ni otra cosa que no sea la abyección más cobarde y más baja. Cada vez que me cruzo con uno de esos repugnantes linchamientos que suelen organizarse —que tiene delito— bajo el manto de la Virgo Clemens o el santo local, no puedo menos que pensar, ay, gentuza, valerosos mozos de la localidad, turistas apestando a cerveza en busca de emociones y de una foto, cómo me gustaría que de pronto apareciera el hermano mayor de ese pobre animal cuyas peripecias arranca tantas carcajadas a la gente de los tendidos, y os metiera bien metido un pitón en la femoral, a ver si empalados ahí arriba seguíais haciendo posturitas y risas. Peazo machos.

No sentí largar amarras de ese puerto, aquella misma madrugada. Me gusta el sitio y volveré, me dije. Pero nunca más en estas fechas. Nunca más el día de su bonita fiesta popular. Y de su santa patrona.

El coche de Fulano

La historia que voy a contarles nos retrata al minuto. Nos define, creo, mejor que todos los libros y los periódicos que uno pueda echarse a la cara. Me acordé el otro día porque suele contármela Sancho Gracia, que por ahí anda el tío, con un pulmón fuera de combate y teniendo la enfermedad a raya. Aprovechando la tranquilidad de agosto, Sancho subió a la sierra a tomarse un whisky de malta con hielo y sin agua —haya cáncer o no, él de mariconadas las justas—; y cada vez que tengo centrado a Curro Jiménez, que suele ser hacia el tercer o cuarto lingotazo de la noche, me gusta hacerle repetir la historieta de marras; que a él se la contaba, a su vez, el actor Luis Peña: aquel que fue primero galán de cine y luego intérprete veterano y estupendo, ya saben. El que hizo *A mí la Legión* con Alfredo Mayo, *Calle Mayor* y tantas otras.

La cosa es que se encuentran dos amigos. En la versión original, ambos trabajan en el cine; pero a veces, cuando soy yo quien cuenta la historia adornándola un poco, los sitúo en el mundo literario, o en el del periodismo. La verdad es que pueden ustedes encajársela a cualquier trabajo o actividad, incluida la propia. Podría tratarse de arquitectos, ingenieros, contables, fontaneros. Da igual. En cualquier caso, españoles. Y aunque Luis Peña, que en paz descanse, situaba el asunto en los años cincuenta o sesenta del pasado siglo, el diálogo podría ser de ahora mismo, porque es de siempre. El caso, decía, es que se encuentran dos amigos. Españoles, repito. Y uno va y le dice a otro:

—¿Sabes que Fulano se ha comprado por fin un coche?

—No me digas —responde el otro—. ¿Y qué coche?

—Un Seat Panda de segunda mano.

—Ah, pues no sabes lo que me alegro. Ya era hora de que le fueran un poco bien las cosas a Fulano. Es un tío estupendo y lo quiero muchísimo. Además trabaja mucho, y se lo merece... Dale un abrazo de mi parte. Dile que a ver si nos vemos, y que lo disfrute.

Al cabo de un tiempo, vuelven a encontrarse los dos amigos.

—¿Qué tal le va a Fulano?

—Pues nada mal. ¿Te acuerdas de lo que te conté del Panda?... Pues ya ha podido cambiarlo por un Nissan.

—Anda, ¿tan pronto? Pues me alegro, porque yo quiero mucho a Fulano... La verdad es que con el Panda se apañaba bien, pero mejor un coche nuevo, claro. Me parece fenomenal. Dale un abrazo de mi parte, y a ver si un día nos juntamos los tres a tomar unas copas.

Pasa más tiempo. Nuevo encuentro de los dos amigos.

—Adivina qué coche acaba de comprarse Fulano.

—No me jodas... ¿Pero ya ha cambiado otra vez?

—Sí. A un Golf Geteí.

—Vaya con Fulano, quién lo ha visto y quién lo ve... ¿No te parece?... A fin de cuentas, el Nissan era un coche estupendo, y para lo que él lo necesitaba... Pero mira, la verdad es que me parece bien. Trabaja como un animal y se merece alguna alegría. Ya sabes que yo lo quiero mucho, ¿eh?... Lo quiero un huevo. Por eso te digo que me alegro. Aunque a veces sea como es, ya sabes... Pero oye; cada cual tiene sus cosas.

Pasa más tiempo. Nuevo encuentro.

—Acabo de ver a Fulano aparcando un Audi.

—Pero qué me dices.

—Como te lo cuento. Un Audi nuevo de trinca.

—No me lo puedo creer... ¿Y qué pinta Fulano con un Audi?

—Le irán bien las cosas, digo yo.

—Pues para lo que hace tampoco es cosa de ir por ahí avasallando, ¿no crees?... Hay que joderse con el Fulanito de los cojones. Aquel Golf que tenía era un coche buenísimo, y la verdad... En fin, chico. Cada uno es como es. Pero lo quiero, ¿eh?... Las cosas como son. Es un poquito gilipollas y prepotente a veces, pero yo lo quiero. Mucho. Lo que pasa es que... Mira. No me hagas hablar.

Nuevo encuentro, unos meses más tarde.

—Dicen que Fulano se ha comprado un Bemeuve.

—¿Un Bemeuve?... ¿Que se ha comprado un Bemeuve?... Pero ¿quién se ha creído que es?... Si hace nada no tenía dónde caerse muerto... Y no me interpretes mal, ¿eh? Te consta que a Fulano lo quiero mucho. Lo quiero una barbaridad. Pero es que hay cosas que... Bueno. Si yo te contara...

Último encuentro, un tiempo después.

—Agárrate, macho. Fulano se ha comprado un Mercedes.

—¿Qué me dices?... ¿Que ese hijo de puta se ha comprado un Mercedes?... ¡Pero si no sabe hacer la O con un canuto!... ¡A ver si va a ser verdad lo de su mujer!

La mujer del vestido blanco

Es curioso cómo algunas cosas se parecen a otras. Aquélla me recordaba una escena de Sarajevo, o de Beirut en los viejos tiempos, y resulta que estábamos en mitad de La Mancha. El caso es que el otro día iba al volante por donde les cuento, autovía A-3 pasada la venta de San José, por esas rectas donde la gente arrea, zuaaas, zuaaas, de manera que sorprende que no palmen de diez en diez, cuando al llegar a una curva vi una nube de polvo, coches que paraban, etcétera. Leñazo habemus, me dije. Di las luces intermitentes y aflojé la marcha, y al otro lado de la polvareda vi una escena idéntica a ciertas imágenes que uno tiene en la memoria: un coche patas arriba en la cuneta y una mujer con un vestido blanco que salía tambaleándose, los brazos extendidos, el rostro fuera de sí y la boca abierta en un grito, supongo, porque yo llevaba las ventanillas cerradas y la escena era muda. La mujer se dirigía a un hombre que había salido antes y que estaba de pie, inmóvil, como si estuviera medio torrija y no se diera cuenta de lo que ocurría. Y ese hombre se tocaba la cabeza con las manos y miraba el suelo, el aire incrédulo, de reflexionar mucho o contemplar algo, o a alguien, tirado allí.

Ya había iniciado los movimientos para detenerme; pero vi que había varios coches en el arcén y que paraban más, una veintena de personas corriendo hacia los accidentados, otros hablando por teléfono móvil y dos coches junto al poste de teléfono SOS que por suerte se levantaba algo más lejos. Así que me dije: bueno, chaval, eso está controlado y ahí sobras. Y seguí camino. Lo curioso es que, de toda la escena, la imagen que me quedó en la cabeza, y que aún estuvo presente unos kilómetros, fue la de la mujer: su expresión aterrada y sorprendida, el desgarro del grito silencioso ante el horror que acababa de golpearla de aquella manera inesperada y brutal. Y yo la he visto antes, pensé. Los he visto a los dos, y también al que estaba tirado en el suelo, si es que de veras había allí alguien a quien miraba el hombre que se tocaba estupefacto la cabeza. Porque la escena era idéntica a las que viví muchas veces cuando me ganaba la vida en el otro oficio; cuando después de caer una bomba, raaaaca, bum, y tras el estampido, entre el polvo, asomaban hombres aturdidos que se tocaban la cabeza como aquel de la A-3, y mujeres con los brazos abiertos y la cara desencajada y la boca abierta en un grito de horror, a veces ensangrentadas, a veces con un niño reventado en los brazos, a veces increpando absurdamente —o quizás no era absurdo del todo— al hombre aturdido que había sido incapaz de mantenerlos a salvo del dolor y de la muerte.

Y es que en realidad es lo mismo, concluí una vez más, al ver las luces de una ambulancia pasar a toda velocidad por el carril contrario. Vivimos tiempos en los que el hombre ha conseguido rodearse de barreras que le permiten disimular la existencia del dolor y de la muerte. Nuestros abuelos sabían todo eso; pero a los abuelos los encerramos y amordazamos en asilos y en hospitales para que murieran detrás de biombos, y no nos lo recordaran. Ahora tenemos residencias de ancianos, tanatorios y eufemismos. El truco es no miro, luego ignoro. Ignoro, luego no existe. Y nos movemos por la vida con una seguridad suicida, basada en la absurda certeza, o esperanza, de que nunca vamos a sufrir, de que la enfermedad y el dolor son cosa de otros, y que nosotros no vamos a cascar jamás. Y así nos va. Porque el hecho de que no pensemos en ello, de que nuestra actual forma de vida tan funcional y tan moderna

—guapos e inmortales como somos ahora— mantenga el Horror en ese distante segundo plano, ámbito de lo posible pero improbable, no impide que ese Horror siga estando donde siempre estuvo: al acecho, en espera de la oportunidad para manifestarse en toda su violencia y su crudeza. Y de pronto, camino de las vacaciones, cuando acabas de enamorarte, justo al terminar la carrera, recién nacido o al día siguiente de conseguir la anhelada jubilación, ese Horror llega y dice hola buenas, familia. Alehop. Y cae la bomba en el comedor de la casa, o el imbécil de Manolo hace ese adelantamiento que no debía, o el azar te pone en el sitio justo a la hora precisa. Entonces, paf, todo vuelve a ser como antes. Como siempre fue y nunca dejó de ser, aunque lo hayamos olvidado. Y, ya sin estar preparado para ello, el ser humano vuelve a verse enfrentado a su propia fragilidad, a su condición mortal y a su miseria.

Todo eso es natural, y son las reglas. Fue siempre así, desde hace siglos, y lo seguirá siendo hasta el final de los tiempos. Lo único que a estas alturas resulta injustificable es la sorpresa, el gesto incrédulo del hombre que se toca la cabeza mientras suena el grito de la mujer del vestido blanco. Imperdonable la estúpida expresión de quien se pregunta cómo es posible que esto haya podido ocurrirme a mí.

Mi amigo el narco

Tiene sus reglas no escritas, esto de Culiacán, estado de Sinaloa, Méjico, donde vas por la calle y oyes en cada tienda y automóvil corridos narcos igual que en España oyes a Sabina o al Fary. En el ambiente local, el amigo que te presenta es quien responde de ti. Y si algo se tuerce gacho, como dicen aquí, pagáis tú, el amigo que te avala y a lo mejor hasta la familia del amigo. Son las reglas, repito, y nadie se extraña. Pero es como para sentirse raro en plena barbacoa en la colonia Las Quintas —narcos de clase media alta— con una Pacífico en una mano y un plato de carne demasiado asada en la otra, rodeado de bigotazos norteños, cinturones piteados, botas de avestruz o de iguana, cadenas de oro al cuello, relojes de cinco mil dólares. Todo sin mujeres a la vista, con guardaespaldas en la puerta, coches Grand Marquis del año y todoterrenos Bronco y Ram aparcados en la calle. Y bajo la palapa de la barbacoa, los Tigres del Norte cantando a todo volumen *Pacas de a kilo*.

Escribe novelas, dice mi amigo, preocupado porque no me confundan con una madrina o un cabrón de la DEA. Un tipo padrísimo, añade. Intelectual. Lo de intelectual lo dice enarcando las cejas, muy serio, y los de los bigotazos me miran raro, preguntándose para qué pierde uno el tiempo escribiendo novelas, o leyéndolas, en vez de meter cargas de doña Blanca en la Unión Americana, que ahí los ves, con padres y abuelos campesinos que iban descalzos por la sierra, y ellos hechos unos señores, con casas en Las Quintas o en San Miguel, que algunos hasta tienen corridos de los Tucanes o los Leones o los Incomparables:

corridos personales, escritos para ellos con nombres, apodos y apellidos, que oyes cantar en las cantinas y en las casetes de los autos. Es lo que quedará de ellos, dice mi amigo. De nosotros. Quedarán corridos. Aquí, el que más y el que menos sabe cómo va a terminar y lo que le queda. Pero mientras tanto vives, carnal. Te metes la vida por la nariz y por los ojos y la boca y por donde tú requetesabes. Chale.

¿Crees que todo esto cabrá en tu novela?, pregunta mi amigo dándome otra Pacífico bien fría. Y yo le digo que no, que claro que no cabe. Pero que conocerlo bien la hará creíble, o casi. Y además, como decimos en España, aquí me lo paso de puta madre. Por eso me lleva de un lado para otro, me cuenta cómo se dice cada cosa en la jerga culichi. Comemos jaiba rellena en Los Arcos, pisteamos por el Malecón, miramos a las morras, que en Culiacán son guapísimas, o como dice mi amigo, un cuero de viejas. Y es que los amigos se hacen de esa manera, o no se hacen. Un día conoces a un fulano, y él o tú decís: este tío me gusta, me lo quedo, lo hago compadre mío. Así que traigan una botella y tiren el corcho. Así ha ocurrido esta vez. Llegué de la mano del amigo de un amigo, como siempre ocurre, y una noche con la segunda botella de Herradura Reposado recién abierta sobre la mesa, después del circuito habitual que nos llevó de La Ballena al Don Quijote y de allí al téibol Osiris, con Eva y con Jackie bailándonos completamente desnudas a dos palmos de la nariz —ciento setenta pesos cada baile privado de cinco minutos detrás de las cortinas—, el hombre que ya era mi amigo dijo órale, compadre. Pues me late que te voy a ayudar. Y aquí estamos. Invitados a la barbacoa de un chaka sinaloense —hemos descubierto que su esposa fue maestra y me lee, lo que consagra mi prestigio local—, con los patrulleros que pasan por delante de la casa en sus coches, despacito, y saludan, buenos días, cómo le va, ahí nos vemos. Éstos deben de ser los que cobran cada semana y cumplen sus compromisos; porque a otros los saludan de otra manera, como al jefe de policía a quien hace una semana le pegaron cuarenta y seis tiros de Kalashnikov a la hora del desayuno, sentado en su coche y a la puerta de su casa, a tres cuadras de mi hotel.

Mi amigo me mira sonriendo, entre dos tragos de cerveza. Hay fecha límite, explica muy tranquilo. Aquí, si eres muy perrón te matan pronto, o te la juegan. Pero si eres buena onda, carnal para los tuyos y todo eso, cumplidor como el que más, tus propios pinches compadres te hacen chupar Faros porque la gente viene a ti y no a ellos, y les quitas clientes. Así que cuanto menos destacas, más duras. En esta chamba te puede matar mucha gente: los gringos, los guachos, los federales, los sicarios. Pero lo que más mata es la envidia. De cada diez, uno podrá con suerte retirarse, si Dios lo deja. De los otros, un tercio irán a prisión y a los demás tarde o temprano les darán piso. Nos darán, añade al cabo de un instante, riéndose con todo menos con los ojos. Lo malo es que aún no tuve tiempo de encargar un corrido. Entonces, ¿por qué estás en esto?, le pregunto. ¿Por qué no te sales, ahora que tienes una casa, y coche, y una mujer guapa, y algo de lana en el banco? Porque son las reglas, responde. Porque más vale vivir cinco años como rey, que cincuenta como buey.

Trescientas pesetas

Pues resulta que estoy en la puerta de la catedral de Segovia, que la han dejado estupenda y es un pedazo de catedral gótica de toda la vida, de esas que echas un vistazo y piensas, oye, el ser humano será un cabrón con pintas y todo lo que quieras, colega, pero la verdad es que hizo cosas que justifican su paso —nuestro paso— por la tierra. Cosas como ésta; que miras las bóvedas donde se cruzan los nervios de piedra, y hasta parece que exista Dios. Pero es que aquéllos eran arquitectos; y cuando estás ahí debajo y miras, al cubo de Moneo y a Le Corbusier y al fulano del Guggenheim, que no recuerdo ahora cómo se llama, les pueden ir —con todo respeto— dando mucho por el saco. En ésas estoy, digo, en Segovia, cuando oigo a un tío muy cabreado que dice hay que joderse, hombre, que no, que yo no pago trescientas pesetas para ver una catedral ni una iglesia. Hasta ahí podíamos llegar, y a mí no me roba nadie. Y el hombre agarra la mano de su legítima y se larga pregonando su indignación a voces, sin ver la catedral y sin ver nada. Satisfecho, supongo, porque acaba de ahorrarse seis chocolatinas.

Ya les conté hace tiempo, creo, que en cada uno de esos expolios anuales que nos hace Hacienda pongo siempre la crucecita para que el tanto por ciento se destine a la Iglesia católica y tal. No porque practique, sino porque esa institución forma parte de mi historia y mi cultura; y poco de este lugar llamado España, sobre todo en sus detalles más reaccionarios y miserables, podría entenderse sin esa Iglesia católica: sin su fanatismo y oportunismo aliados con monarquías infames, con generales sin escrúpulos y con millones de borregos aficionados a gritar *vivan las caenas*. Cada vez que se cae el techo de una iglesia rural o el pináculo de una catedral se destruyen claves para entender la triste mierda que los españoles hemos sido casi siempre; aunque ahora, en vez de una sola mierda, seamos una pintoresca suma de mierdecillas autonómicas. Ante eso, la esperanza es comprender que nada —salvo esas Historias recién acuñadas de la España Que Nunca Existió— nace por generación espontánea. Por eso es necesario conservar, para su estudio y reflexión, las huellas del pasado. Y así, un español y mediterráneo que niegue el peso —a menudo lastre— de la Iglesia católica al explicarse a sí mismo, es un ignorante o un fatuo. Ahí es exactamente donde sitúo mi crucecita anual.

Eso lleva, claro, a lo de Gescartera. Y la verdad: a mí me parece de perlas que la Santa Madre multiplique sus euros, que para eso hay jurisprudencia en los Evangelios (Mateo 25,14 y Lucas 29,12) con la parábola aquella del señor y los siervos y los talentos, y se financie con sus medios y las aportaciones voluntarias de la peña, en vez de trincar del Estado. Tiene curas ancianos a los que jubilar, catedrales que rehabilitar. Chachi. Lo repugnante no es que Roma y sus filiales jueguen a la bolsa y manejen viruta, sino toda esa otra parafernalia de la hermana influyente de uno y el obispo de lo otro, el pasteleo a la hora del chocolate con bizcochos, la comunión diaria preferente a los que detentan el poder y el dinero, los cuchicheos de confesionario, este dinerito, señora tal, no faltaría más, ilustrísima, trato preferencial y todo eso. Ese viejo enjuague de beata y sacristía que tanto daño ha hecho y sigue haciéndolo en sus versiones *aggiornatas,* o como se diga, y del que no hay forma de librarse nunca. Y menos ahora, crecidos como están mis primos —escribí quinientas páginas de novela sobre la materia, así que ahórrenme las putas cartas y léansela, si quieren— con estos píos chavales del club de Quintanilla de Onésimo que mean agua bendita entre golpes de pecho, ora et labora, y no me tiren de la lengua. Sin admitir que el mundo se mueve desde hace siglos en dirección opuesta, y que pasaron los tiempos en que, con una palabra al oído de un rey o un ministro, o de la mujer de un ministro, un cura Escóiquiz fanático y cerril podía dejar a España en la cuneta de la Historia. Pero ahí siguen, como si nada: la Iglesia real, la que lucha por los humildes y los desheredados, por una parte, y la otra, la oficial. La del despido de la profesora de religión que se casa con un divorciado, la del párroco alavés que niega *su* iglesia para que Fernando Savater haga un pregón sobre el vino, la del obispo que, olvidando Pentecostés y el don de las lenguas, afirma que los buenos cristianos sólo hablan catalán. Toda esa bazofia reaccionaria y casposa —para Roma problema aplazado sigue siendo problema resuelto— en torno al aborto, la homosexualidad, la castidad, con que la mafia polaca del Vaticano y sus amigas Josefinas y Catalinas, du-duá, todavía pretenden tener al mundo agarrado por los cojones. Soberbia, se llama ese pecado. Ambición, falta de escrúpulos y soberbia. Amén de la gilipollez. Ellos, que patentaron la moral de Occidente, deberían saberlo mejor que nadie.

Lo que no es obstáculo, u óbice, para que el fulano de las trescientas pesetas me siga pareciendo un perfecto imbécil.

Pelmazos sin fronteras

Hoy vengo a la tecla con animus citandi. Decía uno de los hermanos Goncourt —si no lo dijo uno lo dijo el otro— que en sociedad se reconoce a la gente educada por algo muy sencillo: te hablan siempre de lo que te interesa. Eso coincide con aquel comentario de Heine, don Enrique, que utilicé hace dieciséis años como epígrafe para una novela: «*Soy el hombre más cortés del mundo. Me precio de no haber sido grosero nunca, en esta tierra donde hay tantos insoportables bellacos que vienen a sentarse junto a uno, a contarle sus cuitas e incluso a declamarle sus versos*». Y eso que en tiempos de Heine y de los Goncourt la gente procuraba parecer educada, aunque no lo fuera. Ahora se procura alardear de lo contrario: de naturalidad, de franqueza y de falta de educación. Cuando alguien dice me vas a perdonar, oye, pero soy muy sincero, es para echarse a temblar; sobre todo cuando nadie le ha pedido que lo sea, y a veces ni siquiera que abra la boca. No es ya que estés sentado en un café o un restaurante y los vecinos de mesa te informen a gritos de su currículum, o que un tonto del culo con teléfono móvil te ponga al corriente en el tren o en mitad de la calle de los apasionantes pormenores de su vida laboral o sentimental. Es que hay prójimos que a las primeras de cambio te endilgan directamente, sin ningún pudor, monografías personales que maldito lo que te importan.

Verdean de muchos tonos, claro. Ustedes tendrán los suyos y yo tengo los míos. Los que mandan, por ejemplo, novelas inéditas que nadie ha pedido —hay semanas que recibo cinco—, y luego cartas indignadas porque no dedicas dos o tres días de tu vida a leer cada una, y después otra hora de tu tiempo a aconsejar al autor sobre su futuro literario. O quienes, en una conferencia sobre el capitán Alatriste, piden la palabra y disertan quince minutos sobre lo que opinan ellos del último Harry Potter. También está el pelmazo no cualificado: el que no aspira a ser escritor, ni conferenciante, ni otra cosa que pelmazo a secas. Estás sentado en el café Gijón leyendo o cambiando miradas con Alfonso el cerillero cada vez que entra una señora estupenda, y de pronto se esclafa en tu mesa un tío al que no has visto en tu puta vida, que te dice, sin que le preguntes, que no ha leído nada tuyo —es del género franco, adviertes aterrado— pero considera que Javier Marías sí es un novelista brillante a quien su mujer, muy lectora, sigue mucho; y a continuación se pone a contarte su vida a quemarropa. La suya, ojo, no la de Marías, ni la de su mujer, ni la de su mujer y Marías. O se pone a opinar sobre esto y aquello, pese a que tú, a estas alturas de la vida, cuando quieres opiniones vas y las buscas. A mí, para que se hagan una idea, me han contado la guerra de los Balcanes de pé a pá en la sala de espera de un aeropuerto, justo cuando yo regresaba de pasar varios meses en Zagreb o Sarajevo —mi tema favorito de conversación en ese momento, imagínense—. También miles de taxistas me han informado con detalles primorosos de lo mucho que nos jugamos todos en tal o cual partido del domingo, pese a que no soporto el fútbol ni a los taxistas parlanchines. Y locuaces matronas me han contado hasta la náusea lo que estudian sus hijos, lo que hace o no hace su digno esposo, y dónde pasaron las últimas vacaciones. Aderezado todo ello, a menudo, con guiños para implicarte en el ajo. Yo también escribo, dicen, o mi niña quiere ser periodista como usted, o yo es que en el fondo soy un aventurero, o tengo un cuñado en Murcia. Pretextos, en realidad, para hablar de sí mismos.

Uno comprende todo eso, claro. La gente anda bien sola y bien jodida, y es normal que procure desahogarse cuando puede, contando lo que sea. Esta misma página semanal tiene, a veces, mucho de desahogo o ajuste de cuentas; lo que pasa es que cualquiera puede saltársela, si quiere, e ir directamente al perro inglés, o a donde le salga; y además mi caso se justifica porque vivo de contar cosas y encima de desahogarme trinco viruta. Otra cosa es la gente que larga el rollo por la cara, acorralándote sin preocuparle si interrumpe algo: una lectura, una reflexión, un recuerdo, un dolor. Es descorazonadora esa impertinencia incapaz de considerar el momento idóneo para cada cosa, y que no distingue entre la atención cortés y el verdadero interés por la brasa que te están dando. Asusta comprobar lo mal que el pelmazo contumaz capta las señales de hastío e indiferencia de sus víctimas: esos asentimientos de cabeza que no comprometen, esos monosílabos mirando el reloj —ajá, no me diga, vaya, cáspita—, que intercalamos en mitad del martirio macabeo. Al contrario. Ni siquiera lo de cáspita los mosquea. Algunos se sienten animados, incluso, y redoblan su entusiasmo. Te cuentan lo de aquel sargento en la mili o la metástasis de su tía Merche, los miras, dices «no jodas» y contestan: «¿Verdad que sí? Pues no sabes lo mejor, etcétera». Y piden otra caña mientras tú piensas: así se te vaya por la glotis. Cabrón.

La risa de las ratas

La he vuelto a ver por casualidad, buscando otra cosa en un viejo libro sobre los fotógrafos de *Life*. Y fíjense. Tengo mi propio álbum de fotos infames: fotos que a veces hasta son de verdad, que hice yo mismo. Y resulta que una imagen que conozco desde niño, tomada por otro en una guerra que ni siquiera viví, sigue impresionándome. A lo mejor es bueno que así sea, y el día en que esa foto deje de afectarme estaré encallecido más de la cuenta. Yo qué sé. Lo cierto es que hay imágenes que simbolizan cosas, y ésta retrata uno de los aspectos más viles de la condición humana. La tomó Robert Capa en Chartres, julio de 1944, cuando la ciudad fue liberada de los alemanes. En el centro de la imagen camina una mujer joven con el pelo recién rapado, vestida con una bata y con un niño de pocas semanas en brazos. Ella es francesa, y el bebé, hijo de un soldado alemán. La lleva detenida un gendarme. Pero lo peor no es esa escena, sino la muchedumbre que camina alrededor: señoras de aspecto respetable, hombres que podrían ser considerados caballeros, niños, curiosos que miran o engrosan el tumulto. Y todos, absolutamente todos, ríen y se burlan de la joven que aprieta al niño contra su pecho y lo mira muda de vergüenza y de miedo. Debe de haber un centenar de rostros en la foto, y ninguno muestra compasión, pesar o disgusto por lo que sucede ante sus ojos. Ni uno.

Cada cual tiene sus ideas sobre la gente. En lo que a mí se refiere, con los años he llegado a la conclusión de que lo peor del hombre no es su crueldad, su violencia, su ambición o los otros impulsos que lo mueven. Siendo todo eso tan malo como es, cuando miras de cerca y le das vueltas y te mojas donde te tienes que mojar, siempre terminas encontrando motivos, cadenas de causas y efectos que, sin justificar en absoluto tal o cual hecho, a veces al menos lo explican, que ya es algo. Pero hay una infamia a la que no consigo encontrarle el mecanismo, y tal vez por eso me parece la peor de todas; la más injustificable expresión de la mucha vileza que alberga el ser humano. Hablo de la falta de caridad. De la ausencia de compasión del verdugo —y el verdugo es la parte fácil del asunto— hacia la víctima. Hablo del ensañamiento, la humillación, la burla despiadada. Y eso, que ya es muy bellaco cuando corresponde al individuo con nombre y apellidos, se vuelve todavía más nauseabundo cuando adopta la forma popular. Me refiero a las Fuenteovejunas en su aspecto miserable; a la gente que pretende demostrar públicamente su adhesión o rechazo a tal o cual causa —cuando esa causa está indefensa y triunfa la opción opuesta, naturalmente— prestando su celo y su presencia y su risa al linchamiento fácil, sin riesgos. Los mirones que jalean y se descojonan del caído, y de esta forma pretenden avalarse, disimular, borrar sus propias claudicaciones y su propia vergüenza. Porque —y ésa es otra— observando la foto de Robert Capa uno se pregunta cuántas de las honradas mujeres que ríen escoltando a la joven rapada y a su hijo no agacharon la cabeza ante soldados alemanes con los que se habrían acostado tal vez, si hubieran podido, a cambio de comida o de privilegios. Cuántos hombres no les cedieron el paso en la acera o la silla en el despacho, o les lamieron las botas, o pusieron sus niñas a tiro cuando los otros eran vencedores, y pretenden ahora, en el escarnio fácil de esa pobre mujer y de su hijo, lavar su cobardía y su vergüenza.

Los he visto a todos ellos muchas veces en demasiados sitios. Los veo todavía, y no hay que ir a guerras lejanas para topárselos. Los veo aquí mismo, en las historias de la guerra civil que contaban mis abuelos, o en la memoria de mi amigo el pintor Pepe Díaz, en cuyo pueblo fusilaron a su padre por rojo en el año 39, y a su madre la obligaron a barrer las calles después de raparle la cabeza; y Pepe, que es un buenazo, ha dejado que le pongan ahora su nombre a una calle, en vez de pegarle fuego al puto pueblo hasta los cimientos, como habrían —habríamos— hecho otros. Sigo viendo a los de la tijera de rapar y la risa por todas partes, oportunistas, viles, esperando la ocasión de acompañar el cortejo con una carcajada grande y estruendosa, propia de buenos ciudadanos libres de toda sospecha. Porque todos esos canallas que se ríen de la pobre mujer de la foto siguen entre nosotros. Algunos de verdad, físicamente, venerables ancianitos respetados por sus nietos y sus vecinos, supongo. Otros sólo aguardan una oportunidad: son los cobardes que miran hacia otro lado y agachan la cabeza cuando el soldado alemán, o el heroico gudari, o el político de turno, o el jefe de personal, o el vecino del tercero izquierda, les escupe en la cara. Y sólo cuando éste se declare vencido, o lo maten, o pierda poder, o se vaya, saldrán del agujero para buscar a su mujer y a su hijo, arrastrarlos por las calles y salir riéndose en la foto.

El último héroe

Me sorprende —aunque en el fondo no me sorprenda mucho— que la noticia haya pasado casi inadvertida: un pequeño recuadro en las páginas deportivas de un par de diarios, con foto. Y en la foto se ve a Manolo —Atlético de Madrid B, me parece, aunque no sé mucho de ligas y campeonatos y divisiones— en pleno regate. Manolo es un jugador joven, modesto, con esperanzas, lejos todavía de las cifras millonarias y las páginas de las revistas del corazón y toda esa parafernalia que rodea a los ídolos del fútbol. Y no fue noticia por haber metido un gol, sino por no meterlo. La cosa ocurrió en el minuto ochenta y nueve. Empate a cero. Al equipo de Manolo le faltaban tres puntos para entrar en la liguilla de ascenso. Y en ésas el balón llegó a sus pies, y ahí se vio el hombre con el terreno despejado hasta la portería enemiga. Pero cuando se disponía a avanzar y chutar, vio a un rival tendido en el suelo. Entonces se paró en seco, dudó medio segundo y envió la pelota fuera. Sorpresa. Silencio mortal. Fin del partido. Si las miradas matasen, Manolo habría caído asesinado por sus compañeros, su entrenador, los hinchas de su equipo. Pero salió del estadio con la cabeza alta. Entiendo que se enfaden, dijo. Pero hice lo que tenía que hacer.

No sé qué habrá sido de Manolo. Ignoro si en el futuro lo fichará el Barcelona o acabará oscuramente sus días deportivos. Ni siquiera conozco su apellido. Tampoco sé si es un deportista genial o mediocre. Desde mi absoluta ignorancia futbolera —como experto ya tienen a mi vecino el perro inglés— le deseo a Manolo veinte ligas en primera división, y selecciones nacionales, y una pasta gansa, y fotos con la top model más potente que pueda echarse a la cazuela. Pero lo consiga o no, si un día me lo encuentro por la calle y soy capaz de reconocerlo, que no creo, me gustaría decirle que con ese balón que echó fuera consiguió algo más difícil que meter un gol: demostrar que en el tablero todavía hay peones capaces de jugar el juego de la vida con dignidad y con vergüenza. Porque no es lo mismo hacer lo que él hizo cuando eres rico y famoso, en un partido retransmitido por la tele y embolsándote mil kilos al año, que siendo un anónimo tiñalpa, en un modesto encuentro ante unos pocos cientos de espectadores, arriesgándote a que el entrenador te deje en el banquillo o te echen a la calle para el resto de tu puta vida.

En el mundo en que vivimos sobran mitos de jujana. Cuando veo a los analfabetos de Gran Hermano firmando autógrafos, o a Belén Esteban —cielo santo— ocupando portadas de revistas porque el *Hola* le ha pagado un viaje a Senegal para hacerse fotos y echar un polvo, comprendo que la chusma en que nos hemos convertido tiene los mitos y los héroes que se merece. Por eso me gustaría agradecerle a Manolo no sus dotes de futbolista, que me importan un carajo, sino que con ese balón que echó fuera demostrara que todavía quedan héroes. Me refiero a héroes de verdad, en el sentido clásico del término: con valores morales cuya observación e imitación pueden hacernos mejores y más nobles. Gente capaz de jugarse el interés inmediato, el lucro fácil, la ocasión, el pelotazo sin escrúpulos que ahora todo dios busca ciegamente en cualquier estadio de la vida, por mantener algunos principios personales básicos. Por demostrar, aunque sea en un pequeño estadio de fútbol, que quedan seres humanos capaces de dar lecciones. De probar que la hidalguía no es un lujo que se permiten a veces los poderosos —a ellos suele salirles gratis—, sino una actitud personal, unas maneras vinculadas a la honradez y a la coherencia: las únicas virtudes admirables que van quedando en este mundo que entre todos, por activa o pasiva, hacemos cada día más infame. Ya he dicho que no sé el futuro que le espera a Manolo. Con ese tipo de gestos dudo que llegue lejos, en esta España envilecida donde a Don Quijote lo desterramos o lo acuchillamos en tropel cuando está caído por tierra —mientras cabalga nadie se atreve— y donde quienes de verdad consiguen una ínsula Barataria para recalificar el suelo y llenarla de apartamentos son los ruines sanchopanzas, los eternos supervivientes conchabados con los bancos y las cajas de ahorro, los políticos sin pudor, los alcaldes golfos y los tenderos mafiosos. Pero a pesar de todo eso, o tal vez exactamente por eso, me gustaría decirle a Manolo algo así como oye, chaval, nunca te disminuyas. Porque tú tenías razón. Lo que hiciste en aquel partido no fue una estupidez, ni un gesto inútil, ni una locura. Fue un heroico instante de gloria. Fue —te lo juro— la leche. Así que tómate algo. Estoy seguro de que algunos chicos que sueñan con ser futbolistas, o abogados, o fontaneros, te vieron echar fuera ese balón. Y a lo mejor, en un momento de su vida futura, alguno de ellos imita tu gesto, aunque ya se haya olvidado de ti y ni siquiera recuerde aquel lejano domingo. El último héroe nunca es el último.

Este libro
se terminó de imprimir
en los Talleres Gráficos
de Unigraf, S. L.
Móstoles, Madrid (España)
en el mes de octubre de 2003